A SU MANERA

LA VIDA DE PAUL VINELLI

GIGI VINELLI VALERA

Traducido por Gigi Vinelli Valera.

Lomas Press/A su manera
Impreso en los Estados Unidos de América

Para información adicional, por favor visitar: lomaspress.com

A su manera/Gigi Vinelli Valera – Primera edición

ISBN: 979-8-9949803-4-7 (Tapa blanda)
ISBN: 979-8-9949803-5-4 (Edición digital)
LCCN: 2026945933

A José, Claire y Alina

A SU MANERA

ÍNDICE

INTRODUCCIÓN

EN ABRIL DE 2018, escuchaba la radio mientras manejaba a una librería; entrevistaban a la autora de un libro sobre la inmigración de su abuelo de la India a los Estados Unidos. Pensé: «La historia de mi padre es mucho más interesante que la del abuelo de esta señora, y si la están entrevistando en la radio nacional, su libro debe de ser un éxito». Entré a la librería, directo a la sección de biografías. Mientras revisaba las repisas llenas de la vida de hombres y mujeres destacados, comencé a imaginar cómo escribir la historia de Paul Vinelli.

Esa noche le mencioné la idea a mi esposo José, quien respondió: «Ya tienes los pasajes aéreos para los tres lugares donde tendrías que ir para investigar ese libro». Lo que José me dijo me asombró. En los próximos cuatros meses teníamos planes para viajar a Nápoles, Italia; Portland, Maine; y Tegucigalpa, Honduras. Las tres ciudades eran muy relevantes en nuestra historia familiar, pero nunca había visitado las dos primeras.

Papá nació en Nápoles en 1922. Posteriormente emigró a los Estados Unidos y finalmente a Honduras. Cuando yo era universitaria, papá y yo hablamos de viajar juntos a Nápoles, pero aquello nunca sucedió. Cuando falleció, en 1997, yo tenía 34 años, y mi deseo de visitar Nápoles murió con él. Sin embargo, para nuestro aniversario de bodas de plata, José y yo planeamos un viaje a la costa amalfitana con una visita a la ciudad donde papá nació.

Portland, Maine, es donde mis abuelos emigraron desde Italia, y donde las dos hermanas mayores de papá nacieron. La familia se había mudado de regreso a Nápoles cuando nació papá, pero años después volvieron a Portland por los disturbios políticos que ocurrían en Italia. Papá asistió a la escuela secundaria en Portland. Los únicos parientes que tenemos del lado italiano viven en Portland o cerca. Yo nunca había visitado la ciudad y ahora teníamos planes de asistir a una boda no relacionada con la familia. Se me ocurrió que debía de aprovechar para visitar a mis parientes italianos mientras estaba allí.

Tegucigalpa, Honduras es donde nací y donde papá vivió por sus últimos 47 años. La mayoría de los acontecimientos más importantes de su vida ocurrieron allí, así que sería donde más aprendería sobre su vida. La visita de ese año a Tegucigalpa concretó la idea de escribir un libro, dado que había tanto material. Papá había guardado miles de cartas, fotos y artículos de periódicos, los cuales mis hermanos Robert y Richard habían conservado luego de que papá murió en 1997. Compartieron conmigo, muy generosamente, todo lo que tenían. Mucho de lo que contiene este libro lo tomé de cartas escritas por papá o escritas a él, así que tuve el privilegio de conocer su historia en su propia voz o en la de su primera esposa Linda.

Durante esa visita a Tegucigalpa, y en viajes posteriores, mis hermanas Liz y Pia me ayudaron a encontrar a diferentes personas para entrevistar quienes fueron una gran fuente de información. Yo me había mudado de Honduras a los Estados Unidos a los catorce años, pero ellas vivieron allí por mucho más tiempo, y compartieron conmigo facetas de la vida de papá que yo desconocía.

Cuando regresé a Houston luego de los tres viajes, me acordé que tenía una caja grande que me había enviado mi hermano mayor, John, luego de la muerte de papá. Contenía los artículos de los periódicos sobre su secuestro. El tener todo ese material me permitió conocer a fondo uno de los momentos más difíciles en la vida de papá.

Estoy segura de que algunos lectores recordarán detalles de manera diferente a lo que aquí he escrito. Lo comprendo, porque yo me había olvidado o había recordado equivocadamente partes importantes de esta vida extraordinaria. Mi promesa al lector es que todo lo escrito proviene, no solo de mi memoria, sino también de cartas, artículos de periódicos y/o entrevistas con gente que conoció muy de cerca a papá. Cuando la memoria de las personas entrevistadas difería, intenté verificar los datos a través de múltiples fuentes.

Al comenzar a escribir *A su manera*, tomé algunos cursos de redacción y el primer problema que encontré fue que mis profesores insistían en que yo fuera un personaje del libro, en vez de escribir la biografía en tercera persona, como siempre había sido mi intención. «Porque eres la hija del protagonista, tú también debes estar en el libro», me dijeron. Luché contra esta idea, porque no quería quitarle protagonismo al personaje principal, mi padre, pero al final comprendí que no tenía sentido porque de alguna manera yo era parte de esta historia, y fue por eso que decidí ser narradora testigo en primera persona. Papá sería siempre el protagonista, y yo contaría la historia como un personaje secundario.

Nací cuando papá tenía 40 años, y solo viví con él mis primeros catorce años; o sea que la mayoría de su vida transcurrió sin estar yo presente. Busqué la manera de referirme a él cuando yo no estaba presente en la escena. Encontré la solución cuando leí comó manejó este problema Mary Soames en *A Daughter's Tale*, la biografía de su padre, Winston Churchill. Dependiendo del contexto y de su papel en la escena, se refirió a su padre como Winston, Sr. Churchill, Primer Ministro, mi padre, y Papá. Cuando yo escribo sobre la vida de mi padre antes de que yo naciera, o cuando no estoy presente en la escena, me refiero a él como lo hacían terceros: Paolo Vinella, Paul Vinella, Paul Vinelli, o Dr. Paul Vinelli. Cuando estoy con él, o los pensamientos son míos, es Papá.

Originalmente intenté publicar este libro de forma tradicional, o sea con una editorial. La razón por la que esto no ocurrió fue, en principio, porque la pandemia comenzó justo cuando estaba lista para presentar el manuscrito. Fue un momento difícil para que un escritor desconocido atrajera la atención de un agente literario, porque se estaban cancelando las giras de libros, y los agentes y editores estaban priorizando sus compromisos con los clientes ya establecidos. Además en aquel momento, parecía que todo el mundo, obligado a quedarse en casa, decidió escribir un libro y los agentes literarios se encontraron inundados de propuestas.

Me hice asesorar por escritores y tomé algunas clases de escritura con ellos. Cuando les dije que me gustaría publicar el libro con una editorial, me sugirieron reducir el ámbito del relato porque, hoy día, las editoriales no compran biografías de gente que no es famosa. Mi padre fue famoso en Honduras en su tiempo, pero en los Estados Unidos es un desconocido. Me sugirieron eliminar facetas enteras de su vida, como por ejemplo, su éxito empresarial, su afición por coleccionar obras de arte, y su pasión por la gastronomía. Tomé en cuenta los consejos, pero al final quería mostrar al hombre completo, y era un hombre de intereses muy variados.

También me aconsejaron introducir más emoción en el libro, porque las memorias se venden mejor que las biografías. Entendí por qué sugerían esto, pero cada vez que intentaba escribir en ese estilo me era claro que esa no era mi voz, ni era la de mi padre.

Así es que he decidido publicar este libro en su forma original para la familia Vinelli y para los que tengan interés en la historia de Paul Vinelli. Muchas gracias por leerlo.

1

FAMILIA Y JUVENTUD EN ITALIA 1922-1935

Paolo Vinella[1] vino al mundo el 7 de noviembre de 1922, en Nápoles, Italia. Nació en casa, como era la costumbre en esos tiempos. Sus padres, ambos del pueblo cercano de Castellaneta, habían regresado a su país natal un año antes, luego de vivir varios años en Portland, Maine, Estados Unidos.

La madre de Paolo, Addolorata "Dora" Casavola, estaba tan feliz de regresar a "la tierra de la buena comida" que se pasó el embarazo disfrutando de lo que no había comido en Portland, donde era difícil encontrar buenos ingredientes italianos. Al final de su embarazo, tanto ella como su bebé tenían sobrepeso. Dora había tenido partos difíciles con sus dos hijas, pero este fue el peor. Cuando Paolo nació ese martes a las siete de la noche, pesaba cuatro kilos y medio, y su madre diminuta (de un metro cuarenta y siete) casi murió.

---

1. El nombre que le dieron al nacer fue Paolo Vinella. Su padre era originalmente Angelo Vinelli, pero un agente de inmigración de los Estados Unidos cometió un error en un control migratorio previo y lo cambió a Vinella. Angelo nunca lo corrigió. Sus tres hijos nacieron Vinella. Paul después cambió su nombre al apellido original, Vinelli.

El dramático nacimiento de Paolo vino durante una etapa tranquila en la vida de sus padres. Su papá, Angelo Vinella, estaba semi-jubilado a los 50 años. Él y Dora eran dueños de dos tiendas pequeñas—una de comestibles y una carnicería—cerca de su apartamento en el vecindario Vomero de Nápoles. Su apartamento quedaba en el segundo piso de un edificio situado en una calle llena de árboles, la Vía Alessandro Scarlatti. El Vomero queda en los altos de una colina con vista de la ciudad, la bahía de Nápoles, y el monte Vesubio. En esos tiempos las familias adineradas napolitanas tenían casas de verano en el Vomero para escapar del calor de la ciudad. Los Vinella no tenían mucho dinero, y esta no era una casa de verano, sino su domicilio principal y vivían allí para estar cerca de sus tiendas.

Dora estuvo en cama por meses luego de que Paolo naciera. No estaba lo suficientemente fuerte como para amamantarlo, por lo que él tuvo varias nodrizas. Durante este tiempo, Angelo trabajó largas horas en las dos tiendas pues no tenía la ayuda de Dora.

Tenían una empleada, Elvira, quien a diario sacaba a Paolo y a sus dos hermanas a pasear, dándole tiempo a Dora para reposar. A dos cuadras del apartamento de los Vinella estaba la imponente y neoclásica Villa Floridiana. Elvira llevaba a Paolo en su coche a los jardines públicos de la villa y sus hermanas, Pasqualina "Lina" de siete años y Elizabetta "Elizabeth" de cuatro, caminaban a la par del coche de su hermanito. Paolo generalmente dormía a la sombra de los enormes robles, palmeras, cipreses y pinos, mientras Lina y Elizabeth corrían por las grandes extensiones de grama suave y por los hermosos jardines que rodeaban la villa. Siempre paraban en la fuente situada en la base de la larga escalera de mármol que conducía a la entrada. Allí observaban a las tortugas tomando sol a la orilla del agua. Estos paseos fueron uno de los recuerdos favoritos de las niñas.

A Paolo lo bautizaron a los siete meses de nacido cuando su madre ya estaba lo suficientemente fuerte para asistir. El bautizo fue a pocas cuadras del apartamento, en la iglesia parroquial de San Gennaro al Vomero. En 2018 visité esta pequeña iglesia neoclásica y para mi sorpresa, el administrador abrió el archivador metálico en su oficina, sacó un libro enorme y me enseñó el registro original del certificado de bautizo de mi padre. ¡Casi cien años después, los archivos seguían siendo tan accesibles como en el año en que bautizaron a papá!

Lina, Elizabeth y Paolo Vinella – Nápoles, Italia 1924

Las vidas de los padres de Paolo fueron difíciles al principio. Angelo y Dora nacieron en Castellaneta, un pueblo en el sur de Italia, a veintidós kilómetros del mar Mediterráneo. Este lugar montañoso en el hueco de la bota que forma Italia, con casas blancas y calles angostas, pavimentadas con piedras cuadradas pálidas, puede que haya sido encantador e incluso próspero en algún momento durante sus más de mil años de existencia.

Eso hubiera sido mucho antes del fin del siglo diecinueve, cuando el pueblo se fue despoblando. De 1880 a 1920, muchos de sus residentes se unieron a los millones de italianos que emigraron a América. [i] Hoy por lo único que es conocido Castellaneta es porque allí fue donde nació la famosa estrella del cine mudo, Rodolfo Valentino. La leyenda familiar dice que fue un primo de Angelo; lo que sí sabemos es que el apellido materno de Angelo era Valentino. Dora y su futuro esposo nacieron en el mismo pueblo, pero no crecieron juntos porque Angelo era veintidós años mayor que ella.

En 1872, cuando Angelo nació, la región del sur de Italia, conocida como el *mezzogiorno*, se deterioraba gravemente. En *La Storia*, la saga sobre la inmigración masiva italiana a los Estados Unidos entre 1880 y 1924, los autores Mangione y Morreale describen lo triste que era la vida en esta región durante la segunda mitad del siglo XIX. Durante los 1,400 años entre la caída de Roma y la unificación de Italia en 1861, Italia había sido invadida por tantas culturas extranjeras que no había en el país ni un lenguaje unificador ni identidad nacional. El sur de Italia era tan pobre que las familias con medios modestos solo podían permitirse comer carne dos veces al año. Había poco acceso al agua potable. Para finales del siglo diecinueve, el cólera, la malaria, las plagas en los cultivos y la hambruna habían devastado el *mezzogiorno*.

Angelo y sus cuatro hermanos nacieron en este mundo sombrío. Más tarde en su vida, habló poco de su juventud. Lo único que tenemos claro era que la familia de Angelo Vinelli fue muy pobre. Su nieto Armando me dijo: «Recuerdo que mi abuelo me contaba que en el sur de Italia, cuando él era pequeño, la gente tenía tanta hambre que quería comerse sus zapatos». Esta hambre extrema era la razón de la costumbre italiana de *fare la scarpetta*, que consiste en absorber la salsa que sobra en un plato con un trozo de pan. *Scarpetta* es un zapato pequeño, y *fare la scarpetta* es hacer la forma de un zapato con un pedazo de pan y limpiar la salsa que sobra en el plato con él. Cuando uno ha sentido hambre de verdad, nunca más deja comida en el plato.[ii]

Tanto los Vinelli como los Casavola eran personas de estatura baja. Angelo medía un metro sesenta y dos, y Dora solo medía un metro cuarenta y siete. La genética influía, pero podría ser que la malnutrición también fuera una causa.

Las familias de esta región trabajaban para sobrevivir y no podían darle prioridad a educar a sus hijos,[iii] por lo tanto, es poco probable que Angelo recibiera educación escolar durante su juventud.

En 1892 Angelo cumplió 20 años, la edad en la cual el gobierno italiano exigía que los hombres sirvieran en el ejército. Se unió a la caballería, que requería de cuatro años de servicio militar activo.[iv] Era un momento terrible para entrar al ejército, pero obviamente Angelo no podía decidir cuándo cumplir 20 años. Tres años después de que Angelo se uniera a la caballería, Italia entró en su primera guerra con Etiopía, que se peleó en África de 1895-1896 sobre un tratado en disputa. El ejército italiano sufrió fuertes pérdidas causadas por la falta de comida, armas y mapas. *La Storia* describe la masacre del 1 de marzo de 1896, cuando las fuerzas italianas avanzaron a Adwa de la siguiente manera: «con 14,500 soldados contra un ejército etíope de unos 100,000... 70 por ciento de los soldados italianos murieron o fueron capturados».[v]

Angelo sobrevivió y juró que haría cualquier cosa para prevenir que un hijo suyo experimentara los horrores que él sufrió en esa guerra.

Angelo Vito Vinelli, Caballería italiana, 1894

Dora nació en Castellaneta en 1895, cuando su futuro esposo peleaba una guerra en el norte de África. Ella fue una de los ocho hijos de la familia Casavola-Luisi. Su padre, Annunziato "Nunzio", era ebanista, y su madre Antonietta era costurera.

En 1901, Angelo tomó un buque de vapor hacia los Estados Unidos. Como muchos del sur de Italia, estaba buscando una mejor vida que la que ofrecía el *mezzogiorno.* Encontró trabajo como albañil, colocando ladrillos para la ampliación de la academia militar americana en West Point, Nueva York. Después de dos años de ahorrar la mayoría de lo que le pagaban, un dólar por día, había acumulado 500 dólares. Era lo suficiente para dejar de trabajar como obrero y crear un negocio propio.

Había escuchado de una comunidad italiana que se había formado en la ciudad portuaria de Portland, Maine. Viajó allí y abrió una pequeña tienda de comestibles cuyos clientes eran principalmente inmigrantes. En Castellaneta, ser un dueño de tienda era una profesión respetable, mucho más que un obrero. Su estatus social estaba mejorando. Americanizó su nombre a "John" para que sus clientes, no todos italianos, lo pudieran pronunciar más fácilmente.

Luego de una visita a Italia en 1907, al ingresar nuevamente a los Estados Unidos a través de Ellis Island en Nueva York, un agente de inmigración apuntó su nombre como Angelo Vinella. Angelo nunca le pidió al gobierno estadounidense que corrigiera su nombre al original, así es que se quedó con el apellido Vinella toda su vida.

Encontré evidencia de esto cuando visité Ellis Island y repasé los manifiestos de pasajeros de los varios viajes en barco que tomó Angelo de Italia a los Estados Unidos. Su primera llegada a ese país fue el 16 de mayo de 1901 y el manifiesto del barco *City of Washington* lo tiene registrado como Angelo Vinelli. Sin embargo, el manifiesto del viaje del 26 de septiembre de 1907 en el barco *Sannio,* lo tiene registrado como Angelo Vinella.

Para 1913 la tienda de Angelo tenía éxito, pero él no estaba satisfecho. Era un soltero solitario de 41 años, con pocas oportunidades para conocer a una posible esposa. Él decía que no le gustaba el temperamento de las americanas, que le parecían frívolas y consentidas. Seguramente ellas lo encontraban autoritario y demasiado serio. Además, un inmigrante italiano, mayor, que medía un metro sesenta no era lo que una joven estadounidense buscaba.

Angelo llegó a la conclusión de que necesitaba casarse con una mujer del viejo país, alguien que había crecido con su misma cultura y valores, y que lo cuidaría. Le escribió a sus hermanas en Castellaneta, pidiendo que le encontraran una esposa. En ese tiempo los matrimonios concertados eran comunes, y eran muy atractivos para las familias pobres en Italia que querían que sus hijos llegaran a la tierra "donde las calles están pavimentadas de oro", como en esos días se imaginaba que eran los Estados Unidos.

Según lo que contaban en la familia, las hermanas de Angelo le mandaron fotos de las dos hijas menores de la familia Casavola, Dora y Lisa. Dicen que él comentó lo bonita que era Lisa., pero Lisa no tenía la edad para casarse. Dora sin embargo ya tenía dieciocho años, y su familia necesitaba que se casara antes de que estuviera demasiado mayor para atraer a un esposo. Desafortunadamente, alguien le contó a Dora lo que Angelo había dicho sobre la belleza de Lisa, y ella nunca lo olvidó. Por el resto de su vida, cuando su hermanita estaba cerca, Dora se molestaba.

Angelo acordó casarse con Dora. Él consiguió una novia, y probablemente recibió algo de dinero; en esos días era obligatorio que la familia de una novia del sur de Italia pagara una dote.[vi] Para los

Casavola, esta era una buena oportunidad; todos los que podían se estaban yendo del *mezzogiorno*.

Doménico, el hermano mayor de Dora, ofreció acompañarla a América donde él también pensaba quedarse. Era un carpintero habilidoso como su padre, pero no había suficiente trabajo para ambos en Castellaneta. Doménico estaba recién casado y con una bebita de un año; vio el matrimonio de Dora con Angelo como una oportunidad para mejorar la vida de su pequeña familia. El plan fue que Nicoletta, la esposa de Doménico, se quedara en Castellaneta con la bebé hasta que él se instalara en Portland, y luego enviaría por ellas.

El matrimonio arreglado de Dora fue también una oportunidad para su hermana mayor Marietta. Ella y su esposo Felice Giampetruzzi se habían ido de Italia el año anterior. Estaban viviendo en Montreal, Canadá, donde Felice trabajaba en un hotel. No podían cumplir su sueño de irse a los Estados Unidos hasta que Felice encontrara a alguien que lo patrocinara con un trabajo. Angelo lo contrató para trabajar en su tienda.

Los tres hermanos Casavola—Marietta, Doménico y Dora —comenzaron a planear su mudanza a los Estados Unidos. Dora era la única que no estaba contenta con el plan; no quería que la llevaran al otro lado del océano para casarse con un hombre que no conocía, y que habría preferido a su hermana. Nadie le comentó que Angelo era veintidós años mayor que ella—guardaron esa sorpresa para su llegada. Pero en esos días una mujer no tenía ni voz ni voto en su propio futuro y su padre le informó que la decisión ya estaba tomada.

Seis meses después de cumplir dieciocho años, en agosto de 1913, Dora dejó a sus padres, hermanos y su ciudad natal. Se sentía desdichada, convencida de que la despedida era para siempre. Doménico se mantuvo cerca de ella durante el viaje, para asegurar que llegara viva, y de igual importancia, llegara virgen. En esos días era común que una mujer viajando sola a los Estados Unidos se encontrara con agentes sin escrúpulos que exigían sexo a cambio de un viaje seguro.[vii]

El punto de partida lógico para el viaje de Dora y Doménico hubiera sido Nápoles, pero por alguna razón (probablemente un precio menor) reservaron pasaje en el *Rochambeau*, un barco de vapor que partía de Le Havre, Francia. El viaje por tierra de Castellaneta a Le Havre es de 2,250 kilómetros y probablemente comenzó en una carreta jalada por mulas al pueblo más cercano que tenía acceso al ferrocarril. Allí los hermanos hicieron su primer viaje en tren hasta el Canal de la Mancha, o el Canal Inglés, en el norte de Francia. Antes de abordar el barco, fueron sujetos a las inspecciones médicas requeridas por las autoridades de inmigración estadounidenses, para asegurar que cumplirían con los requisitos de los exámenes de salud al llegar a Nueva York.[viii]

Luego de navegar por una semana a través del Océano Atlántico, el *Rochambeau* pasó frente a la Estatua de la Libertad y llegó a Ellis Island. Luego de que el barco salió de la cuarentena, los pasajeros tuvieron que hacer largas colas para someterse a un examen médico.[ix] Una vez que habían completado la larga e incómoda experiencia de inmigración y aduanas, los hermanos fueron recibidos por Angelo. Dora estaba exhausta después del viaje, abrumada por las multitudes y los entornos desconocidos. Pero todo eso fue eclipsado ante el asombro de descubrir que su futuro marido tenía casi la edad de su padre.

Angelo acompañó a Dora y a Doménico a Portland en el tren. Dora no pudo creer lo que descubrió al llegar a la ciudad portuaria.

La familia de Angelo en Castellaneta le había hecho creer que viviría una vida de mucha comodidad en los Estados Unidos. En cambio, se dio cuenta de que ella y su nuevo esposo estarían compartiendo un apartamento de dos pisos con Doménico, Marietta y Felice sobre la tienda de Angelo. El edificio era viejo y no quedaba en una buena zona de la ciudad. Además, Angelo le informó que ella estaría trabajando en la tienda con él todos los días. Ella intentó salirse de este arreglo que era totalmente ajeno a su voluntad, pero no encontró la manera de hacerlo.[x]

Angelo Vinella y Dora Casavola
Matrimonio en Portland, Maine – septiembre 1913

No era apropiado que Dora y Angelo durmieran bajo el mismo techo antes de estar casados, así que Angelo le pidió a unos amigos que la alojaran a ella y a su hermano mientras la licencia de matrimonio se estaba tramitando. Cuando recibieron la licencia, la hermana de Dora, Marietta, y su esposo Felice todavía no habían llegado de Montreal. Angelo no quería imponer la estadía de Dora a sus amigos por más días y decidió proceder con el matrimonio. Lamentablemente, Marietta no iba a poder ver a su hermana menor casarse. Tres semanas después de que Dora llegara a los Estados Unidos, un juez la casó con Angelo. Se convertiría así en la que manejaba la casa familiar cuando, apenas una semana después, Marietta y Felice llegaron a 49 Center Street.

Para Dora, Portland naturalmente fue un cambio tremendo comparado a Castellaneta. Uno de sus mayores obstáculos fue el idioma. Al comienzo, Dora solo podía comunicarse con su familia o con los pocos italianos que hablaban su dialecto. Dependía de Angelo para entender a los clientes, hablaran inglés o italiano.

Dora quedó embarazada a los pocos días de haberse casado. Angelo tenía que sentirse muy orgulloso de su virilidad a los 41 años, especialmente porque Felice y Marietta, quienes ya tenían varios años de casados y eran mucho más jóvenes que él, todavía no esperaban bebé.

Doménico vivió con sus hermanas y cuñados hasta que encontró trabajo como ebanista en la compañía de construcción Smith and Rumery.[2] Luego alquiló la casa vecina, en 45 Center Street y ya para

2. A través de su larga carrera con Smith and Rumery, Doménico restauró hermosos paneles de madera y construyó escaleras en iglesias, en universidades de la región de Nueva Inglaterra, y en casas coloniales tan lejos como Williamsburg, Virginia. Fue muy popular durante la Prohibición, porque sabía construir puertas secretas que eran necesarias para ocultar reuniones ilícitas donde la gente consumía alcohol.

la Navidad había llegado de Italia su esposa Nicoletta y su hijita de un año, Antonietta.

Para el final de 1913, Angelo había formado en Center Street una comunidad compuesta por la familia de su esposa, los Casavola. Él y Felice trabajaban todos los días en la tienda que estaba en el primer piso bajo su apartamento. Usaban camisas elegantes cuyas mangas, tamaño americano, eran demasiado largas para su baja estatura. Ya que su trabajo incluía limpiar pescado y cortar carne para vender, se ponían ligas para manga en los brazos por encima de los codos para que los puños de sus camisas se mantuvieran limpios. Dora y Marietta los ayudaban en la tienda por las mañanas. Luego de subir a preparar el almuerzo, las hermanas se pasaban la tarde limpiando el apartamento y preparando la cena.

Angelo y Dora no eran unos recién casados felices, pero los unía el deseo de tener hijos. En su primer año de casada, Dora se enfocó en su embarazo y en la ilusión de ser madre. Desafortunadamente, su parto en junio del 1914 fue difícil y la bebita, a quien ya habían nombrado Pasqualina, murió a las pocas horas de haber nacido. Debe de haber sido desgarrador para Dora y Angelo enterrar a su bebé. Es probable que a Marietta le hubiera sido difícil apoyar a su hermana en su tristeza, porque para ese verano ya tenía 27 años y todavía no salía embarazada.

Las noticias de su tierra natal eran desalentadoras. Italia entró a la Primer Guerra Mundial en 1915, pasando de la alianza que tenía con los imperios de Alemania, Austria y Hungría a unirse con las potencias aliadas de Gran Bretaña, Francia y Rusia. Italia esperaba ganar nuevos territorios, pero a cambio pagó un precio brutal. Para cuando la guerra terminó en 1918, Italia había perdido más de 500,000 soldados y su economía estaba en una condición desastrosa.[xi] Los italianos quedaron insatisfechos con las alianzas que su gobierno hizo durante la guerra, y en un plazo de cuatro años cambiaron su afiliación a Benito Mussolini y a su movimiento fascista.

Las noticias de que sus compatriotas estaban envueltos en una guerra, hicieron que la familia Vinella-Casavola estuviera contenta de haberse mudado a los Estados Unidos. El año en que Italia entró a la guerra, la fortuna de los inmigrantes en Portland mejoró: la familia en Center Street comenzó a crecer en tamaño y en felicidad. En 1915 Dora y Angelo tuvieron una hija a la que nombraron Pasqualina "Lina", el mismo nombre de la hija que habían perdido el año anterior. Marietta y Nicoletta también tuvieron hijos ese año. Las tres familias en Center Street se enfocaron en el futuro de sus hijos, en vez de lamentar lo que habían dejado en Castellaneta. En los seis años que siguieron, las tres familias tuvieron un total de nueve hijos.

En mayo de 1921 la hermana menor de Dora, Elisabetta "Lisa", dejó Castellaneta para unirse a sus tres hermanos en Portland. En el barco conoció a un joven llamado Francesco "Cici" Romano. Cuando llegaron a los Estados Unidos una semana después, Cici estaba enamorado de Lisa y la siguió a Portland. Según la familia, eran la pareja más feliz de los hermanos Casavola. A Dora no le gustaba la idea de tener a su hermanita cerca, mucho menos con un hombre que la adoraba mientras que ella estaba casada con un hombre mucho mayor y gruñón. Esto solo aumentó sus celos hacia Lisa.

Angelo ya tenía 49 años y hacía tiempo que había estado hablando con Dora de regresarse a Italia. Puede que haya sido una coincidencia o no que, una vez que Lisa se mudó a Portland, Dora se entusiasmó con la idea de regresarse a su país natal. Decidieron mudarse a Nápoles donde abrirían una tienda de comestibles hasta que ahorraran lo suficiente para jubilarse. Así fue como Angelo le vendió la tienda de Center Street a su cuñado Felice.[3]

La siguiente foto de algunos de los primos Vinella-Casavola-Giampetruzzi se tomó en 1921, poco antes de que los Vinella se fueran de Portland.

Izquierda a derecha: Elisabetta Vinella, Giovanni Giampetruzzi, Antoinette Giampetruzzi, Giovanni Casavola, Angelina Giampetruzzi, Nunzio Casavola, Pasqualina Vinella

En septiembre de ese año, Angelo, Dora y sus dos hijas, Lina de cinco años y Elizabeth de tres, viajaron a Nápoles en el barco de vapor *Regina d'Italia*. Se instalaron en un apartamento ubicado en una colina con vistas a la ciudad de Nápoles, la bahía, y el Monte

3. Felice administró la tienda hasta 1946 cuando se la pasó a su hijo Nino, quien la siguió administrando por 20 años más.

Vesubio. Angelo y Dora estaban tan felices de estar de nuevo en Italia que a los pocos meses Dora quedó embarazada.

Un año luego de su regreso a Italia, ocurrieron dos eventos con pocas semanas de diferencia. En noviembre, su hijo Paolo nació. Tres semanas antes, una importante agitación política comenzó a cambiar la Italia que Angelo y Dora conocían. A finales de octubre de 1922, Benito Mussolini organizó una manifestación masiva en Roma que dio lugar a que su Partido Nacional Fascista asumiera el gobierno, cuando el Rey Víctor Emmanuel II nombró a Mussolini primer ministro. Durante la siguiente década, mientras Mussolini expandía el poder del partido fascista a través de medios legales y también por la fuerza, él mismo se autoproclamó *Il Duce* (el líder). Desmanteló el sistema democrático en Italia y lo reemplazó con su régimen totalitario.[xii]

El balance de poder en el matrimonio de Angelo y Dora también comenzó a cambiar. El carácter de Angelo se estaba suavizando con la edad, y Dora no tenía ninguna barrera lingüística ahora que estaba de regreso en Italia. Hay muchos relatos familiares de lo celoso que se ponía Angelo de cualquier hombre que se acercara a Dora; la relativa juventud de su esposa seguramente lo hacía sentirse inseguro. Según algunos relatos, ella iniciaba conversaciones con clientes varones mientras trabajaba en la tienda, para irritar a su marido.

Los celos de Angelo eran típicos de un hombre que creció en el sur de Italia a finales del siglo diecinueve. *La Storia* describe la cultura del sur de Italia: «En las noches de verano en la plaza los hombres se paseaban agarrados del brazo en grupos de dos o tres, y a veces de cuatro o cinco. Mientras caminaban se saludaban con la cabeza. A una mujer que pasaba se la saludaba sólo si estaba acompañada por su marido. Una mujer que caminaba sola era ignorada porque a un hombre se le podía poner los cuernos con solo una mirada de otro hombre hacia su mujer».[xiii]

La historia familiar dice que los días tranquilos de Angelo y Dora en Nápoles se terminaron en 1927, cuando él mató a un hombre. Me han contado dos versiones del incidente, y ambas podrían ser ciertas. La primera versión es que la *Camorra* (un sindicato de estilo mafioso), envió a un extorsionador a una de las tiendas de Angelo, para exigir dinero a cambio de "protección". Esta protección hubiera sido contra la misma *Camorra*. Angelo sabía que pagar una vez significaría que tendría que compartir las ganancias de su negocio por el resto de su vida. En vez de pagar, le disparó al hombre para demostrarle que no se dejaba intimidar. En la segunda versión, Angelo llevó un rifle a un bar y le disparó a un hombre que había coqueteado con Dora en su tienda.

Esta es la versión que Dora le contó años después a sus hijos, no sabemos si porque era cierto, o porque la halagaba, o porque tenía miedo de contar el verdadero motivo. Ella sostuvo que Angelo no había sido encarcelado por el asesinato porque había sido en defensa del honor de Dora, y eso no era considerado un delito en el sur de Italia. No obstante, Angelo decidió dejar Nápoles con su familia porque temía que los familiares de la víctima lo buscaran, y en el sur de Italia, vengar la muerte de un pariente también era respetado.

Angelo no se quería mudar muy lejos porque él y Dora se quedaron con las dos tiendas y él tendría que regresar a Nápoles con frecuencia para supervisarlas. Contrató gerentes para administrarlas y mudó a su familia a Salerno, a 48 kilómetros. Este pueblo, que también miraba al Mediterráneo, era diez veces más pequeño que

Nápoles, con una población de solo 60,000 habitantes. Les dijo a sus hijos que se mudaban porque, a su avanzada edad de 55 años, había llegado a la conclusión de que carecía de una educación formal. Quería un ambiente tranquilo para poder estudiar y Salerno era menos bullicioso que Nápoles. Paolo tenía cuatro años cuando se mudaron a Salerno.

A los ocho años, Paolo comenzó sus estudios en la Scuola Elementare Garibaldi de Salerno. Durante los años en que Mussolini estaba en el poder, los jóvenes iban a la escuela seis días a la semana, y en su tiempo libre no debían estar jugando en la calle sino dedicándose a sus tareas.[xiv] Les requerían estudiar latín además del italiano. Desde su primer año escolar, Paolo fue un excelente alumno.

Disciplina y fuerza eran virtudes nacionales valiosas en esos tiempos y los profesores italianos adoptaron posturas muy rígidas al respecto. En muchas partes del mundo, ser zurdo era un rasgo negativo: significaba que eras menos inteligente, menos fuerte o que tenías mala suerte. Los italianos practicaban en las escuelas la "conversión" de los niños zurdos. Cuando la maestra de primaria de Paolo observó que era zurdo, le ató la mano dominante a su silla, obligándolo a escribir con la mano derecha. Con el tiempo se volvió ambidiestro en todo, excepto en el uso de las tijeras, las cuales nunca aprendió a utilizar con la mano derecha. Algunos estudios han demostrado que obligar a los niños zurdos a utilizar la mano derecha puede provocar tartamudez, impedimentos del habla, dislexia o trastornos de aprendizaje.[xv] Esta "conversión" es con mucha probabilidad lo que causó el leve impedimento del habla que tuvo Paolo toda su vida.

Para el comienzo de la década de 1930, el clima político en Europa se había vuelto inestable y violento. Tanto Mussolini en Italia como Adolf Hitler en Alemania dirigían gobiernos totalitarios que adoctrinaban a sus ciudadanos con un nacionalismo extremo. Había diferencias ideológicas entre el nazismo de Hitler y el fascismo de Mussolini, pero a pesar de esto, colaboraron entre ellos cada vez más después de su primer encuentro en 1934. Los dos líderes tenían en sus planes difundir sus ideologías más allá de las fronteras de su país.

Los hombres de todas las edades en ambos países recibían entrenamiento militar. En Italia, Mussolini prohibió todos los partidos políticos excepto el partido fascista republicano.[xvi] Para transformar la mentalidad de la juventud italiana, también prohibió dos organizaciones populares juveniles: los *Boy Scouts* y el grupo juvenil de la Iglesia Católica Romana. Estos fueron reemplazados por una organización juvenil fascista conocida como la *Opera Nazionale Balilla,* y a los miembros se les conocía como los *Balilla*. El movimiento era para niños de ocho a trece años, y la participación era obligatoria. La organización tenía como objetivo inculcar la disciplina nacional, entrenando a los niños italianos en la ideología fascista así como en instrucción religiosa, atlética y militar. Cada fin de semana había exhibiciones públicas de marcha, atletismo y manejo de armas. A Paolo le exigieron unirse a los *Balilla* cuando tenía ocho años.[4] La participación incluía entrenamiento religioso y paramilitar. Los millones de niños *Balilla* eran obligados a prestar este juramento: «En el nombre de Dios y de la Patria, juro seguir las órdenes del Duce y servir con todas mis energías a la causa de la revolución fascista». Los lideres de los *Balilla*, todos militares, entrenaban a los jóvenes en condición física, manejo de rifles y marcha. Los miembros usaban

4. Había un movimiento paralelo, *Fascio Femminile*, que educaba a las niñas sobre el manejo de la casa y la familia, pero no sabemos si Lina y Elizabeth tuvieron que participar

camisas negras y gorros estilo *fez* con borlas.[xvii] La iglesia católica durante este tiempo apoyaba al régimen fascista, así que a Paolo se le permitió ser monaguillo en su iglesia local.

Los domingos eran los únicos días cuando no había ni escuela ni entrenamiento *Balilla*. La familia Vinella normalmente se pasaba el día entero en la playa que quedaba cruzando la calle del edificio donde estaba su apartamento.

Playa en Salerno, verano 1934. Paolo en los hombros del hombre a la derecha.

Angelo estaba alarmado con lo que ocurría en Italia. La mayoría de los italianos no sentían el fervor fascista que Mussolini intentaba inculcarles. Esto se hizo evidente más tarde durante la Segunda Guerra Mundial, cuando los italianos no lucharon intensamente contra los aliados, a pesar de la alianza de Mussolini con Hitler, pero aquella guerra todavía estaba en un futuro lejano. Lo que Angelo observó era que había entrenamiento militar en todos lados, incluyendo a jóvenes de la edad de su único hijo. De pronto, Mussolini comenzó a expandir la influencia del fascismo a países vecinos, siendo uno de ellos el antiguo enemigo de Italia, Etiopía.

Angelo todavía sufría pesadillas por haber peleado en la primera guerra de Italia contra Etiopía. No toleraba la idea de que Paolo, ahora de doce años, fuera reclutado para una segunda guerra contra Etiopía cuando llegara a la mayoría de edad. A los catorce años los jóvenes *Balilla* avanzaban a entrenar en la división *Avanguardisti*, que los preparaba para el servicio activo en el ejército.

Los miembros de los *Avanguardisti* se repartían en divisiones especializadas. Una era los *Pre-Marinari* (pre-marineros), que preparaba a los jóvenes para el servicio naval. Paolo, como todos los jóvenes *Balilla*, admiraba mucho a los *Avanguardisti*, y esperaba ser marinero algún día. En cada foto formal de la familia Vinella mientras vivían en Italia, Paolo siempre estaba vestido de marinero.

Familia Vinella, Salerno 1934: Lina, Dora, Paolo, Angelo y Elizabeth

Para Angelo, las advertencias eran suficientes. Por segunda vez en su vida, decidió mudarse a los Estados Unidos. Esta vez, sin embargo, tenía que pensar en su esposa y sus tres hijos. La actitud de los estadounidenses sobre la inmigración a su país era muy diferente en 1934 que cuando Angelo llegó por primera vez 33 años antes. Los Estados Unidos estaban abrumados por la cantidad de italianos que habían llegado a sus costas durante los últimos 50 años. Ahora, después de la Gran Depresión, no había suficiente trabajo para todos. Angelo sabía que sería difícil regresar.

Ni él ni Dora eran ciudadanos estadounidenses, pero sus dos hijas, Lina y Elizabeth, sí lo eran porque habían nacido en Portland y su ciudadanía permitía que toda la familia pudiera obtener permiso para viajar a los Estados Unidos. Ambas hijas no estaban de acuerdo con su padre sobre la idea de irse de Italia. Si bien eran ciudadanas norteamericanas, habían vivido en Italia desde que tenían cinco y tres años respectivamente. En 1934, cuando Angelo comenzó a hablar de una mudanza a los Estados Unidos, sus hijas ya tenían la edad suficiente, Lina dieciocho años y Elizabeth dieciséis, para tener sus propios planes.

Lina estaba saliendo con un joven doctor llamado Doménico "Mimi" Santoro que era de Montecorvino Rovella, un pueblo vecino también en la provincia de Salerno. La pareja se había conocido cuando Lina estudiaba en una academia de música en Salerno. Mimi era seis años mayor, graduado de la Universidad de Nápoles, con diplomas en medicina y cirugía y pensaba abrir su consultorio en Nápoles. Naturalmente, Lina deseaba estar donde Mimi estuviera y a Mimi una mudanza a los Estados Unidos le parecía imposible porque no hablaba inglés ni tenía las credenciales para ejercer medicina en ese país.

Cuando Mimi le dijo a Angelo que quería casarse con Lina, Angelo le informó que la familia Vinella se mudaba a los Estados Unidos y que no iba a dejar a Lina en Italia. Le informó a Mimi que si se quería casar con su hija, tendría que mudarse a Portland con ellos. Sin otra opción, la pareja comenzó a prepararse para una mudanza trasatlántica. Estudiaron inglés, que era esencial para ambos y en especial para Mimi que no sabía cómo iba a conseguir trabajo como doctor en el nuevo país. Lina y Mimi se casaron en Italia en septiembre de 1934 y viajaron a los Estados Unidos ese diciembre. Para entonces Lina estaba embarazada y el movimiento del barco le provocó nauseas. Su hija mayor, Anna, nació poco después de que llegaran a Portland, Maine.

Mimi reconoció que su inglés no era del nivel necesario para establecer su propio consultorio. Eventualmente encontró trabajo como el doctor de una fábrica de papel en Millinocket, Maine, y mudó allí a su familia. Su segunda hija, Hilda, nació en casa sobre la mesa de la cocina. Había una ley que prohibía que un médico ayudara en el parto de su propio hijo, así es que Mimi tuvo que llamar a otro doctor.

Es de esperar que Mimi resintiera ser forzado a mudarse, pero finalmente todo salió bien, pues era un hombre brillante. Años después, obtuvo la ciudadanía estadounidense, se convirtió en el Cónsul Italiano de Maine, y luego en Senador por el estado de Maine.

La hermana menor de Lina, Elizabeth, también peleó apasionadamente con su padre por sus planes de mudarse. Ella estaba enamorada de un joven llamado Antonio, y no quería separarse de él. Se pasó el resto de su vida lamentando la ruptura de esa relación. Aun en Portland cuando ya era mayor, le hablaba a sus hijos de sus lindos recuerdos, nadando con Antonio en el Mar Tirreno del golfo de Salerno.

Unos pocos meses luego de que se mudaron Lina y Mimi, Angelo los siguió, trayendo a Dora, Elizabeth y a Paolo. Fue un viaje de una semana en el barco de vapor *Conte di Savoia*, que partió de Nápoles el 1 de mayo de 1935, y llegó a Nueva York ocho días después. La llegada a Ellis Island no fue fácil. El plan era decir que Elizabeth, que era ciudadana estadounidense, estaba trayendo a sus padres, que tenían visas de turista, a visitar familia en Portland. Ya estando en los Estados Unidos, Angelo planeaba obtener una visa de trabajo para que todos pudieran quedarse.

Un agente de migraciones le preguntó a Angelo si quería quedarse en los Estados Unidos. La pregunta, diseñada para detectar a personas con visas de turista que tenían intenciones de quedarse, lo confundió. Él contestó que por supuesto le gustaría quedarse y esa respuesta tuvo su costo: la familia entera tuvo que pasar por diez días de interrogación en Ellis Island hasta que finalmente lograron convencer a las autoridades que Paolo y sus padres no excederían el tiempo permitido por sus visas.

Cinco meses luego de su llegada a los Estados Unidos, en octubre de 1935, la segunda guerra entre Italia y Etiopía comenzó. Las precauciones de Angelo fueron validadas cuando recibieron las noticias de que el hermano gemelo de Mimi murió en esa guerra.

2

EDUCACIÓN NORTEAMERICANA, PRIMERA PARTE 1935 – 1940

La segunda inmigración de Dora y Angelo a Maine fue más fácil que la primera. Esta vez los esperaba una familia grande y establecida, y ya conocían bien la ciudad de Portland. Aunque Lina y Elizabeth sintieron frustración al irse de Italia, sus padres estaban seguros de haber tomado la decisión correcta, en especial para Paolo.

Los primeros dos meses, Angelo, Dora, Elizabeth y Paolo se quedaron con Lina y Mimi mientras Angelo buscaba un lugar para vivir. Inmediatamente contrató a un abogado para que los ayudara a conseguir visas de trabajo. Angelo había vendido la mayoría del terreno que tenía en Italia antes de mudarse porque ya tenía 63 años y no pensaba regresar. Compró dos edificios en Portland con el producto de esa venta.

Para el final del verano de 1935, la familia Vinella se había instalado en una casa grande de dos pisos construida de ladrillo rojo, en 188 Danforth Street. La casa había sido elegante cien años atrás cuando fue construida para el capitán del puerto, James Dockery. Pero ahora estaba decaída, igual que el vecindario que la rodeaba, el cual era habitado mayormente por inmigrantes irlandeses, italianos, polacos y canadienses-franceses. La hermana de Dora, Lisa y su esposo Cici, vivían cerca en 258 Danforth Street.

El vecindario quedaba en una colina con vista al puerto de Portland. Siempre había trabajadores buscando alquilar una habitación porque los astilleros estaban a poca distancia. Angelo convirtió la mayoría de la casa en apartamentos para alquilar y él, Dora, Elizabeth y Paolo instalaron su vivienda en un pequeño rincón de la casa.

Angelo abrió una nueva tienda de comestibles en el otro edificio que compró, también de ladrillo rojo. Quedaba en York Street, a pocas cuadras de la casa, bajando una cuesta. La tienda también tenía vista al puerto y atraería a los trabajadores portuarios. Quedaba lo suficientemente lejos de la tienda en Center Street, que todavía le pertenecía a Felice, para que no hubiera competencia. Por segunda vez en su vida, Angelo cambió su nombre a "John" por sus clientes.

La mudanza le había quitado a Angelo la posibilidad de jubilarse pronto. Había gastado todos sus ahorros en traer a su familia de Italia y además la vida en los Estados Unidos era más cara. Ya mayor, se vio obligado a trabajar tanto en la tienda como alquilando apartamentos, para poder pagar sus cuentas.

Todos los días se despertaba temprano, y luego de comer el desayuno que le preparaba Dora, bajaba la cuesta caminando hacia su tienda. Era un hombre severo con su familia, sin embargo sus clientes, trabajadores portuarios que no tenían mucho dinero, decían que "John" era un hombre bueno. Muchas veces alguno de ellos entraba a la tienda, hambriento, y Angelo le vendía unas tajadas de mortadela a crédito que el cliente regresaba a liquidar el día de pago. Dora trabajaba en la tienda todas las mañanas, llenando estantes y echando carbón en la estufa. A la una, ella subía la cuesta a la casa. Luego de preparar el almuerzo de Angelo y Elizabeth, limpiaba la casa y hacía la lavandería antes de comenzar a preparar la cena.

Una historia muy repetida en la familia Vinella-Casavola es sobre la obsesión que tenían las mujeres de esa generación con la limpieza. El día de la limpieza a fondo de Dora era el sábado cuando toda la casa olía a amoníaco. Cuando terminaba, la única manera que permitía que alguien entrara a la cocina era si se ponían un trapo debajo de cada zapato y se deslizaban sobre el piso, para así pulirlo aún más. Es por esto que cuando el clima era agradable, las reuniones familiares se realizaban en el jardín, y no adentro de la casa.

La familia Vinella-Casavola se reunía todos los fines de semana. A veces era en el jardín de Dora y Angelo, otras veces caminaban cinco kilómetros a la casa que Doménico, el hermano de Dora, había construido en Tremaine Street. En el verano organizaban picnics y también recogían arándanos. Muchos fines de semana del otoño, iban a los bosques cerca de Portland para buscar setas. Estas excursiones les hacía recordar sus paseos a las montañas alrededor de Salerno para recoger castañas de los árboles que miraban al Mediterráneo. Cuando hacía frío o llovía, los adultos jugaban al póker en el segundo piso de la casa de Dora y Angelo. Dora y sus dos hermanas, Marietta y Lisa, junto con sus maridos, se quedaban hasta tarde jugando cartas, discutiendo entre ellos y contándose historias.

Paolo comenzó el octavo grado a los doce años en septiembre de 1935. En su primer día en la North School la profesora le cambió su nombre a Paul. Esta era una práctica común entre los profesores estadounidenses que no querían tener problemas con la pronunciación de nombres extranjeros. Los inmigrantes rara vez protestaban porque querían ser aceptados. Paul no hablaba inglés cuando llegó a los Estados Unidos, pero se esforzó mucho por aprenderlo y así poder comunicarse en la escuela y en la tienda de comestibles de sus padres. Angelo lo puso a trabajar tan pronto como se instaló la tienda.

Paul se despertaba a las cinco de la mañana todos los días. Luego de comer el desayuno preparado por Dora, caminaba colina abajo a la tienda para poner las cosas en orden antes de ir a la escuela secundaria. Regresaba inmediatamente después de la escuela a trabajar hasta que la tienda cerraba y hacia sus tareas detrás del mostrador, entre clientes.

La barrera del idioma hizo que la escuela fuera difícil tanto del punto de vista académico como social. Los estudiantes de la North School eran hijos de inmigrantes italianos, irlandeses, y canadienses franceses de escasos recursos que vivían en el barrio. Aunque ser inmigrantes podría haberles dado algo en común, la barrera del idioma hacía que todos se sintieran fuera de lugar. La secundaria es una etapa difícil en toda adolescencia, pero es aún más difícil cuando no se comparte el idioma ni la cultura con los compañeros.

Algo inusual sucedió en el 2018 mientras yo escribía este libro. Estaba visitando Portland por primera vez en mi vida, y aproveché de entrevistar a parientes que aún viven en esa área. Mi hermano Richard decidió, espontáneamente, volar desde Honduras para ver también a la familia. Una tarde entró a una librería cerca de nuestro hotel donde compró un libro sobre la historia de Portland. Se lo llevó a su cuarto de hotel y comenzó a ojearlo. No podía creerlo cuando volteó una página y se encontró con la foto de la clase de octavo grado de 1936 de la North School. Paul, de trece años (en la esquina superior a la izquierda) lucía muy seguro con un blazer negro. ¡Ochenta y dos años después de que esa fotografía fuera tomada, parecía estar esperando en una librería de Portland a que su hijo viniera de Honduras y la encontrara!

Paul ingresó al noveno grado en Portland High School en el otoño de 1936. Ocupaba sus días entre tareas escolares y trabajando para su padre en la tienda. Además, como amaba el atletismo, algo que se le inculcó durante sus años como *Balilla*, se unió al equipo de natación especializándose en el estilo pecho.

Angelo le dio tiempo a Paul para practicar la natación, y a medida que su hijo mejoraba su inglés, le dio más responsabilidades en la tienda; lo estaba preparando para que se hiciera cargo después de terminar la secundaria. Paul ahora ya tenía catorce años y Angelo le enseñó a manejar, a pesar de que era demasiado joven para obtener una licencia de conducir. Cada mañana Paul conducía una camioneta para comprar carne, pescado, pan y verduras frescas de los surtidores. En esa época no había mucha refrigeración, y era necesario recoger los alimentos perecibles diariamente. Mucho tiempo después me contó que recordaba especialmente haber comprado racimos de bananos. En ese momento no tenía idea de que terminaría viviendo en el país donde probablemente se cultivaban esos mismos bananos. Una vez que Paul terminaba de descargar el camión en la tienda, se iba a la escuela. Al terminar sus clases, regresaba a la tienda, alternando entre atender a los clientes, reponer los estantes, y hacer sus tareas escolares.

Habían pasado casi dos años desde que emigraron de Italia, cuando, en febrero de 1937, el abogado les trajo buenas noticias: la familia había sido aprobada para la residencia legal. El proceso requería tener sus pasaportes sellados con la visa en un consulado estadounidense ubicado en un tercer país. Tomaron un tren a Montreal, Canadá donde amigos de Marietta y Felice los alojaron en su casa para que no tuvieran que pagar por hotel.

La mudanza a Portland había sido especialmente difícil para la hermana de Paul, Elizabeth. Ella todavía extrañaba a su novio italiano y no había mucha gente con la que pudiera comunicarse debido a la barrera del idioma. Su hermana mayor Lina estaba casada y se había mudado a otra ciudad. Cuando Paul no estaba estudiando o nadando, estaba trabajando en la tienda.[5] Sus padres estaban ocupados con su rutina de administrar su tienda, su casa y sus propiedades de alquiler .

El resentimiento de Elizabeth por verse obligada a mudarse aumentó con el tiempo. Conoció a un barbero guapo de Calabria, Adam Romano. Ella quería una vida cómoda y hubiera preferido un pretendiente más exitoso como el doctor con el que se casó su hermana Lina. Pero Adam era encantador, ella muy bonita, y comenzó una relación entre ellos. En febrero de 1938, Elizabeth quedó embarazada.

Este evento causó una gran conmoción en la familia, y cuando los gritos cesaron, la familia hizo lo esperado: planearon la boda. Elizabeth y Adam se casaron y en noviembre de 1938, cuando Paul estaba en tercer año de secundaria, nació su primer sobrino Armando Romano.

Para ese año, Paul se sentía seguro de su dominio del inglés. Se unió al equipo del anuario de su escuela, escribiendo para la página

5. En sus cartas Paul recordaba que su padre lo hacía trabajar en la tienda los 365 días del año, y que la única noche libre era la Nochebuena.

editorial. Continuó dedicándose de lleno a sus estudios y a la natación. Su prima Antoinette, a quien entrevisté durante mi viaje a Portland en 2018 cuando ya ella tenía más de 90 años, recordaba que Paul solía faltar a las reuniones familiares los fines de semana, porque estaba estudiando o asistiendo a competencias de natación. Ella me contó que todos los primos sabían que Paul tenía una meta y sabía dónde iba en la vida.

Paul había estado nadando estilo pecho para el equipo de natación de Portland High School desde su primer año de secundaria. En la primavera de su penúltimo año, fue elegido capitán del equipo por sus compañeros. El periódico *Portland Press Herald* escribió: «Uno de los atletas más trabajadores en el equipo y también uno de los más populares, Vinella se ganó un puesto en el equipo de más alto nivel de su escuela con práctica y esfuerzo constante; y este año, su tercero en el equipo, logró la más alta distinción. Es grande y fuerte y el próximo año debería de ser uno de los mejores nadadores en su estilo en el estado».[xviii]

Paul cambió su apellido a Vinelli al comienzo de su último año de secundaria. Mi hermano Richard tiene sus cuadernos, y vimos que papá los firmó Paul Vinella el penúltimo año, y cambió a Paul Vinelli para su último año. Años después, él nos contó que se burlaban del nombre Vinella porque sonaba como vainilla. En algunos artículos de periódico donde hablaban de sus éxitos en la natación, se referían a él como "Paul Vinilla". Sin embargo sus padres nunca cambiaron sus nombres al original, que era Vinelli, y sus hermanas adquirieron los apellidos de sus maridos. El apellido Vinella murió con Angelo y hoy día toda la familia es Vinelli.

Equipo de natación de Portland High School
Paul es el tercero de la izquierda sentado en la primera fila
Portland Press Herald

El inglés de Paul y sus notas académicas eran ahora excelentes. Ganó un campeonato estatal de natación en estilo pecho. Sus profesores en Portland High School lo animaron para postular a la universidad. Le dijeron a Dora y a Angelo que veían mucho potencial en su hijo. Eso contrarió a Angelo que había dejado Italia para proteger a Paul y extendido sus años de trabajo abriendo una nueva tienda a los 63 años para su hijo. Por tradición italiana, el hijo mayor heredaba el negocio familiar, y Paul era su único hijo. Angelo esperaba que Paul se hiciera cargo de la tienda, lo que le proporcionaría un buen ingreso, y le preguntó a su hijo: «¿Si todos van a la universidad, quién va a limpiar el pescado?» Pero Paul estaba convencido de que tenía un futuro más prometedor que ser dueño de una pequeña tienda de comestibles. Sus profesores continuaron tratando de convencer a

Angelo y finalmente, le dijo a Paul: «Bueno, si crees que eres lo suficientemente hombre, sigue adelante con tu plan, pero no esperes ni un centavo de mi parte».

Después de ese enfrentamiento, Angelo perdió gran parte de su actitud dominante. Tenía 68 años y estaba cansado. Dora, de 45 años, comenzó a tener más control sobre las finanzas familiares. Un día contrató a un obrero para instalar una pared de ladrillos para separar un dormitorio y un baño en su casa que tenían una entrada exterior independiente. Esa noche al terminar de cenar, Angelo pasó por lo que había sido la entrada a ese dormitorio, y se encontró con una pared. Cuando confrontó a su esposa, Dora le dijo: «Tenemos un solo hijo, y no va a ser tonto». Alquiló el cuarto y ahorró lo que le pagaban, dieciséis dólares al mes, para ayudar a Paul con sus gastos universitarios.

Las dos universidades en las que Paul estaba muy feliz de haber sido aceptado eran la Universidad de Harvard y la Universidad de Michigan. En ese momento la matrícula en Harvard era de 600 dólares al año, y en Michigan la matrícula para no residentes era de 200 dólares al año. Paul eligió Michigan.

3

EDUCACIÓN NORTEAMERICANA, SEGUNDA PARTE 1940 – 1944

Paul se despidió de su familia en septiembre de 1940. Viajó desde Portland, Maine hasta Ann Arbor, Michigan, llevando una maleta de cuero que contenía ropa, lápices y sándwiches preparados por Dora. Para no gastar en transporte, Paul se arriesgó y se paró al lado de la carretera, buscando que gente de buena voluntad lo llevaran. Logró viajar los 1,400 kilómetros de esta manera. Cuando llegó a la Universidad de Michigan, averiguó con otros alumnos adonde podía encontrar alojamiento barato. Lo dirigieron a un propietario que vivía a cierta distancia de la universidad, donde alquiló una habitación que costaba 2.50 dólares por semana. Ya teniendo un lugar donde vivir, compró una bicicleta para poder llegar a sus clases.

Paul deseaba estudiar Ingeniería Aeronáutica, y se inscribió en las clases requeridas para esa carrera. Cuando fue a la librería a comprar los libros que necesitaba para su primer semestre, se sorprendió al descubrir que cada uno costaba cuatro dólares. Le preocupaba no poder pagar su matrícula, alojamiento ni comida, por lo que de inmediato buscó trabajo. La Corporación FRAM, a tres kilómetros de la universidad en Main Street, estaba contratando personal. Ellos fabricaban filtros de aceite para automóviles para la Ford Motor Company. Contrataron a Paul para ensamblar filtros 35 horas por semana, de seis de la noche a la una de la mañana, de lunes a viernes.

Una vez resueltos los temas de alojamiento, transporte y trabajo, Paul buscó maneras de hacer amistades, lo cual era una necesidad para un joven sociable como él. No conocía a nadie en Ann Arbor, por lo que se le ocurrió que podría hacer amigos a través del deporte. Se presentó a las pruebas para dos equipos de la universidad, natación y tenis, y fue aceptado para ambos. Al cabo de unas semanas se dio cuenta de que no podía seguir el ritmo de trabajo, sus estudios y las prácticas de los equipos y abandonó ambos deportes.

Había 12,000 estudiantes matriculados en la Universidad de Michigan, pero Paul se sentía sólo caminando a clase entre un mar de alumnos desconocidos. Afortunadamente, la universidad había fundado su Centro Internacional dos años antes. Este lugar de reunión, creado para apoyar a un número creciente de estudiantes internacionales, estaba en un ala contigua al Michigan Union donde se congregaban la mayoría de los estudiantes estadounidenses. Paul iba al Centro Internacional cuando su agenda lo permitía. Con el tiempo hizo amigos, principalmente de América Latina. Muchas personas pueden identificarse con el sentimiento de soledad de ser un estudiante de primer año en una universidad, pero los estudiantes internacionales tienen la barrera adicional de que sus compañeros no pueden imaginar el mundo del que provienen. Los doce años que Paul vivió en Italia le dieron un vínculo instantáneo con los estudiantes internacionales. Pronto formó un grupo de amigos, al que llamó su pandilla. Sus dos amigos más cercanos, Flavio y Carvalho, eran brasileños y les gustaba reunirse para jugar al póker los fines de semana.

El mayor desafío de Paul durante su primer año de universidad fue balancear el tiempo que necesitaba para estudiar con su necesidad de ganar dinero. Cuando podía, Dora añadía unos dólares al dinero del inquilino, que enviaba mensualmente. Pero Paul tenía que pagar la mayor parte de sus estudios y de sus gastos para vivir. Aceptó trabajo extra paleando nieve ese invierno, cuando las temperaturas en Ann Arbor alcanzaron menos veintitrés grados centígrados. La habitación donde vivía no tenía calefacción adecuada. Sus viajes nocturnos en bicicleta a casa, luego de terminar su turno en FRAM a la una de la mañana, sumaban muchas noches en la nieve. Su salud se estaba deteriorando por la falta de sueño y el estar expuesto a tanto frío. Debido a todo esto, sus notas no eran tan buenas como lo habían sido en la escuela secundaria.

Cuando terminó el largo invierno en Michigan, Paul cambió la tarea de palear nieve por el trabajo más agradable de cortar grama. Cuando terminó el año escolar decidió cambiar de trabajo. Sabía que sus clases de segundo año iban a ser más exigentes, y no quería pasar otro invierno trabajando hasta la una de la mañana en FRAM. En el otoño de 1941, al comenzar su segundo año, fue contratado como asistente en un programa universitario de investigación. Dejó de trabajar en FRAM y mantuvo trabajos ocasionales cortando grama y paleando nieve para complementar sus ingresos. Su horario se volvió más razonable y comenzó a concentrarse en obtener buenas calificaciones en los cursos de matemáticas y ciencias necesarios para su especialización en Ingeniería Aeronáutica.

Unos meses después del comienzo del año escolar, el 7 de diciembre de 1941, aviones japoneses atacaron Pearl Harbor. Estados Unidos entró repentinamente en la Segunda Guerra Mundial, uniéndose a sus aliados en la lucha contra el Eje: Japón, Alemania e Italia. Cuatro días luego del ataque a Pearl Harbor, Italia declaró guerra contra los Estados Unidos. Paul, al igual que compañeros de estudios de Italia, Alemania y Japón, de repente fueron considerados como enemigos extranjeros.

El presidente Franklin Roosevelt emitió proclamaciones autorizando a las autoridades del país a detener a enemigos extranjeros potencialmente peligrosos.[xix] En cuestión de días, el FBI llegó a la Universidad de Michigan, recogió a Paul y a otros, y los llevó a Detroit para interrogarlos. Paul fue sentado en una sala de interrogación frente a dos agentes del FBI. Declaró que sus hermanas eran ciudadanas estadounidenses por nacimiento y que su padre había solicitado la naturalización en 1937. La única razón por la que Paul no había iniciado el proceso era que aún no tenía veintiún años. Los agentes le informaron que ahora las cosas habían cambiado. No podría convertirse en ciudadano estadounidense mientras durara la guerra.

Uno de los agentes le preguntó si alguna vez había sido miembro de una organización fascista. Paul respondió con la verdad. Les contó que cuando vivió en Italia, entre los ocho y doce años, fue miembro de la organización juvenil fascista llamada *Balilla.* Enfatizó que sus padres no habían hecho ninguna declaración política al inscribirlo. Todos los niños estaban obligados a unirse a esta organización durante los años en que Benito Mussolini estuvo en el poder.

Lo que le importaba al FBI era que Paul había recibido adoctrinamiento fascista. Ahora tanto Paul como su padre eran "individuos sospechosos". Esta entrevista fue la causa de que ambos tuvieran problemas para obtener la ciudadanía estadounidense durante años.

En aquellos primeros días de la guerra, los estadounidenses le tenían pánico a los enemigos extranjeros. La ira por el bombardeo japonés de Pearl Harbor llevó al confinamiento de aproximadamente 120,000 estadounidenses de origen japonés en campos de internamiento de los Estados Unidos. En el caso de los italianos, el prejuicio se debió en parte a que Mussolini se estaba alineando con Hitler. Como resultado de los millones de personas que inmigraron a los Estados Unidos en los previos 50 años, los italianos eran el grupo de inmigrantes más grande del país. El sentimiento anti-italiano ya era alto antes de que comenzara la Segunda Guerra Mundial. A menudo se pensaba que los italianos eran indeseables, y los términos despectivos "wop" y "dago" se dirigían comúnmente a los europeos de piel oscura que parecían ser italianos. Los empleadores se negaban a contratarlos simplemente por su origen étnico.

Cuando Estados Unidos entró en la Segunda Guerra Mundial, el desprecio hacia los italianos condujo a la persecución de los que en muchos casos ya eran ciudadanos naturalizados estadounidenses, y muchos fueron enviados a campos de internamiento. Algunos tenían toque de queda nocturno desde las ocho de la noche hasta las seis de la mañana. Algunos italianos tuvieron que entregar armas, radios y cámaras, a otros se les prohibió el acceso a zonas sensibles como la costa de San Francisco o áreas cercanas a bases militares.[xx]

Paul salió de la interrogación en Detroit sintiéndose afortunado. La única restricción que le impuso el FBI fue la misma a la que estaban sujetos todos los italianos e italoamericanos: se le emitió un certificado de identificación, también conocido como identificación de registro de extranjero. Tenía que llevar consigo en todo momento este documento rojo que parecía un pasaporte. Sus movimientos estaban confinados a ocho kilómetros de la universidad, pero podía moverse día y noche dentro de ese radio. Sin embargo, debía solicitar permiso al FBI para visitar a su familia en Portland durante las vacaciones.

Cuando regresó a la universidad le dijeron que debía presentarse con su consejero académico. Fue entonces cuando se enteró de otra restricción: tendría que cambiar de carrera. No le era permitido estudiar Ingeniería Aeronáutica por ser una carrera relacionada con la defensa de la nación. Paul se frustró porque no le permitieron estudiar lo que le interesaba y peor aún, cambiar de carrera significaba nuevos requisitos académicos. Había logrado pagar con mucho esfuerzo y dedicado tiempo a cursos que ya ahora no le servirían para su nueva carrera.

Paul había estado estudiando italiano, español, francés y portugués como requisito para obtener un segundo título en Lenguas Romances y decidió hacer de estas su nueva especialidad. Como le encantaban las matemáticas, decidió estudiar al mismo tiempo una maestría en Economía, lo que en aquella época le estaba permitido.

A principios de 1942, la Universidad de Michigan cambió el calendario académico, convirtiendo un año escolar de dos semestres en uno de tres trimestres, y acortando los intervalos entre periodos. La escuela de verano fue eliminada y el tercer trimestre era de mayo a septiembre. Estos cambios permitieron a los jóvenes terminar la universidad antes de ser reclutados, y las carreras que antes demoraban cuatro años ahora podían terminarse en tres. El cambio fue desalentador para los estudiantes, porque tenían menos tiempo para estudiar las materias y prepararse para los exámenes.

Como para muchos, la universidad para Paul no era solo cuestión de educación académica, y Paul, que era guapo, inteligente y atlético, tuvo poco tiempo durante su primer año y medio en Michigan para salir con muchachas. Esto cambió en febrero de 1942 cuando entró al Centro Internacional donde había una hermosa y rubia estudiante de aspecto inocente. Paul inmediatamente inició una conversación con ella.

Se llamaba Linda Laine Reisman, y como él, era estudiante de segundo año. Linda había nacido en Tallinn, Estonia, y había emigrado a Michigan con su familia cuando tenía cuatro años. Linda le contó a Paul que había sido una buena alumna en su escuela de secundaria en Grand Rapids, y estaba asistiendo a la Universidad de Michigan con una beca. La decisión de la universidad de acortar el semestre la había afectado mucho, porque estaba teniendo dificultades con los cursos de matemáticas requeridos para su carrera en Economía. Paul se ofreció a ayudarla a estudiar.

Los dos inmigrantes sintieron una atracción inmediata y no tardaron en pasar juntos tanto tiempo como el trabajo de él y los horarios de clase de ambos lo permitían. La mayoría de sus citas eran para estudiar, ya que se esforzaban por prepararse para los exámenes. En abril, el frío invierno comenzó a retirarse y el clima en Ann Arbor se volvió agradable. Los sentimientos mutuos de Paul y Linda florecieron junto con las flores amarillas de forsitia que cubrieron los arbustos del campo universitario. Mientras estudiaban, Paul se escribía notas sobre lo maravillosa que era Linda. Ella estaba fascinada por el hombre exótico que la perseguía, pero le preocupaba la reacción que tendrían sus padres al saber que estaba saliendo con un italiano.

Linda había estado escribiendo cartas detalladas a su familia por lo menos dos veces por semana desde ingresar a la universidad en 1940.[6] Después de conocer a Paul, sus cartas a casa continuaron, pero sin mencionar a su nuevo interés romántico.

Linda era una hija devota de sus padres estonianos, Ella Kiilas y Otto Reisman. Linda adoraba a su único hermano, también llamado Otto, quien era siete años más joven. En sus cartas Linda preguntaba sobre cada detalle de la vida de su familia. Su madre Ella, a quien llamaba Momma, Mommie o Mama, dedicó su tiempo al mantenimiento de su casa, y también a una segunda casa que alquilaban. Ella le escribía a Linda contándole en detalle su rutina de limpieza, que incluía lavar paredes y ventanas y barnizar pisos. Su madre le escribía en Estoniano para que Linda mantuviera el idioma. Con frecuencia le mandaba pasteles y galletas hechas en casa y estos fomentaron el gusto por lo dulce y el amor por la repostería que duró toda la vida de Linda.

El padre de Linda, Otto, trabajaba en la empresa General Motors. Linda se preocupaba por él, por ejemplo, pidiéndole que no condujera demasiado rápido; también lo ayudaba a hacer su declaración de impuestos. Linda era frugal, como lo eran la mayoría de las personas que habían vivido la Gran Depresión económica; le preocupaba que sus padres gastaran demasiado dinero en los regalos que le enviaban.

Linda era muy maternal con su hermano "pequeño" Otto, que gracias a su genética estoniana, eventualmente creció hasta medir un metro ochenta y pesar más de noventa kilos. Linda supervisaba sus calificaciones en la escuela y lo alentó a coleccionar estampillas, que

6. Los padres de Linda guardaron todas sus cartas y años después se las entregaron a nuestra familia. Son la razón por la cual tengo tantos detalles sobre sus vidas.

había sido su pasatiempo desde que estaba en secundaria; pronto transmitió este interés también a Paul.

El tema de la guerra se apoderó de los estudiantes de Michigan al final del semestre de primavera. El profesor de Historia de Linda fue enviado a Turquía como oficial del ejército. Los profesores dieron conferencias sobre lo que significaba la Segunda Guerra Mundial para los Estados Unidos. Un profesor fue acusado de ser un alarmista por recomendar que el gobierno de los Estados Unidos tuviera 100,000 aviones listos para apoyar a Inglaterra. El ejército convirtió un dormitorio al lado opuesto de la calle de Linda en un cuartel de ROTC.[7] Quitaron las camas y las reemplazaron con literas; incluso, retiraron las puertas de los dormitorios. Cuando Linda estudiaba en su habitación, podía escuchar a los cadetes practicando ejercicios militares.

Paul se quedó en la universidad durante el trimestre de verano de 1942 para avanzar con sus estudios. Apenas hubo un descanso entre el trimestre de primavera y el de verano que comenzaba en mayo. Tomó una cantidad exagerada de materias—siete—para recuperar los créditos perdidos por haber tenido que cambiar su carrera. Sus clases eran: Economía, Historia, Contabilidad, Geografía de Latinoamérica, Drama Español, Cinco Famosos Novelistas Españoles del Siglo 19, y Composición Avanzada en Inglés.

Cuando Paul se quedó en Michigan ese verano, Angelo finalmente aceptó que su hijo nunca volvería a casa para administrar la tienda de York Street. Angelo tenía ahora 70 años y estaba listo para jubilarse por completo. Le entregó el manejo de la tienda a su yerno Adam

7. El ROTC es el Cuerpo de Entrenamiento de Oficiales de Reserva, un programa en las universidades de los Estados Unidos que prepara a alumnos para una puesto oficial militar después de graduarse.

Romano, el marido de Elizabeth. Adam era feliz siendo barbero, pero Elizabeth lo empujó a aceptar el trabajo porque esperaba que con él, Adam alcanzaría el éxito que tuvo su padre.[8]

Linda se regresó a su casa por el verano. Aunque temía los cuatro meses de separación de Paul, el rigor del trimestre de primavera la había agotado. Tenía problemas con la tiroides y antecedentes de anemia por lo que durante varios años había tomado hierro. Su madre a menudo se preocupaba por su frágil constitución y le recriminaba no comer lo suficiente. Linda le comentó a Paul: «¡Qué tontería! No puede entender que como para vivir, en lugar de vivir para comer».

Una vez en casa, Linda le escribía a Paul varias veces a la semana. Ella le rogó que le escribiera solo ocasionalmente, y que fingiera ser Betty, la amiga con la cual compartía cuarto en la universidad. Dijo que su madre sospecharía si ella recibía demasiadas cartas de cualquier persona, ya fuera mujer u hombre. Ella estaba muy atenta porque las notas de Linda habían bajado durante el trimestre de primavera, y había perdido la beca que la había ayudado a pagar sus primeros dos años de universidad. El padre de Linda, Otto, era comprensivo, pero su madre no. El orgullo de Ella estaba herido. Durante dos años, ella le había hablado a sus amigas con orgullo sobre la beca de su hija. Opinaba que las amistades universitarias de Linda la distraían. Solo imaginaba amistades con muchachas, no tenía ni idea de Paul. Quería que Linda cambiara de residencia, de amistades, e incluso habló de cambiarla de escuela. Le dijo a su hija: «¡Uno va a la universidad para estudiar, no a perder el tiempo!»

8. Adam manejó la tienda solo unos pocos años antes de volver a trabajar como barbero. Angelo terminó vendiendo la tienda a los hijos de Marietta y Felice. Su hijo Nino Giampetruzzi también terminó siendo propietario de la tienda original de Center Street, que heredó de Felice cuando se jubiló en 1946.

Las cartas entre Linda y Paul fueron ligeras y divertidas al principio, pero luego se volvieron más intensas a medida que avanzaba el verano. El correo tardaba solo un día en viajar entre Ann Arbor y Grand Rapids, así que su correspondencia parecía una conversación. Al principio, Paul tuvo cuidado de escribir cartas desde la perspectiva de "Betty". Pronto Linda descubrió como llegar al buzón antes que su madre y la farsa se abandonó. Linda había parecido casual durante los primeros meses de salir con Paul, pero extrañarlo la llevó a ser más abierta acerca de sus sentimientos por él. En respuesta, él comenzó a escribir sobre el amor.

Las preocupaciones de Linda acerca de sus diferencias culturales se reflejaron en sus cartas y le mencionó que no estaba segura de si ella encajaría en la "pandilla" de Paul. Por las cartas de Paul, sabía que sus amigos eran como él: ruidosos, de piel oscura y acentos marcados, y disfrutaban de las mujeres, la bebida alcohólica y de jugar cartas. Eran más parranderos de lo que Linda quería tolerar. Tomaban riesgos: un día Paul y dos amigos se retaron a saltar por la ventana de un sala de conferencias durante la clase. El profesor que estaba escribiendo en la pizarra de espaldas a ellos no se dio cuenta, pero cuando Paul se lo comentó a Linda, ella se puso nerviosa. Paul era encantador y gentil cuando estaba a solas con ella, pero la dinámica de su grupo de amigos cuando estaban todos juntos la intimidaba. Paul le aseguró a Linda que eliminaría a cualquier persona por tenerla a ella.

Le preguntó si podía visitarla en Grand Rapids y ella le recordó de sus restricciones de viaje como enemigo extranjero. La pareja tenía una palabra clave para referirse al FBI: Hermanos Franciscanos. Linda a menudo le mencionaba en sus cartas a Paul que tendría problemas con ellos si viajaba.

El problema mayor era que Linda no le había contado a sus padres sobre su relación con Paul, porque le preocupaba la reacción de ellos. Le dijo a Paul que ella creía que su padre Otto aceptaría a cualquier hombre que la hiciera feliz, aun si no le gustaba su elección, pero añadió: «Mi madre hará todo lo posible para evitar que me vaya de casa. Siempre tuvo ambiciones para mí, pero sus planes nunca incluyeron novios. Ella tiene la extraña idea de que yo seré feliz si destaco en alguna comunidad sirviendo a la humanidad y siendo una hija devota. Amo a mi familia y te amo a ti también. Parece imposible hacer felices a todos. ¿Oh Paul, por qué algunas personas creen que pueden decidir el futuro de otros y creen saber lo que otra persona desea?» El respondió: «Creo que si yo tuviera una hija, le daría cierta libertad para que sea consciente del papel que desempeñará en este mundo».

Como su hija, puedo confirmar que lo dijo en serio y cumplió sus palabras.

También comentaron sobre la pesada carga académica de Paul. Él confesó que dormía muy poco. Linda le advirtió que su "constitución de hierro" no duraría si seguía descuidando su salud. Era como si ella pudiera ver el futuro. Para finales de julio, Paul se quejó de presión en el pecho, pero continuó estudiando hasta altas horas de la noche; era la mitad del trimestre y los exámenes se acumulaban. Le dijo a Linda que el único consuelo era que su carga académica lo ayudaba a olvidarse de su separación.

Una mañana, Otto, el hermano de trece años de Linda, entró a su habitación sin avisar y la sorprendió leyendo cartas que le había mandado Paul. Ella le admitió que tenía un pretendiente, pero afirmó que no era una relación seria. Otto guardó su secreto y comenzó a ayudarla a llegar al buzón de correo temprano cada mañana.

Una carta la preocupaba. Paul le informó que iba a asistir a un baile formal con una amiga llamada Helen, que había terminado con su novio. Habían hecho una conexión porque ambos se sentían tristes de estar separados de sus "amores". Paul escribió: «Ella llora a veces, y no puedo soportar que una mujer llore, así que de vez en cuando la invito a salir para distraerla». Paul de nuevo habló de visitar a Linda en Grand Rapids. Hasta sugirió que podía ir a su casa disfrazado de vendedor de ollas de cocina. Como alternativa, sugirió que Linda lo llamara. Ella reconoció que Paul se sentía solo, que muchos de sus amigos habían sido reclutados al ejército o se habían transferido a otras universidades. Linda acordó llamarlo; escuchar las voces del otro, después de tanto tiempo, intensificó los sentimientos de ambos.

A principios de septiembre Paul tomó parte en una maratón de póker que duró cinco días, organizado por su amigo brasileño Carvalho. Los jugadores se permitieron pausas de cuatro horas para dormir, y pausas muy cortas para comer. Paul le escribió a Linda que bebieron tanto alcohol que se demoró un día completo «para recuperar la razón». ¡Ganó 43 dólares! Después de esto le aseguró a Linda que se enfocaría en sus estudios durante las tres últimas semanas de clases.

Una mañana, a mediados de septiembre, Linda se despertó más tarde de lo normal. Cuando pasó por la sala camino a la puerta de la casa, con intención de ir al buzón, se quedó paralizada al ver a su madre revisando correspondencia en el sofá. Afortunadamente, ese día no había cartas de Paul. El evento asustó a Linda, y le escribió a Paul diciendo que le mandara solo una carta más, y que volviera a fingir que era Betty. Le recordó que pronto ella estaría regresando a la universidad, y podrían ponerse al día en persona.

Paul no recibió esa carta porque lo habían internado en el Departamento de Salud de la universidad, con una fiebre de 40 grados centígrados. Las largas noches de estudio, combinadas con el maratón de póker y la correspondiente borrachera, habían llevado su cuerpo más allá de sus límites. Inicialmente, sus doctores pensaban que tenía tuberculosis; eventualmente se determinó que tenía tanto pericarditis como pleuritis, inflamaciones de los revestimientos del corazón y de los pulmones, causados por un virus. Como resultado de la inflamación, su corazón estaba más grande de lo normal, lo que más tarde en la vida resultó en que se dijera que su corazón se había agrandado permanentemente. Esto no era cierto, su corazón regresó a su tamaño normal luego de la enfermedad aunque sí tuvo recurrencias de pleuritis por muchos años.

Estaba frenético de encontrarse hospitalizado porque sus exámenes universitarios estaban por comenzar. Convenció a su doctor que lo dejara salir a tomar su examen al siguiente día, si su fiebre bajaba a menos de 37 grados. Pero al siguiente día amaneció con fiebre de 39. Se escapó de su cuarto del hospital confundiéndose con visitantes que salían de la habitación de la universidad. Luego de dar su examen, regresó al hospital con fiebre de casi 40 grados. Las enfermeras estaban furiosas. Su madre lo llamó de Maine diciéndole que se olvidara de sus exámenes y que se fuera a su casa por un mes para descansar. Tres días después, los doctores le asignaron una enfermera para vigilar la puerta de Paul porque su fiebre seguía alta y sabían que tenía un examen esa tarde. Se vistió y salió gateando por la ventana, siguiendo la cornisa para entrar por la venta abierta de una habitación vacía, y así logró ir a dar su examen.

Cuando Linda regresó a Ann Arbor a fines de septiembre, Paul seguía en el hospital. Ella detestaba los hospitales y no quería ir a verlo allí. Algunos amigos le habían contado que Helen iba a visitarlo con frecuencia, y eso la hirió. Rehusó ir a verlo.

Paul estaba pálido y muy delgado cuando salió del hospital. Llamó a Linda, pidiendo ir a visitarla a su dormitorio universitario. Linda aceptó, anticipando una reunión apasionada después de la larga separación. En cambio, Paul le preguntó si le importaba que llevara a Helen a un partido de fútbol americano próximo, porque ya había quedado con ella. Fue como una cachetada para Linda.

Luego de esa conversación, Linda empezó a analizar si Paul era el hombre indicado para ella. Sabía que le gustaba mucho beber, y ahora temía que le interesaran otras mujeres. Se preguntó si él podría cambiar. Ella justificó la actitud de Paul hacia ella por el hecho de que estaba muy enfermo y le costaba seguir el ritmo de los estudios. Su comprensión de la situación y los sentimientos que había desarrollado hacia él durante el verano le impidieron negarse a verlo de nuevo. Pero su orgullo le hacía difícil hasta mirarlo.

Diez días después, Paul fue readmitido al hospital. Mientras estaba allí, en octubre de 1942, la oficina del fiscal federal del estado de Michigan le escribió para informarle que todas las restricciones contra enemigos extranjeros habían sido levantadas para ciudadanos italianos, y que ahora era libre de viajar adonde quisiera.

Durante su segunda hospitalización, volvió a cortejar a Linda. La llamó pidiendo que lo visitara, hizo que sus amigos la convencieran de que fuera a verlo e incluso le pidió a su médico que la llamara. Todos le dijeron a Linda que ella le hacía mucha falta a Paul y que su presencia lo ayudaría a sanar. Ella se sintió insegura cuando fue a verlo la primera vez, pero a pesar de lo enfermo que estaba, la convenció de que seguía enamorado de ella.

Dora, Lina y Mimi visitaron a Paul en el hospital de la universidad a finales de noviembre. Se sorprendieron al encontrar un joven delgado, pálido y barbudo. Los doctores discutieron la condición médica de Paul con Mimi, quien además de ser su cuñado, era doctor. Sugirieron que Paul se retirara de la universidad y que volviera a Portland para recuperarse. Paul se fue de Ann Arbor sabiendo que no iba a regresar para el siguiente trimestre. Esto implicaba un gran revés para él, tanto económico como académicamente. Fue la segunda vez en su carrera universitaria que se retrasaron sus objetivos académicos.

Para la Navidad, Paul le envió a Linda una caja de música a su casa en Grand Rapids. Su madre sospechaba del remitente, así que Linda se inventó un cuento de que se lo había enviado una amiga. Tenía la intención de ocultar de sus padres la existencia de Paul hasta que tomara una decisión sobre él. Le advirtió a él que si no abandonaba "su extraño modo de vida", acabaría la relación.

Mientras Paul estaba en casa, Dora se aseguró de que descansara. Dormía entre diez y trece horas al día. En ese momento las dos hermanas de Paul y sus familias estaban viviendo con Angelo y Dora; en el caso de Elizabeth y su esposo Adam, era por razones financieras. Cuando Angelo le dio su tienda a manejar a Adam, también les dio un apartamento dentro de su casa. Lina y su esposo Mimi estaban viviendo con la familia debido a la escasez de bienes raíces durante la guerra. Habían vivido por unos años en la pequeña ciudad molinera de Millinocket, tres horas al sur de Portland, donde Mimi había sido el doctor del molino del Great Northern Paper. Cuando la economía de ese pequeño lugar comenzó a sufrir por la guerra se mudaron a

Portland, que había doblado en tamaño y adonde faltaban doctores. Sin embargo, por esta expansión de población, era difícil encontrar una casa para comprar en Portland. Angelo desalojó a un inquilino de uno de los apartamentos en su casa para dárselo a Lina, Mimi y sus dos hijas hasta que encontraran algo.

A medida de que Paul recuperaba sus fuerzas, buscaba maneras de mantenerse ocupado. A veces ayudaba a Adam en la tienda y también ayudaba a los hijos de sus hermanas con sus tareas. Las hijas de Lina eran Anna de ocho años, Hilda de cinco, y el hijo de Elizabeth era Armando, de cuatro años. Paul también se convirtió en un prolífico escritor de cartas. Sus cartas reforzaron su relación con Linda, y también les escribía a amigos que se habían retirado de la Universidad de Michigan, o para pelear en la guerra o para continuar sus estudios en otro lado. Escribir cartas le tomaba tanto tiempo que compró una máquina de escribir y aprendió a usarla.

Todo de lo que se hablaba era de la guerra y cuanto más tiempo Paul estaba lejos de la universidad, más consideraba entrar al ejército estadounidense. Él atribuía el hecho de que aún no era ciudadano estadounidense a dos contratiempos en su trayectoria universitaria: el cambio forzado de carrera y sus recientes problemas de salud ocasionados por el tremendo esfuerzo realizado por el cambio de carrera. Leyó que la forma más rápida para que un antiguo enemigo extranjero obtuviese la ciudadanía era servir en las Fuerzas Armadas de los Estados Unidos. Paul acudió al centro de reclutamiento en Portland para tomar un examen físico, y era lo suficientemente fuerte para aprobarlo. Sin embargo, debido a su reciente hospitalización, fue clasificado como 4F: «No aceptable para servir por motivos médicos u otros». No tenía alternativa: volvería a la universidad en cuanto estuviera recuperado.

A principios de marzo, Paul visitó a Linda en la Universidad de Michigan. Regresó a Portland con una foto de ella que mostró a su familia con orgullo. Linda cumplió 21 años el 19 de marzo y le escribió a Paul diciendo que estaba lista para decirle a su familia que no volvería a casa al terminar la universidad. La noche que Paul leyó esa carta se fue a un bar de Portland con su cuñado Adam y regresaron a casa muy bebidos. Paul impulsivamente llamó a Linda y le propuso que se casaran en pocos meses. Ella le dijo que sí, que quería casarse con él, pero su idea era que fuera después de que ambos se graduaran.

Paul tenía la cabeza más clara a la mañana siguiente y le escribió asegurándole que quería estar en una situación financiera firme antes de casarse, y que estaba a favor de que ella también trabajara después de que se graduara. No creía en que una mujer estudiara durante años para luego ignorar esa educación y convertirse solo en ama de casa. Ella pensaba de otra manera: estaba de acuerdo con que Paul debía terminar su educación antes de casarse, pero no le importaba que estuviera bien económicamente. Creía que algo de lucha en la vida de una pareja joven los unía. También afirmó que estaba dispuesta a trabajar si era necesario, aunque no tenía ningún deseo de ser una mujer de carrera. Mantener una casa y una familia le parecía atractivo.

Paul regresó a la Universidad de Michigan en mayo de 1943 para reanudar sus estudios. En total su enfermedad y recuperación habían demorado nueve meses. El servicio de salud de la universidad lo examinó a fondo antes de que la universidad aprobara que se registrara para clases del trimestre del verano. Linda no quería separarse de Paul ahora que por fin estaban juntos, así que decidió quedarse también para ese trimestre. Linda volvió a casa para ver a sus padres durante el breve descanso entre trimestres y Paul viajó con ella en el tren a Grand Rapids. En el camino hablaron de que Linda aun no le había contado a su familia sobre él, quince meses después de que comenzaron a salir juntos. Paul le dio la valentía para que ella por fin pudiera tener esa conversación con sus padres. Él miró por la ventana mientras ella bajaba y saludaba a su madre, pero se quedó en el tren para regresarse a Ann Arbor.

Lo primero que hizo Linda al llegar a casa fue hablarles a sus padres sobre Paul. Podían ver que le era difícil contarles sobre su relación, y la animaron a ser honesta con ellos. Ella, su madre, le dijo que sospechaba que había un hombre en su vida porque Linda les había pedido volver a la universidad para el trimestre de verano. Sus padres fueron muy comprensivos y le dijeron que ella ya era lo suficientemente mayor para tomar esa decisión. Le recordaron que ellos también habían sido jóvenes. Linda lloró del alivio.

Al día siguiente Ella y Otto le hicieron más preguntas sobre Paul. Linda les enseñó una foto de él y les dijo que era italiano pero ya no era considerado un enemigo extranjero para los Estados Unidos. Los Reisman expresaron su preocupación de que Paul pudiese ser forzado a regresar a Europa y que posiblemente Linda no sería aceptada ahí. Sin embargo, sugirieron que trajera a Paul a la casa un fin de semana para poder conocerlo. Linda se dio cuenta de que había malinterpretado la curiosidad de su madre. Parecía que a Ella no le molestó enterarse de su relación, pero sí que se lo ocultara. Cuando Linda regresó a la universidad, ella y Paul celebraron que por fin su relación no era un secreto.

Otros aspectos de la vida de Paul también estaban mejorando. El 14 de junio le avisaron que había sido asignado un número de cuota, lo que le permitiría convertirse en un ciudadano naturalizado de los Estados Unidos en menos de un año. Cuando comenzó el trimestre de verano, se dedicó enteramente a sus estudios. También retomó el tenis, un deporte que se convertiría en su pasión de toda la vida.

En septiembre de 1943, la universidad reclutó a Paul para una tarea inusual. En ese momento de la Segunda Guerra Mundial había varias divisiones del Ejército Real Italiano, los cobeligerantes, que luchaban del lado de los Aliados. Esto ocurrió después de que el Rey Víctor Emmanuel III destituyó a Benito Mussolini como primer ministro. Diez de estos soldados, que previamente habían sido prisioneros de guerra de los Estados Unidos, fueron transferidos a vivir a la universidad. Realizaban tareas humildes, como trabajar en la cocina del club de Leyes de la universidad. Estos eran hombres jóvenes, de veintiuno a veinticinco años, que venían del campo italiano.[xxi] La universidad le pidió a Paul que les enseñara inglés a los soldados. Trabajó con ellos por un año, desde fines de 1943 hasta fines de 1944, y hasta creó un equipo de fútbol para levantarles el ánimo.

Cuando el trimestre terminó en octubre, Paul fue a visitar a su familia a Portland. El día después de su llegada, su familia entera vino a verlo, eran en total casi 40 parientes. En los 30 años desde que Angelo pidió que le enviaran una esposa de Castellaneta, la familia de Dora, los Casavola y Giampetruzzi, se habían convertido en una comunidad grande. Durante esa visita, Paul compró una anillo de compromiso. Sus padres lo mandaron a Michigan con 200 dólares para que él y Linda pudieran abrir una cuenta mancomunada. ¡Cuando

Paul llegó a Michigan le propuso matrimonio a Linda y ella, sin lugar a dudas, dijo que sí!

Al poco tiempo Linda les escribió a sus padres contándoles que había aceptado la propuesta de Paul, y les decía en su carta que se había esperado a escribir hasta después del cumpleaños de su papá porque le preocupaba que sus noticias le arruinarían su celebración. Describió el anillo de compromiso que Paul le dio, que tenía un diamante engastado en el centro que sobresalía de los dos diamantes laterales. También les escribió del dinero que los padres de Paul les había regalado y le suplicó a su familia que no se sorprendieran demasiado.

Los Reisman invitaron a Paul a pasar las vacaciones de Navidad con ellos en Grand Rapids. Linda le sugirió a Paul que llevara a su amigo Flavio con el fin de desviar la atención sobre la pareja recién comprometida. No se sabe lo que pasó durante esa visita, pero puedo deducir que las cosas no fueron bien. He concluido, después de leer las cartas entre Linda y sus padres, que los Reisman no tuvieron una buena primera impresión de Paul y viceversa. Ese diciembre de 1943 es la única vez que Paul, Linda y sus padres estuvieron juntos.

El 26 de febrero de 1944 Paul y Linda se casaron en Detroit, Michigan. A su boda asistieron seis amigos de la universidad, pero ningún familiar y aunque los padres de Linda vivían a una hora, solo enviaron una tarjeta. La familia de Paul tampoco asistió.

Por primera vez desde que comenzó la universidad cuatro años antes, la correspondencia entre Linda y sus padres casi desapareció. Mientras que en los años anteriores Linda les escribía una o dos veces por semana, luego de su boda solo les escribió tres cartas durante el resto de 1944: en abril, octubre y diciembre. Los Reisman enviaron regalos para varias ocasiones, pero nunca visitaron a la pareja.

Paul Vinelli y Linda Reisman, 1944

En marzo del mismo año Paul y Linda se graduaron de la Universidad de Michigan, Paul con un título en Lenguas Romances y Linda con un título en Economía. Linda encontró trabajo en la universidad mientras Paul continuaba sus estudios para obtener una maestría en Economía. Se mudaron a un pequeño apartamento a menos de dos kilómetros de la universidad que quedaba cerca de las vías del tren, lo cual significaba que se ensuciaba mucho. Linda le comentó a su mamá en una de sus cartas que limpiaba constantemente, y que ella y Paul convivían con un par de tortugas mascotas y también con una rata que no lograban atrapar.

Paul se había hecho amigo de uno de sus profesores de Economía, un señor de apellido Watkins quien escribió para Paul una carta de recomendación muy halagadora. En septiembre, con la carta en mano, Paul viajó a Nueva York a buscar trabajo. Caminó por toda la ciudad bajo la lluvia para asistir a decenas de entrevistas con diferentes bancos. Su esperanza era trabajar en el área internacional, pero no encontró nada. Había dos razones por las cuales era difícil encontrar trabajo. Muchos exempleados de los bancos estaban peleando en la guerra y sus empleadores estaban guardando sus puestos para cuando regresaran. Por esa razón los bancos preferían contratar a mujeres. Pensaban que después de la guerra, las mujeres se casarían y sus trabajos se liberarían para los veteranos que regresaban. A Paul solo le ofrecieron trabajos administrativos y uno como contador, por lo que decidió esperar hasta encontrar algo más interesante.

Después de Nueva York Paul fue a Washington, D.C. para más entrevistas. Le gustó Washington más que Nueva York pero tampoco encontró trabajo allí. La mayoría de sus entrevistas eran en instituciones federales y el hecho de que era ciudadano italiano era un punto en su contra demasiado importante, sobre todo en tiempos de guerra. Más de un año había pasado desde que recibió su número de cuota para obtener la ciudadanía estadounidense, pero todavía no había ningún avance.

Su trabajo con los prisioneros de guerra italianos terminó en noviembre. Un comandante en el Departamento de Guerra le envió una carta agradeciéndole su servicio, y reconociendo cuánto Paul ayudó a los soldados italianos enseñándoles inglés y traduciendo para ellos asuntos administrativos y disciplinarios. La carta mencionaba que los hombres agradecían sus consejos en temas personales, lo que indica que Paul había establecido una relación bastante cercana con ellos.

Ese mes, noviembre de 1944, Paul obtuvo su maestría en Economía. Se había pasado dos meses buscando trabajo sin ningún resultado y empezó a entrar en pánico. Linda le había avisado a la universidad que iba a renunciar y ya habían encontrado su reemplazo. Ellos dos habían planeado irse de Ann Arbor inmediatamente después de que él se graduara, pero sin trabajo, no sabían adónde ir. Paul regresó a Washington D.C. para más entrevistas. Tenía la esperanza de conseguir un trabajo de investigación internacional con alguna entidad gubernamental. La primera noche estuvo hasta las dos de la mañana tipeando solicitudes para empleos federales en una máquina de escribir que le prestaron en su hotel. Durante la semana siguiente se reunió con representantes de muchos departamentos gubernamentales, incluyendo el Departamento de Estado, el Banco de la Reserva Federal, el Departamento de Agricultura y el Departamento de Comercio. En cada entrevista el obstáculo fue que era un ciudadano italiano; varias veces le dijeron que si fuera un ciudadano estadounidense le hubieran dado el trabajo.

La seguridad en Washington era estricta, en especial para extranjeros. Tuvo que obtener una tarjeta de identificación emitida por la persona que lo iba a entrevistar solo para entrar al edificio del Departamento de Comercio. También tuvo que pasar inspección de dos funcionarios del gobierno. En la Oficina de Servicios Estratégicos (esta fue la agencia de inteligencia de los Estados Unidos durante la Segunda Guerra Mundial, que precedió a la CIA) primero tuvo que llenar un largo formulario en el lobby. Cuando un guardia armado le acompañó a la oficina donde debía ser entrevistado, se sorprendió por la cantidad de guardias que había a su alrededor. Fue entrevistado por un oficial de la Marina que le dijo que querían contratarlo como agregado político y que lo enviarían a Italia en representación del Departamento de Estado para entrevistar oficiales del gobierno italiano.

Se sentía tentado. Necesitaban de sus habilidades lingüísticas por lo que el sueldo sería más alto que el de cualquier puesto local y así también podría viajar a su tierra natal. Pero sabía que Linda no quería que trabajara en Italia, y tampoco querría mudarse allá con él. Paul le dijo al oficial que su interés era economía, no ciencias políticas, y que quería trabajar en Latinoamérica, no en Europa. Su respuesta fue ignorada; el oficial repitió su oferta y pidió que Paul le avisara cuando recibiera sus papeles de la ciudadanía. Luego lo mandaron a la sección latinoamericana de la OSS, ubicada a cuatro cuadras en un cine remodelado. Un guardia armado lo acompañó durante todo el trayecto. Allí lo recibieron dos representantes que le pidieron un muestra de su escritura y lo mandaron a casa con los formularios de solicitud de empleo.

El domingo 26 de noviembre Paul tuvo un día libre para conocer la ciudad. Caminó más de dieciséis kilómetros, paseando por ambos lados del Rio Potomac. Su monumento favorito era el de Washington, porque según escribió: «Es bonito pero también útil, desde allí puedes orientarte por toda la ciudad». Se sintió decepcionado al encontrar cuarteles temporales erigidos frente al Lincoln Memorial, pero observó: «La guerra es la guerra».

Lo desanimó no encontrar empleo, pero todavía creía que Washington era el mejor lugar para vivir debido al trabajo internacional realizado allí. Decidió que él y Linda buscarían un apartamento barato y que él trabajaría en un almacén hasta que pudiera obtener su ciudadanía. Entre entrevistas comenzó a buscar apartamentos, pero no encontró nada dentro de su presupuesto. Por las noches caminaba kilómetros buscando lugares para alquilar y pronto entendió que todo lo que iban a encontrar tendría que estar lejos del centro de la ciudad.

Al final de noviembre Paul fue aceptado en un puesto de nivel inicial en el sistema del Banco de la Reserva Federal, para realizar investigaciones sobre comercio exterior latinoamericano. El puesto tenía que ser aprobado por la Comisión de Servicio Civil debido a su estatus de ciudadanía, pero él tenía esperanzas. Le escribió a Linda que se mudarían en dos semanas. Había alquilado una casa sin muebles que él describió en su carta: «Es más pequeña que nuestro apartamento. Está a 30 minutos en carro desde el centro de la ciudad. Está sucia, es fea pero en general es encantadora y estoy seguro que te gustará. Me han dicho que tengo mucha suerte de encontrar algo en este manicomio sobrepoblado».

4

ECONOMISTA EN WASHINGTON, D.C. 1944 – 1949

Paul y Linda se mudaron a Washington, D.C. el 11 de diciembre de 1944. Su casa de un piso, alquilada por 37 dólares mensuales, estaba en Ridge Street, que corría junto al parque del Fuerte Dupont cerca del estado de Maryland. La casa era minúscula pero porque estaba frente al parque, y tenía jardín grande al frente y atrás, sentían que vivían en el campo. Estaban entusiasmados con sus planes de tener un huerto en el jardín detrás de la casa cuando llegara la primavera.

La parte delantera de la casa era una sala y cocina con piso de parquet. El dormitorio, baño y el cuarto de la caldera de la calefacción formaban la parte de atrás. El día que se mudaron Paul y Linda compraron un sofá cama para la sala para tener adonde dormir esa noche. Encargaron muebles y un armario de cartón para el dormitorio. Los dueños de la casa, que vivían al lado, los recibieron con un regalo de cortinas, un columpio para su patio delantero, y una pequeña mesa para la cocina.

En cuanto desempacaron, se fueron a Maine a pasar la Navidad con la familia de Paul. Esta fue la primera vez que Linda conoció a los Vinella-Casavola. Hacía tanto frío durante su visita que no salieron a conocer mucho de Portland. Se pasaron la mayoría de la visita en la casa de Dora y Angelo, comiendo y visitando con la numerosa y bulliciosa familia de Paul. Cuando regresaron a Washington, Paul y Linda recibieron regalos de Navidad: de Dora un juego de sillas para la cocina, y del tío Doménico dos estanterías de madera que él mismo había tallado a mano.

Al principio de 1945, Paul comenzó su trabajo en el Banco de la Reserva Federal mientras que Linda exploraba la ciudad. Fue una grata sorpresa descubrir que hacer compras en Washington D.C., era mucho mejor que en Ann Arbor: los precios eran más bajos y el abastecimiento de las tiendas mayor. Lo que más la sorprendió fue la disponibilidad de objetos metálicos. Durante la Segunda Guerra Mundial, era difícil encontrar productos metálicos de uso cotidiano, desde horquillas y cremalleras hasta paneras y electrodomésticos de cocina, porque la mayor parte del metal se destinaba a la fabricación de aviones, barcos, jeeps, armamentos y cascos de soldados. Sin embargo, en Washington Linda encontró muchos objetos que no esperaba ver hasta que terminara la guerra.

Fueron cuidadosos de gastar el menor dinero posible. Linda cosió mucha de su ropa, así como fundas para los muebles. Como no podían ni siquiera permitirse comprar una máquina de coser usada, ella primero recortó todos los patrones y luego alquiló una máquina por un mes para terminar todo en poco tiempo. Cuando el techo de la casa goteó, Paul subió y lo reparó con cemento para tejados.

Como los padres de Paul tenían una tienda, el gobierno les asignó más vales de racionamiento de los que su familia necesitaba. Dora les envió a Paul y Linda tantos vales que pudieron compartir algunos con los Reisman en Michigan. Los vales de Dora le permitieron a Linda comprar mantequilla, que no encontraba en ninguna parte durante su último año en Ann Arbor. Linda estaba encantada de poder volver a hornear su repostería favorita.

Los inviernos en Washington eran menos fríos que los de Michigan. Las temperaturas en enero rara vez llegaron a menos de cero. Su barrio era idílico, se despertaban con el canto de los pájaros cada mañana. En marzo la primavera estalló y las flores del parque hicieron que el aire oliera delicioso. Las flores aparecieron en los árboles de cerezo y magnolia por toda la ciudad. Washington se veía exactamente como en las postales que habían visto antes de mudarse. A finales de mes la temperatura subió hasta veintisiete grados centígrados en algunos días. Paul y Linda cerraron el patio del frente de la casa con una malla preparándose para el verano; planeaban comer e incluso dormir ahí si la casa se ponía demasiado caliente.

Trabajaron durante varios fines de semana para nivelar el terreno y sembrar la grama frente a su casa. Luego en abril, empezaron a sembrar un huerto en un espacio de 15 por 20 metros en el jardín atrás de la casa. Cuando el amigo de Paul de la universidad, Flavio, y su esposa Jean vinieron de Nueva York ese mes de mayo, Flavio ayudó a Paul a terminar de preparar el huerto. Al terminar entraron a la casa cubiertos de lo que parecía la mitad de la tierra que habían cavado y tenían tanta hambre que se comieron más de dos kilos de papas fritas.

Inmediatamente luego de esa visita llegó la familia de Paul: Dora, Elizabeth y Lina con sus dos hijas, Anna e Hilda. Recorrieron los monumentos conmemorativos y las galerías de arte de Washington y pasaron el Día de los Caídos en el fantástico zoológico de Washington.

A Linda le gustaba recibir visitas, pero se preocupaba por tener suficiente comida. La carne era escasa en mayo de 1945, así que ella y Paul solían comer pescado comprado en un mercado a las orillas del río Potomac. Linda había hecho amistad con un carnicero local que de vez en cuando le encontraba una pierna de cordero o algo de carne de res. El cerdo era muy escaso y no podían encontrar jamón en lo absoluto. Los padres de Linda tuvieron más suerte encontrando jamón en Michigan y enviaban uno de vez en cuando. Uno de estos jamones llegó justo antes de que la familia de Paul llegara, lo que fue un gran alivio para Linda.

Paul llevaba seis meses trabajando en el Banco de la Reserva Federal cuando su jefe entró en su despacho y, avergonzado, le informó que el informe de la Comisión de Servicio Civil que realizaba verificaciones de antecedentes a posibles empleados, había llegado con medio año de retraso. El Banco de la Reserva Federal acababa de ser notificado de que Paul era un enemigo extranjero, lo que significaba que no podía trabajar para una agencia del gobierno de los Estados Unidos. El retraso de seis meses fue un regalo para Paul, porque para entonces su trabajo había impresionado muy bien a sus empleadores. Estos le ayudaron a encontrar trabajo como asesor de inversiones fiduciarias en la American Security & Trust Company.

La noche del martes 14 de agosto de 1945 se anunció la rendición de Japón, poniendo fin a la Segunda Guerra Mundial.[9] Esa noche, Paul y Linda fueron a un parque frente a la Casa Blanca donde pudieron ver al presidente Harry Truman haciendo el anuncio con su esposa Bess sonriendo a su lado. La multitud a su alrededor estaba

9. La rendición en realidad ocurrió en Japón el miércoles 15 de agosto, pero debido a la diferencia horaria se anunció en los Estados Unidos el martes. Los documentos formales de rendición no se firmaron hasta el 2 de septiembre de 1945.

exuberante. Para las nueve de la noche la escena se volvió bastante bulliciosa, así que se fueron a casa. Al día siguiente, la mayoría de las oficinas en Washington, incluida la de Paul, cerraron.

Su huerto tuvo mucho éxito y en septiembre Linda enlató casi 70 litros de tomate. Paul sugirió incluir verduras más exóticas y decorativas, como una variedad de calabazas italianas.

Linda seguía sufriendo de anemia y resfriados frecuentes. Cuando estaba enferma, Paul la mimaba, llevándole el desayuno a la cama e insistiendo en que descansara durante todo el día. El viernes 5 de octubre, Linda estaba descansando cuando escuchó el estruendoso sonido de más de 1,000 aviones volando en formación sobre su casa. Se levantó de la cama y salió a ver aviones de la Marina, que regresaban del desfile en honor al almirante de flota Chester Nimitz por su papel en la victoria de la Marina en el Pacífico, que puso fin a la Segunda Guerra Mundial.

El sábado antes de Navidad, Paul y Linda cruzaron la calle al parque y recogieron ramas de pino para decorar la casa. Empezó a nevar con fuerza, y cuando terminaron de llenar la casa con el olor a pino, la colina junto a su casa estaba llena de gritos de niños que se deslizaban en trineos y bandejas. Linda estaba encantada porque para ella una Navidad sin nieve no era Navidad. ¡Como deseaban ser lo suficientemente jóvenes para poder deslizarse! Linda le escribió a sus padres pidiéndoles que le enviaran sus patines de hielo, con la esperanza de que el agua de los estanques vecinos se congelara en enero.

Desgraciadamente el frío no duró y a finales de enero de 1946, la temperatura de las tardes superaba los veintiún grados. Linda se entristeció al mirar por la ventana y ver lluvia en lugar de nieve. Pero

Paul decidió animarla trayendo a casa un cachorro pastor alemán. Lo llamaron Zulu y se convirtió en un mimado miembro de la familia.

Los Reisman les escribieron a Linda y a Paul para invitarlos a Grand Rapids para Pascua, a lo que Linda declinó diciendo que Paul acababa de empezar un nuevo trabajo y que no podía tomar vacaciones tan pronto. Cierto o no, parecía que ella y Paul eran tan reacios a visitar a los Reisman como los Reisman a ellos.

Paul estaba interesado en aprender más sobre las funciones de un banco comercial. Había desarrollado una buena relación con Daniel W. Bell, presidente del American Security & Trust, así que le propuso a Paul que pasase sus vacaciones de verano rotando por todos los departamentos del banco. Paul comparó el concepto con «el capitán de un barco necesita conocer todas las tareas realizadas a bordo». El plan desafortunadamente quedó frustrado poco después de ser concebido.

El hecho de que Paul no tuviera la ciudadanía estadounidense fue un obstáculo para el Banco de la Reserva Federal, pero no lo fue para el Ejército de los Estados Unidos. En abril de 1946 fue reclutado; aunque la guerra ya había terminado formalmente, había un gran movimiento de desmovilización que traía soldados de vuelta a casa. El ejército seguía reclutando soldados para mantener presencia en Europa y el Pacífico; se le ordenó a Paul presentarse en Maine al mes siguiente.

Linda quedó devastada al saber que ella y Paul se separarían temporalmente. Daniel Bell intentó ayudar. Bell había sido director de la Oficina de Presupuestos y más tarde ejerció como subsecretario del Tesoro. Por su reciente etapa en el gobierno, era amigo del Subsecretario de Guerra. Bell esperaba poder conseguirle a Paul un puesto en el Departamento de Guerra en Washington. Esto no fue posible por el mismo motivo de siempre: Paul no era ciudadano estadounidense.

Paul estaba desesperado por obtener la ciudadanía, así que empezó a ver con buenos ojos su próximo servicio militar. Había oído que muchos ciudadanos extranjeros la obtenían automáticamente por servir en las fuerzas armadas, pero cuando empezó a averiguar se frustró al descubrir que ese privilegio no se aplicaba a extranjeros de países en guerra con los Estados Unidos, incluida Italia. Paul no sería elegible para la ciudadanía estadounidense a menos que se firmara un tratado de paz entre Italia y los Estados Unidos.

Paul se presentó para el servicio militar en Maine y Linda regresó sola y muy triste a Washington. No temía por la vida de Paul, porque la guerra había terminado, simplemente odiaba estar separada de su marido. Zulu, ahora de cinco meses, también echaba de menos a Paul; el perro iba de habitación en habitación, buscándolo en cada rincón de la casa. Tanto Linda como Zulu perdieron el apetito. Linda estaba agradecida de tener al pastor alemán con ella, tanto para hacerle compañía y como perro guardián; vivir sola le daba miedo. Ella y Paul se escribían casi a diario.

Después de que Paul se presentó para el servicio en Maine, lo enviaron al Fuerte Dix, cerca de Trenton, Nueva Jersey. El Fuerte Dix era enorme, abarcando más de 100 kilómetros cuadrados. En el apogeo de la guerra, habitaban allí 100,000 hombres, pero con la guerra llegando a su fin, ahora quedaban 15,000 soldados estadounidenses y 5,000 prisioneros de guerra haciendo tareas de mantenimiento. El fuerte contaba con cientos de almacenes, dieciséis capillas, dos aeropuertos, tres líneas de autobuses, siete teatros y varios miles de tanques. Se utilizaba como centro de formación de soldados, e incluía la entrega de uniformes, ropa y artículos de aseo, instrucción sobre los Artículos de Guerra, un curso sobre enfermedades de transmisión sexual y otro sobre asuntos religiosos, vacunas contra el tétano y la fiebre tifoidea, seguros, bonos, ahorros, asignaciones de dependientes, y una consulta con el personal del ejército. La placa de identificación de Paul estaba sellada con su grupo sanguíneo (O) y su preferencia religiosa (N) por Ninguna.

Le hicieron hacer un examen de coeficiente de inteligencia (CI). La nota de Paul fue 132. Menos del dos por ciento de la población estadounidense sacaba una nota más de 130.[xxii] Dados sus resultados, Paul fue colocado en la Clase I, la más alta de seis clases. Esto lo calificó para altos cargos militares. Solicitó un trabajo en finanzas, pero el ejército quería que fuera intérprete, por sus habilidades lingüísticas. La decisión final no se tomaría hasta después del entrenamiento básico.

Mientras esperaba saber a dónde lo enviarían para el entrenamiento básico, Paul fue asignado a tareas de almacén. Le comentó en una carta a Linda que en solo uno de los 50 almacenes del Fuerte Dix, había 20,000 bolsas con 50 sábanas blancas cada una. Escribió: «Esas son un millón de razones por las cuales las sábanas son difíciles de encontrar en el mercado».

El 30 de junio, Paul salió del Fuerte Dix en un viaje de tren de dos días hacia el Fuerte McClellan, en Alabama. El humo del tren entraba en el vagón en el que estaba, así que los hombres, sus pertenencias y la comida quedaron negros. El entrenamiento básico en el Fuerte McClellan implicaba muchas marchas, maniobras militares, aprender los rangos militares y aprender a desmontar un fusil y dispararlo. A los hombres también se les entregaron cascos, baúles, tiendas de campaña, equipo de campamento y cantimploras. Paul fue nombrado líder de un equipo. Le explicó a Linda que no significaba mucho salvo que lideraba un grupo de soldados, estaba exento de las funciones de cocina, y rara vez revisaban sus pertenencias durante las inspecciones semanales de los sábados por la mañana.

El mes de julio en Alabama fue más caluroso que cualquier clima que Paul hubiera experimentado antes. Los ejercicios de entrenamiento hacían sudar tanto a los soldados, que les daban dos tabletas de sal en cada comida para reponer sus niveles de sodio. En días con temperaturas de más de 30 grados y hasta de 43 grados, los hombres se desnudaban hasta la cintura para los ejercicios matutinos. Después de una hora, al menos 25 colapsaban por insolación, y a menudo uno o dos eran evacuados en ambulancia. Paul le dijo a Linda que el calor apenas le molestaba. Dijo que los ejercicios agotadores habían mejorado su resistencia y aspecto físico, «más músculo, menos barriga». Una de las partes más desagradables del entrenamiento era el gas mostaza y el gas lacrimógeno, que los soldados tenían que experimentar tanto con la máscara de gas puesta como sin ella.

Linda estaba demasiado preocupada por el hecho de que Paul estuviera en el ejército. En sus cartas diarias confesaba que la separación era insoportable para ella, peor de lo que esperaba. Le suplicó a Paul que encontrara la manera de evitar ser enviado al extranjero. Le sugirió que informara al ejército sobre sus problemas de salud mientras en la universidad e, incluso, se ofreció a pedirle a su médico del Servicio de Salud de la Universidad de Michigan que escribiera una carta de constancia, con la esperanza de que lo mantuvieran en los Estados Unidos. Paul respondió que el jamás consideraría eludir sus deberes. Escribió: «Verás, cariño, no soy un héroe, pero hay varios estándares a los que debo ceñirme para mantener el respeto a mí mismo. La sociedad, con la que he querido compartir mi suerte, me ha elegido para hacer un trabajo desagradable. Si voy a seguir viviendo en esta comunidad, no puedo fallar en ese trabajo. No tiene mayor importancia si el fin es justo; si vivo en esta comunidad, debo cumplir con todas sus leyes. Verás, cariño, no estoy tratando con un individuo en particular al que pueda engañar. Estoy tratando con una organización lo suficientemente poderosa como para hacerme un gran daño. Esta es mi forma de explicar que el ejército no me va a usar para lo que mejor estoy capacitado, sino para lo que considere sea necesario en ese momento».

Desesperada por tener compañía, Linda llevó a Zulu en tren a ver a su familia. Les tomó más de un día llegar a Grand Rapids desde Washington D.C. Cuando Linda llegó a la casa de sus padres, su madre Ella la bombardeó con preguntas sobre los amigos con los que Paul y ella se relacionaban en Washington. Quería saber la nacionalidad, color, raza, religión y forma de pensar de cada uno. Parecía más cerrada en sus ideas y prejuiciosa de lo que Linda recordaba. O quizá era ella quien había cambiado.

Su madre evitaba el tema de Paul. Linda creía que su madre había logrado convencerse de que Paul no existía. Sin embargo, Ella sí le chismeó sobre los matrimonios exitosos que tenían las amigas de secundaria de Linda, asegurándose de señalar que sus maridos eran rubios y tenían éxito financiero. Mientras su mamá la interrogaba, Linda miró alrededor de la sala y notó que sus padres nunca habían colocado las fotos enmarcadas de Paul y ella que les había enviado; solo había fotos de Linda en la secundaria. A Zulu lo tenían en el jardín amarrado con una correa corta. Cuando su padre Otto salió a jugar con él, Ella le dijo a Linda que estaba loca de tener un perro grande.

Linda le escribió una carta a Paul, furiosa sobre el trato que ella y Zulu estaban recibiendo en Grand Rapids. Él reconoció que había diferencias irreconciliables entre los Reisman y él, y consecuentemente con ella. Pero Paul le sugirió que tuviera paciencia con sus padres: «Su antipatía hacia mí no es intencional. Simplemente soy el chivo expiatorio de su infelicidad. Solo puedo sentir lástima por ellos, ciertamente no odio. Intentaría cualquier cosa que pudiera ayudar a que nuestra relación mejorara. Si crees que una carta pudiese ayudar, me pondré en contacto con ellos. Mi mejor cura para su odio eres, por supuesto, tú. Si puedo cuidarte adecuadamente y tratar de suavizar tu relación con ellos, no se me ocurre una mejor salida a este lío. He cometido errores delante de ellos de muchas maneras – no pretendas considerarme infalible. No pierdas el cariño de tus padres. Puede que aún haya momentos en los que el afecto de tu familia sea un vínculo necesario en tu vida. Somos de una nueva generación. Pensamos y actuamos de forma diferente. Nuestros hijos se enfrentarán a muchos de los problemas que nosotros enfrentamos ahora. Que la comprensión, el perdón y el amor sean los elementos que nos guíen».

Durante los días previos a la partida de Linda, Ella y Otto se esforzaron por ser agradables. Linda también hizo todo lo posible por llevarse bien con ellos y le dio a su madre el regalo que Ella más apreciaría: limpió la casa a fondo, lavando techos, paredes, suelos y las cortinas.

En el último día de tener a Linda en casa, su madre la llevó al sofá de la sala. Parecía enojada. Ella empezó la conversación preguntándole a

Linda cómo se sentiría si le diera Zulu a alguien que la odia. Comenzó a atacar a Paul, y cuando Linda contestó que Paul era su marido, y que si ellos eran felices, ella debería alegrarse por ellos, Ella se enfureció. Los reproches duraron dos horas. Sin saber que su hija nunca volvería a visitar, los Reisman la enviaron de vuelta a Washington con vestidos nuevos, jamón, jabón y mantequilla.

La perspectiva de Linda cambió tras esa visita. Aunque todavía anhelaba el regreso de Paul, ya no sufría por estar sola en la casa de Washington. Ahora era un refugio donde ella y Zulu podían ser ellos mismos. Ese verano, el hermano de Linda, Otto, vino a quedarse con ella durante dos semanas para ayudarla con las tareas de jardinería. Con su ayuda, Linda enlató casi 30 litros de tomate. Otto, de diecisiete años, disfrutaba de estar lejos de las restricciones del hogar de sus padres. Hacía cosas que Ella y Otto prohibían: fumaba y aprendió a preparar una variedad de cocteles. También disfrutó revisando la pequeña biblioteca de libros que Paul y Linda habían coleccionado y a menudo leía hasta pasada la medianoche.

Un sargento llamó a Paul a su despacho y le informó que estaba siendo recomendado para la Escuela de Candidatos a Oficiales del ejército. Paul le reveló sus problemas en conseguir la ciudadanía estadounidense, pero el sargento pensó que él podría conseguírsela antes de que comenzara el entrenamiento para ser oficial. Aunque Paul no estaba interesado en una carrera militar, le pareció interesante la idea porque lo mantendría en los Estados Unidos durante los nueve meses de entrenamiento. La desventaja era que tendría que servir en el ejército un año y medio más tras finalizar el entrenamiento. Linda estaba a favor de la idea, porque el ejército permitía que los hombres casados en la Escuela de Candidatos a Oficiales vivieran con sus esposas. A mediados de agosto, Paul fue ascendido a Jefe de Pelotón. Los días con su equipo incluían cavar trincheras, muchos kilómetros de marchas, ejercicios exigentes transportando maquinaria muy pesada y ensamblando ametralladoras.

Aunque Paul y Linda se habrían conocido hacía más de cuatro años, sus cartas mostraban la pasión de una pareja que acababa de conocerse. Paul escribió que su amor por Linda era su único motivo de felicidad, y que imaginaba la vida sin ella como un infierno terrestre. Linda demostró adoración inquebrantable por su marido, a quien quería a su lado cada minuto que las circunstancias se lo permitían.

Paul completó el entrenamiento básico en agosto. Tal como lo había previsto, el ejército no pudo proponerlo para la Escuela de Candidatos a Oficiales debido a su ciudadanía italiana. Su siguiente puesto sería en el Campamento Stoneman en California, donde el ejército preparaba soldados para despliegue en el Pacífico y Asia.[xxiii] Lo bueno fue que Paul pudo regresar a casa por dos semanas antes de irse a California.

Linda siguió escribiendo cartas diarias, pero ahora Paul no recibía muchas. Con el entrenamiento básico terminado y sin nuevas órdenes emitidas, Paul ya no formaba parte de una entidad formal dentro del ejército. El correo era esporádico; muchas cartas fueron devueltas, o simplemente perdidas. Paul empezó a llamar casi a diario; Linda perdió el apetito mientras Paul comía lo suficiente por tres hombres, recuperando rápidamente parte del peso perdido en sus ocho semanas de entrenamiento básico.

Linda decidió tomar control de la situación. Insistió que Paul pidiera tiempo libre, alegando que ella había sufrido un colapso nervioso. Para apaciguarla, siguió el procedimiento, que consistía en enviar una solicitud a la oficina de la Cruz Roja en Washington D.C. para verificar su estado mental. Al parecer en la entrevista Linda logró convencer a la Cruz Roja de que estaba al borde de un colapso emocional, porque el 21 de septiembre le aprobaron el permiso de emergencia a Paul; él se fue a casa durante el mes de octubre. Su reencuentro fue como una luna de miel.

Soldado Raso Paul Vinelli, octubre 1946, Washington, D.C.
Foto por Linda Reisman Vinelli

Cuando terminó su permiso, Paul regresó en un avión de transporte militar desde Washington hasta California. El vuelo, en un Douglas C-54 Skymaster, fue uno de los primeros vuelos transcontinentales sin escalas en los Estados Unidos y fue tan novedoso que el Servicio de Transporte Aéreo Naval repartió folletos sobre el viaje a los soldados. Paul se sorprendió de que recorrieran 4,500 kilómetros en "solo" catorce horas.[xxiv]

Dora había invitado a Linda y Zulu a pasar un tiempo con su familia en Portland. Linda y su perro viajaron a Maine el día después de que Paul viajó a California. Dado que había menos de 50 dólares en la cuenta bancaria de Paul y Linda, Dora ayudó a pagar sus gastos de viaje. Linda se prometió buscar trabajo en cuanto regresara a Washington.

Esta fue la primera visita de Linda con la familia de Paul sin él. Analizó a su suegro, Angelo. Era difícil reconciliar las historias que Paul le había contado de lo tosco que era Angelo cuando Paul era pequeño, con el hombre al que ahora estaba conociendo. Por supuesto, ahora era un hombre diferente con 74 años. Cuando Linda le contó a Paul lo maravilloso que Angelo era cuando jugaba con Zulu, él le dio el crédito a Zulu: «Siempre he creído que los animales pueden sacar lo mejor de los seres humanos».

Elizabeth y Adam vivían en un apartamento dentro de la casa de Angelo y Dora, ahora con dos hijos, Armando y Diana. Lina, Mimi y sus hijas vivían cerca. Dora pasaba ocupada todo el día, cocinando para la familia y ayudando a Elizabeth a cuidar de sus hijos. Linda se encariñó mucho con su suegra, y Zulu también, porque Dora lo consentía con sobras de las comidas familiares.

Linda se sentía como en su casa con la familia de Paul, pero también sobrealimentada y privada de sueño. Le escribió a su marido: «¿Cómo demonios lo hacen? ¿Los italianos pasan alguna vez una noche tranquila a solas leyendo? ¡Nada me gustaría más que irme a dormir a las nueve esta noche! Todos han sido simplemente maravillosos conmigo, pero no encajo muy bien con el papel de ser "una mariposa social". La paz y el silencio son completamente inauditos en esta casa. A veces me pregunto si eres feliz con la tranquilidad de nuestro hogar».

El 7 de noviembre de 1946, Paul recibió un regalo por su vigésimo cuarto cumpleaños. Fue destinado al nuevo Destacamento de Separación en el Campamento Stoneman. La unidad fue creada por el ejército para gestionar el gran número de tropas que regresaban del extranjero ahora que los combates habían terminado. Esta asignación significaba que Paul no sería enviado al extranjero por lo menos hasta finales de año, y no esperaba volver a casa para la Navidad. Dora y Angelo le suplicaron a Linda que se quedara en Portland, pero Linda estaba agotada por el ritmo que mantenía la familia Vinella-Casavola. Quería volver a Washington D.C., aunque eso significara pasar la Navidad solo con Zulu. El 20 de noviembre, Dora le dio a Linda 200 dólares para reponer sus escasos ahorros. Linda y Zulu tomaron el tren de regreso a Washington, D.C.

Una semana después de llegar a casa, Linda empezó a tener antojos de sal, y se comía varias latas de anchoas al día. Luego bebía taza tras taza de té para combatir la sed causada por la sal de las anchoas. Al principio, no entendía qué le estaba pasando, pero luego relacionó sus antojos con el cansancio que sintió en Portland, y pidió cita para ver a un médico.

Paul comenzó a trabajar en el Destacamento de Separación a finales de noviembre. El objetivo era tramitar el mayor número posible de soldados para darles de baja. Estos hombres, que habían estado en combate en el Pacifico, tenían que regresar primero al Campamento Stoneman antes de ser enviados a casa para la Navidad. Sin embargo, aún había necesidad de soldados en el extranjero porque el ejército mantenía presencia allí. Así que, incluso, mientras se apresuraba a traer hombres de vuelta del servicio en el extranjero, el ejército sentía la urgencia de enviar al mayor número posible de soldados al Pacífico antes de que el congreso se reuniera de nuevo en enero. Se percibía que el nuevo Congreso dominado por los republicanos no restablecería el reclutamiento. El Campamento Stoneman comenzó a registrar a nuevos soldados las 24 horas del día, siete días de la semana. Los nuevos soldados que llegaban luego de su entrenamiento básico eran enviados al extranjero en menos de dos días. La necesidad de más soldados alcanzó a Paul, y le informaron de que sería reevaluado para el servicio en el extranjero.

El 9 de diciembre, Linda acudió al Walter Reed General Hospital, el centro médico del ejército de los Estados Unidos en Washington, D.C. El médico confirmó sus sospechas: estaba embarazada. Le escribió a Paul con la noticia.

Él estaba exuberante: «Mi precioso amor, decir que estoy contento con este giro de los acontecimientos es una minimización enorme. Estoy tan feliz de que haya ocurrido que quiero gritarlo al mundo con orgullo. Vas a tener un trabajo a tiempo completo para evitar que mime a nuestro hijo. Desde que tengo memoria me han atraído los niños pequeños. No podría haber elegido a una mejor madre para mis hijos. Me quito el sombrero y mi corazón está a los pies de mi media naranja.

Un papá muy feliz y orgulloso, Paul».

Unos días después, Paul llamó a Linda para informarle de que su embarazo había tenido una consecuencia inesperada y feliz. Solo dos semanas antes de que Linda supiera que estaba embarazada, el ejército emitió una nueva orden: los soldados cuyas esposas esperaban un hijo podían solicitar la baja inmediata. Paul le pidió a Linda que obtuviera una declaración de embarazo para que él la presentara a sus superiores. Linda fue al hospital Walter Reed temprano a la mañana siguiente. La secretaria en la recepción no había oído hablar de la orden y llamó al Cuartel General para confirmarlo. Le informó a Linda que era la primera mujer en Walter Reed en recibir una declaración para la nueva orden. Cuando Linda envió la declaración a Paul al Campamento Stoneman, sus compañeros del Destacamento de Separación se pusieron a trabajar inmediatamente para procesar su baja.

Linda estaba tan emocionada con la llegada de Paul que limpió cada rincón de la casa, lavó cortinas y fundas, y ventiló la ropa de civil de Paul que había guardado con bolas de naftalina. Ella y Zulu fueron al bosque junto a la casa para buscar ramas verdes para que la casa oliera a Navidad.

Paul fue dado de baja el 23 de diciembre, seis meses luego de ingresar en el ejército. Se tardó cinco días y varios trenes en cruzar el país desde California hasta Washington, y, el 28 de diciembre, estaba de nuevo en brazos de Linda, con Zulu saltando reclamándole atención. En la Nochevieja, entrando al año 1947, celebraron a su hijo que estaba en camino, que Paul ya no estuviera en el ejército, y como dijo Linda: «el regreso de nuestra buena suerte». Hicieron planes para la llegada de su bebé y hablaron de la posibilidad de encontrar una casa más grande para alquilar. Linda quería que Paul se quedara en casa hasta finales de enero, pero Paul estaba ansioso por volver al trabajo. El 13 de enero regresó a la American Security & Trust Company.

Un mes después, en febrero de 1947, se firmó el tratado de paz entre Estados Unidos e Italia. ¡Esto significaba que Paul finalmente podría optar a la ciudadanía estadounidense!

El embarazo le sentó bien a Linda. Se sentía maravillosa incluso durante su primer trimestre. Se mantuvo ocupada con su nueva máquina de coser, preparando ropa para su embarazo y el bebé. Paul pasaba por tiendas después de regresar del trabajo en autobús, y a menudo se detenía a comprar telas para ella. Los Reisman estaban emocionados con la llegada del bebé, y empezaron a llegar paquetes con pañales cosidos a mano, mantas y ropa.

La casa en Ridge Street iba a ser muy pequeña para una familia de tres y un perro. Paul y Linda consideraron alquilar una casa más grande, pero no encontraron nada en Washington en ese momento. Paul comenzó a estudiar la posibilidad de comprar una casa bajo el programa militar de préstamos; descubrió que las casas nuevas a menudo costaban menos que las antiguas porque se construían bajo la condición de que fueran vendidas a veteranos.

Paul estaba aburrido con su trabajo en el departamento de fideicomisos del banco. Supo que varios de sus antiguos colegas del Banco de la Reserva Federal trabajaban ahora para el Banco Mundial y el Fondo Monetario Internacional. Estas entidades se habían creado dos años antes, aproximadamente al mismo tiempo que las Naciones Unidas. Sus funciones eran complementarias: el Fondo Monetario se enfocaba en cuestiones macroeconómicas y de estabilidad financiera, y el Banco Mundial se concentraba en el desarrollo económico a largo plazo y en la reducción de la pobreza.[xxv]

Paul descubrió que el Fondo Monetario Internacional necesitaba economistas. Su nacionalidad no fue un obstáculo ya que el Fondo era una organización internacional, así que solicitó un empleo. Lo contrataron inmediatamente. En cuanto comenzó su trabajo en el Fondo, Paul empezó a viajar a América Latina. El Fondo tenía una política que establecía que un representante no podía ser delegado en la zona de donde provenía. Ningún miembro del personal latinoamericano fue asignado para trabajar con los países de Latinoamérica que eran miembros del Fondo. Estos representantes fueron enviados a Europa o al Lejano Oriente. Solo norteamericanos, europeos o asiáticos podían trabajar en la delegaciones del Fondo en América Latina. Pocos miembros del equipo de estas regiones hablaban español. Paul hablaba español y portugués, gracias a sus estudios en la Universidad de Michigan. Inmediatamente fue enviado como delegado a Centro y Sudamérica. Algunos de los primeros proyectos en los que trabajó, fueron la devaluación del peso mexicano y los sistemas de cambio en Costa Rica y Ecuador.

En marzo, Paul y Linda encontraron la casa que buscaban. Aún estaba en construcción, a tres meses de completarse, y tenía buen precio: 9,500 dólares. Estaba situada en un suburbio de Washington llamado Falls Church, Virginia, a once kilómetros del centro de Washington. Linda dijo: «¡Ahora seremos sureños!» Tenía dos dormitorios y un sótano bien acabado. El terreno medía 912 metros cuadrados, lo que proporcionaría tanto al bebé como a Zulu mucho espacio para jugar al aire libre. En el jardín había un manzano, recordándoles que el terreno había formado parte de un huerto de manzanos.

John Vinelli[10] nació el 1 de julio de 1947 en el Hospital General Walter Reed. Tenía cabello castaño claro y abundante, y ojos azules. Paul y Linda apodaron a su primogénito Johnny. La construcción de su nueva casa se retrasó, así que llevaron a Johnny a la casa alquilada

10. Nunca me lo han dicho formalmente, pero imagino que John recibe su nombre del padre de Paul, Angelo, que usó el apodo John durante todo su tiempo en los Estados Unidos.

en Ridge Street. En septiembre, el hermano de Linda, Otto, vino a conocer a su sobrino y a ayudar a la familia a mudarse a su nueva casa.

Mientras se adaptaban a su vida como familia de tres miembros, Linda se enfocó en Johnny y su nuevo hogar, y Paul aprendía sobre las diferentes economías de los países latinoamericanos a los que el Fondo Monetario lo enviaba. Le encantaban los aspectos analíticos y de investigación de ser economista, y valoraba especialmente que el trabajo que realizaba ayudara a los países en desarrollo. Para 1948 viajaba regularmente a Centro y Sudamérica.

En mayo de 1948, Linda se enteró de que estaba embarazada nuevamente. Estaba feliz porque quería tener dos hijos seguidos. Su segundo hijo, Craig Vinelli, nació el 22 de noviembre de 1948. Dora voló de Portland a Washington para ayudar a cuidar de Johnny mientras Linda estaba en el hospital.

Paul compró su primer automóvil ese diciembre: un Plymouth de diez años. Tenía buena calefacción, importante para los inviernos en Washington. La noche que lo llevó a casa, toda la familia, incluido el bebé Craig, salió a dar una vuelta en el carro. En Nochebuena, Paul y Linda armaron el árbol de Navidad y debajo colocaron un caballito mecedor y un trineo que los Reisman habían enviado para Johnny. Cuando vio el árbol con sus luces y regalos a la mañana siguiente, los ojos de Johnny se abrieron enormemente de asombro.

Al comenzar 1949, Paul viajaba en avión cada mes. Linda estaba muy ocupada con los dos niños, especialmente porque Johnny era activo y curioso. Ella tenía cuidado de mantener las puertas cerradas porque él había aprendido a abrirlas y salir corriendo de la casa. Paul y ella hicieron planes para cercar su jardín para que Johnny pudiera salir a jugar con seguridad. El niño era muy ingenioso: antes de cumplir los dos años, podía empujar una silla al fregadero y servirse agua, pero también se metía en líos frecuentes y rompía muchas cosas. Quería probar todo lo mecánico: cuando Linda escribía cartas, Johnny le quitaba el bolígrafo de la mano para ver cómo funcionaba.[11] También sufría resfriados frecuentes y amigdalitis.

Craig era un bebé mucho más tranquilo que su hermano mayor. Crecía rápidamente y era un niño relativamente grande: a los dos meses pesaba casi siete kilos. Johnny era dulce con su hermano menor. Miraba a Craig de cerca, lo tocaba dulcemente en la cabeza y decía: «Suave, suave».

Una noche en mayo de 1949, Paul llegó a casa del trabajo y le informó a Linda que el Fondo Monetario le había asignado una misión económica importante. El gobierno de Honduras había solicitado ayuda para estructurar sus sectores financieros y económicos, incluyendo la posible creación de un banco central. Paul iba a ir al pequeño país con dos otros economistas para ver qué se necesitaba. Mientras viajaban a Centroamérica, el Fondo quería que los tres también pasaran por la Ciudad de México, Ciudad de Guatemala y San Salvador para reunirse con funcionarios gubernamentales sobre proyectos en curso. Paul esperaba estar fuera mucho tiempo, probablemente meses.

11. De adulto John fue científico con una carrera en tecnología.

5

BIENVENIDO A HONDURAS 1949-1950

Paul se fue de Washington en julio. Dos colegas del Fondo Monetario viajaron con él: Javier Márquez y Alexander "Alex" McLeod. Su primera parada fue en la Ciudad de México, donde los recogieron en el aeropuerto dos limosinas enviadas por Don Rodríguez Gómez, presidente del Banco de México, el banco central del país. Paul estuvo muy afectado por la desigualdad económica que observó mientras conducían por la ciudad. Le escribió a Linda: «Solo el viaje entre el aeropuerto y el centro de la ciudad reveló la paradoja de esta ciudad: la miseria y la pobreza a la par de la pomposidad y el lujo».

Los hombres fueron llevados a sus suites en el lujoso Hotel Cortés, e inmediatamente los llevaron a desayunar. Paul probó una fruta exótica—el mango—por primera vez. Tras recorrer el Palacio Nacional y varios lugares cercanos, los llevaron a un almuerzo, donde Paul comió un *filet miñón* y tortillas rellenas de gusanos de maguey (cactus), que declaró «uno de los manjares más deliciosos que he probado en mi vida».

El grupo continuó su recorrido por la ciudad esa tarde por barrios elegantes. Cuando regresaron a su hotel para descansar, el dueño del hotel los invitó a sentarse en el patio y tomar unos cocteles de tequila. Paul no tenía idea que el tequila supiera tan bien. Un dúo de mariachis les cantó y Paul quedó deslumbrado por el ambiente lujoso, que describió a Linda como «fuera de este mundo». Era un marcado contraste con la realidad de ellos, dado que sus ahorros rara vez superaban los 50 dólares.

Luego de las reuniones en el Banco Central de México, el grupo voló al día siguiente a la Ciudad de Guatemala. A Paul le pareció hermosa esta ciudad limpia y blanca, esparcida estilo Shangri-La en un valle entre altas montañas. Estuvieron allí una noche reuniéndose con funcionarios gubernamentales, y luego volaron a San Salvador. Esta ciudad no impresionó a Paul, porque en su opinión no tenía la belleza natural de México y Guatemala. Tras un par de noches en San Salvador, los tres hombres volaron hasta Tegucigalpa, Honduras, ciudad que Paul describió como «completamente rodeada de montañas, muy hermosa desde el aire. Los techos de tejas rojas resaltan entre la abundante vegetación». La palabra Honduras significa profundidades en español. Según la leyenda, el país recibe ese nombre porque en 1502 Cristóbal Colón declaró, al llegar su barco a la bahía de Trujillo: «Gracias a Dios que hemos salido de esas honduras».[xxvi]

El aterrizaje de Paul en el aeropuerto de Toncontín fue memorable. Tegucigalpa se encuentra en un valle a 975 metros de altitud, rodeado de montañas de 1,400 metros de altura. Para llegar al aeropuerto, el avión tenía que girar dentro de la cuenca de montañas, bajando cada vez más, y luego descender rápidamente hasta la pista construida en una colina en el centro de la ciudad. Al aterrizar, el piloto tuvo que frenar bruscamente para detener el avión antes de llegar al final de la pista de aterrizaje que era muy corta, y considerada una de las más peligrosas del mundo.

El equipo del Fondo Monetario fue recibido en la pista del aeropuerto por un comité de bienvenida presidencial de siete miembros. Incluía al presidente del Congreso, varios congresistas y dos colaboradores cercanos del presidente Juan Manuel Gálvez. Estos siete hombres formaban una comisión creada por el presidente para redactar nueva legislación bancaria y fiscal con la asesoría de Paul y el equipo del Fondo Monetario.

Paul, Márquez y McLeod fueron llevados rápidamente por inmigración y aduanas sin que se les revisara el pasaporte, gracias a sus escoltas gubernamentales. Fueron llevados al Hotel Lincoln en el centro de Tegucigalpa para registrarse y refrescarse mientras la comisión esperaba en el lobby. Luego los llevaron a reunirse con el ministro de finanzas Marco Batres, quien dio la bienvenida formalmente a la misión. Tras una hora de discusión sobre el alcance de los trabajos que tenían por delante, la comisión les hizo un recorrido por un parque en las montañas con vistas a la ciudad, donde el gobierno estaba construyendo una réplica de las ruinas mayas de Copán.

La mañana siguiente, el equipo despertó al agradable clima de Tegucigalpa: veinticuatro grados centígrados y baja humedad. Pronto descubrirían que en esta época del año, llovía la mayoría de días, pero solo por la tarde y solo por una o dos horas.

A las once de la mañana se reunieron con el presidente Gálvez. Era un hombre alto, corpulento, de carácter apacible y agradable. El presidente hondureño tenía varias razones para pedirle al Fondo Monetario que enviara la misión a Honduras. Cuando asumió el cargo a principios de ese año, se dio cuenta de que las dos empresas estadounidenses distribuidoras de fruta que operaban en el país, la Standard Fruit Company y la United Fruit Company, ejercían una influencia excepcional en la economía hondureña. No existía un sistema financiero nacional, ni un banco central, ni un banco privado que otorgara préstamos a empresas ordinarias. En ese momento solo había tres bancos en el pequeño país, con una población total de 1.2 millones. El segundo banco más grande, Banco Atlántida, había sido fundado en la ciudad norteña de La Ceiba por la Standard Fruit Company, que la utilizaba para su enorme negocio de exportación de bananos. Los otros dos bancos eran El Ahorro Hondureño (el único banco de ahorros del país) y Banco de Honduras. Toda la moneda era emitida por Banco Atlántida y Banco de Honduras; no existía moneda nacional emitida por el gobierno. Gálvez habló extensamente con Paul, Márquez y McLeod sobre sus deseos para el desarrollo agrícola e industrial de Honduras y concluyó pidiéndole al equipo que ayudara a su gobierno a crear legislación bancaria y monetaria.[xxvii]

En su libro, *Los Oligarcas: ¿De donde salieron los ricos?*, el autor hondureño César Indiano describió la visión del presidente Gálvez para Honduras: «Gálvez pensó que era hora de que el país pasara de ser un país de madera a un país de cemento. Para 1950, los ingresos de Honduras se sostenían con cinco pilares además del plátano, que eran los negocios de azúcar, madera, minería, ganadería y cerveza. Todo lo demás, incluido el segundo banco privado más grande del país, Banco Atlántida, pertenecía al imperio de la Standard Fruit Company. No obstante, los negocios auxiliares de la United Fruit Company —cerveza, ingenios azucareros, caña de azúcar, leche, cuero, harina, café y madera— empezaron a parecer mucho más prometedores en los nuevos tiempos anunciados por JM Gálvez. Gálvez quiso demostrar que el país era más que una gigante granja que era tecnológicamente avanzada y colonizada por extranjeros. Para Gálvez era urgente que la clase profesional nativa tuviera un papel destacado, era importante revisar las condiciones laborales en las granjas, era necesario diversificar la producción y crucial construir al menos tres grandes autopistas en todo el país, considerando que el sistema ferroviario del país era uno sobre el que Honduras apenas tenía soberanía (la mayoría pertenecía a las empresas internacionales de producción de fruta). Gálvez creía que su gobierno debía pasar de ser de un producto agrícola único (los plátanos) a uno de diversidad, desde la fabricación de productos hasta la industrialización».[xxviii]

El equipo del Fondo Monetario le prometió al presidente que harían todo lo posible para ayudar al país a crear instituciones que facilitaran sus programas de desarrollo. Salieron de la oficina del presidente Gálvez a los saludos y el chasquido de tacones de su guardia militar personal. El equipo del Fondo acudió al Congreso para conversar sobre el alcance del trabajo. Se sorprendieron gratamente cuando les entregaron un borrador completo de la legislación para establecer el Banco Central. Al principio, Paul esperaba que esto acortara su misión. Sin embargo, tras leer el borrador, el equipo se dio cuenta de que la mayor parte tendría que ser reescrita.

El sábado 9 de julio, los tres acudieron a la oficina del secretario de agricultura, Benjamín Membreño. Tuvieron una reunión de tres horas con él, en la que discutieron las perspectivas agrícolas de Honduras y la necesidad de crédito para los agricultores. Luego fueron al Banco de Honduras para reunirse con el presidente de la junta directiva, Adolfo Midence, y con el gerente general del banco. El diputado Tomás Cálix Moncada los acompañó. Todos se sintieron avergonzados cuando los ejecutivos del banco acusaron a la comisión, de que el diputado Cálix Moncada era miembro, de no consultarles al redactar la legislación para la creación del Banco Central. El equipo del Fondo tuvo que suspender la reunión antes de que la situación se pusiera demasiado agitada, y les prometieron a los banqueros regresar en unos días sin Cálix Moncada.

Cuando regresaron a su hotel, aún tenían horas de trabajo por delante. Se repartieron sus funciones, porque mientras estaban en Honduras, Márquez y McLeod seguían trabajando en proyectos en otros países. Como Paul era el economista principal en la delegación de Honduras, era responsable de redactar los informes de las reuniones para sus superiores en el Fondo Monetario en Washington. No le pareció apropiado tomar notas durante las reuniones con Membreño y Midence, así que los informes de esa noche pusieron a prueba su memoria.

Al día siguiente, como era domingo, no había reuniones programadas. Durante el almuerzo, la gerencia del hotel les informó de que el gobierno les había conseguido una membresía honoraria en el exclusivo Country Club de Tegucigalpa. Los tres se alegraron del cambio de ritmo y fueron inmediatamente al club. Se hizo evidente que todos en Tegucigalpa seguían sus movimientos cuando, tras jugar tres rondas de boliche y jugar algo de billar, los sorprendió una visita de Adolfo Midence del Banco de Honduras, quien los mantuvo en "discusiones no oficiales" hasta las nueve de la noche.

El lunes llegó una carta de Linda. Le escribió a Paul: «Johnny está muy interesado en los aviones y parece entender que te fuiste en uno. No sabes cuánto te he echado de menos. Espero que nunca tengas que hacer un viaje largo otra vez: dos semanas es el límite. La semana pasada casi estaba lista para que dejaras tu trabajo y volvieras a casa».

Una de las mayores frustraciones de Linda era que no sabía conducir, así que le resultaba difícil hacer las compras y sacar a los niños de paseo. Antes de viajar, Paul coordinó con algunas de las vecinas del barrio prestarles el auto a cambio de que llevaran a Linda a hacer sus mandados. El plan funcionó bastante bien, salvo que Linda pasó mucho tiempo coordinando a quien le tocaba usar el auto. Le escribió a Paul: «¡Cuando vuelvas a casa, ¡voy a aprender a conducir, aunque me mate!»

Esa semana, la delegación del Fondo Monetario se reunió con toda la junta directiva del Banco de Honduras para discutir la participación de esa institución en la creación del Banco Central. La junta expresó una gran oposición a los planes de la misión del Fondo. Seguían frustrados por no haber sido consultados por el gobierno hondureño cuando empezó a planear un banco central. Luego de la reunión, Adolfo Midence los llevó a su casa para almorzar. Midence y su esposa Doña Maruca pertenecían a dos de las familias más antiguas y adineradas de Honduras. Paul se sorprendió por la opulencia de su hogar: tenía el estilo de una mansión francesa, con cuartos enormes, muebles antiguos dorados, tapices en las paredes, enormes escaleras, piezas de plata y estatuas de mármol. El personal de servicio era más de 20 personas, incluyendo cuatro choferes. En la planta baja había un enorme salón de baile.

El equipo del Fondo se reunió también con Julio Lozano Díaz, vicepresidente de Honduras, a quien Paul consideró muy conocedor de los temas fiscales y financieros del país. Una vez definido el alcance del trabajo, Paul supo que permanecería en Honduras por varios meses. Le escribió a Linda pidiéndole que le enviara varios cartones de cigarrillos a través del Fondo, porque en Tegucigalpa eran caros. La comunicación con Linda fue difícil, ya que no había líneas telefónicas entre Honduras y Washington. Había un radioteléfono, pero costaba catorce dólares por tres minutos. En vez de usarlo, enviaron cartas.

El Ministerio de Finanzas proporcionó una oficina para la misión del Fondo en su edificio en el centro de la ciudad. Paul y Márquez trabajaron en legislación monetaria y bancaria, y McLeod en una investigación fiscal y tributaria. Trabajaban largas horas, con frecuencia hasta medianoche, y medio día los sábados, como era costumbre en las empresas en Tegucigalpa.

Paul había obtenido un título de Maestría en Economía. En Honduras en aquella época, pocas personas tenían una maestría, porque la universidad no ofrecía títulos avanzados y pocos podían pagar estudios en el extranjero. A quienes tenían un título universitario de cuatro años se les denominaba licenciados. No parecía suficiente dirigirse a alguien con un maestría de esa manera, así que los hondureños los llamaban "Doctor". En Estados Unidos eso significaba que uno ha obtenido un doctorado o un título de médico, pero no necesariamente en Honduras. Poco después de su llegada, empezaron a dirigirse a Paul como "Doctor Vinelli". Ese título permaneció con él para el resto de su vida.

A finales de julio, la misión del Fondo viajó a la costa norte de Honduras, donde se desarrollaba la mayor parte de la actividad económica del país. La industria principal en Honduras era la producción de bananos, de ahí que el país se denominara una "república bananera". Dos compañías estadounidenses gestionaban este negocio: la United Fruit Company (que operaba bajo el nombre de Tela Railroad Company) y la Standard Fruit Company. Las preocupaciones del presidente Gálvez sobre el país estuvieron bien ilustradas por la realidad de que en 1949, la capital de Honduras quedaba algo aislada de los negocios en la costa norte porque no había carreteras asfaltadas ni ferrocarriles que la conectaran con Tegucigalpa. Las compañías bananeras solo se habían preocupado por construir la infraestructura de transporte necesaria para desplazarse por la costa norte, donde quedaban sus plantaciones y puertos. Los viajes en avión eran una novedad y además caros, pero fueron la opción preferida de empresarios y representantes del gobierno para viajar entre Tegucigalpa y las principales ciudades del norte, porque los caminos de tierra eran pésimos.

El congresista Cálix Moncada viajó con la delegación del Fondo, para escoltarlos en sus visitas a ejecutivos de las empresas de producción de fruta, banqueros, y comerciantes de la costa norte. Su vuelo partió de Tegucigalpa hacia San Pedro Sula. Habían planeado conducir 30 kilómetros desde allí hasta el pequeño pueblo de La Lima, donde la United Fruit Company tenía su sede. Se sorprendieron cuando su vuelo comercial aterrizó una hora después en el aeropuerto privado de la United Fruit en La Lima. Luego supieron que la compañía podía solicitar la parada en La Lima de vuelos rumbo a San Pedro Sula, si había personas importantes a bordo que necesitaban visitar la sede.

Fue durante este vuelo sobre el interior de Honduras que Paul aprendió lo montañoso que era este país. Las únicas llanuras se encontraban al acercarse a la costa norte, y toda esta tierra pertenecía a las compañías bananeras. Era precioso: miles de hectáreas de cultivo verde y exuberante, principalmente bananos pero también piña y palma africana. Desde el avión podían ver sistemas de riego de seis metros de altura rociando agua sobre las plantas. Ese año el país sufría la peor sequía desde 1923, por lo que las regaderas se usaban mucho más de lo habitual.

En el momento que se abrieron las puertas del avión, los hombres realmente comprendieron que estaban en los trópicos. El clima de la costa norte no tenía nada en común con el clima templado de la montañosa Tegucigalpa. Ahora estaban al nivel del mar, asaltados por el calor y la humedad. A pesar de quitarse inmediatamente las chaquetas, los hombres empezaron a sudar profusamente.

Tres ejecutivos de la United Fruit Company los recibieron y los acompañaron al Hotel La Lima, donde disfrutaron de unos tragos y un almuerzo de *filet miñón*. Luego recorrieron las operaciones de la empresa y también las áreas residenciales, donde la compañía había construido una piscina para los empleados y un zoológico de animales que habían sido atrapados en sus tierras. Había tigrillos: un tipo de gato moteado parecido a un leopardo, originario de Centroamérica. Las casas de los ejecutivos eran muy lujosas, y cada una ocupaba un terreno de entre dos y cuatro hectáreas rodeadas de vegetación exuberante. Los caminos de acceso a estas casas estaban flanqueados por palmeras reales de 20 metros de altura. Paul estaba fascinado con los árboles de mazapán: altos, con hojas verdes brillantes y cubiertos de frutas del tamaño de melones grandes. Los árboles de flamboyán (poinciana real) estaban por todas partes, sus doseles en forma de paraguas cubiertos de flores rojas y anaranjadas. Los jardines estaban llenos de arbustos con flores, que Paul describió como, "un banquete de color".

Por la tarde fueron conducidos por el corto camino hasta San Pedro Sula, la segunda ciudad más grande de Honduras, donde se reunieron con comerciantes y banqueros de importancia. Recorrieron la planta embotelladora de Coca Cola, que contaba con oficinas climatizadas, las primeras que conocieron en Honduras. Tras esa visita, dos ejecutivos de la United Fruit los recogió en la estación de tren en un vagón privado, para llevarlos a la ciudad costera de Puerto Cortés. En este viaje pasaron por plantaciones de palmas y bananos, intercaladas con kilómetros de bosques vírgenes. A lo largo de las vías del tren, vieron a trabajadores caminando a casa desde el trabajo, cada uno con un machete. Se dieron cuenta que la gente seguía las vías del tren porque no había caminos que conectaran ciudades como San Pedro Sula y Puerto Cortés.

En una intersección ferroviaria, su tren fue detenido para dejar pasar un tren de bananos. Paul estuvo fascinado mientras los representantes de la United Fruit explicaban el meticuloso cuidado que se ponía en el empaquetado de los bananos que estaban destinados a viajar a Nueva Orleans. Las plantas de banano eran partidas por la mitad por el tallo, y los racimos de fruta, cuidadosamente envueltos, se colocaban en las mitades cortadas para protegerlos. Doscientos bultos se empacaban en cada vagón. El tren que llevaba a Paul y su grupo también paró en un pequeño pueblo de cinco casas para que pudieran comprar piña. Los ejecutivos de la United Fruit afirmaron que eran las mejores piñas del mundo, y Paul coincidió en que nunca había probado una piña más deliciosa. Eran tremendamente jugosas y dulces, y sin fibra alguna. Se las comieron con una cuchara.

Luego de cenar en Puerto Cortés, fueron a los muelles para observar cómo se cargaban los bananos en los barcos que se dirigían al norte. Los estibadores descargaban los racimos de bananos de los trenes y los llevaban al hombro hasta un enorme ascensor que llevaba los bananos a las bodegas de los barcos. Justo antes de que cada bulto cayera en el ascensor, un segundo hombre cortaba la base del tallo con un machete. El proceso transcurría fluidamente: el trabajador que llevaba los bananos no frenaba mientras el machete caía sobre su carga.

Para entonces eran las diez de la noche y los ejecutivos de la United Fruit los llevaron a un bar con reputación cuestionable llamado Mamacitas. Algunas mujeres dispuestas a acompañarlos a su hotel merodeaban alrededor de las mesas, pero los empresarios preferían beber en vez de interactuar con ellas. Mamacita, la dueña, se aseguraba de que sus bebidas se rellenaran en cuanto se vaciaban.

A la mañana siguiente, tras un desayuno de huevos rancheros, regresaron al muelle para observar lo que ocurría dentro de las bodegas de los barcos. Cada uno de los barcos refrigerados transportaba 75,000 racimos de bananos. También había camarotes lujosos disponibles para pasajeros. Paul se sorprendió al saber que, dependiendo de la temporada y la demanda, podría ser más barato volar a Honduras que viajar en barco de la United Fruit. Para terminar el recorrido, invitaron a cada visitante a cargar un racimo de plátanos de 32 kilos hasta el barco. Paul se sintió incómodo al pasar junto al hombre y sentir como pasaba volando cerca de su cabeza el machete para cortar el tallo.

Pasaron la tarde conduciendo por plantaciones de exóticas variedades de árboles frutales, la mayoría de las cuales Paul nunca había visto ni oído hablar antes, y con las que la United Fruit realizaba experimentos. Cuando Paul preguntó acerca del fuerte aroma a limón en el aire, se enteró que estaban rodeados de campos de citronela, cosechado para aceite que se usaba en jabones. Sobre sus cabezas, los monos languidecían en las ramas de los árboles, haciendo todo lo posible por no moverse bajo el calor opresivo del mediodía.

Esa noche fueron recibidos por J.F. Aycock, el director general de la United Fruit para tomar unos tragos y cenar. Su enorme casa contaba con un personal de 20 empleados, además de 20 jardineros que se encargaban de los frondosos jardines. Paul le describió la hora del cóctel a Linda: «una discusión acalorada refrescada por media docena de bebidas alcohólicas. Tengo la impresión de que tanto hombres como mujeres en los trópicos beben como peces». La cena consistió de siete platos acompañados de diferentes vinos, seguidos por café y coñac francés. A las once de la noche, todos fueron al country club para la última parte de un baile formal que se celebraba todos los sábados por la noche. Siguieron más tragos y a la una de la mañana les dijeron que era hora de nadar. Paul y su equipo volvieron a la casa donde se alojaban bajo el pretexto de ponerse trajes de baño, pero se fueron a la cama en lugar de a la piscina.

Fue un alivio volver al sur, a Tegucigalpa, donde las montañas refrescaban la ciudad y donde todos se iban a la cama a las nueve de la noche. Paul fue la excepción, y las primeras noches se quedó despierto hasta pasada la medianoche, dictando para Edward Bernstein, su jefe en el Departamento de Investigación del Fondo Monetario, los detalles del viaje a la costa norte.

El 28 de julio el equipo fue a la Escuela Agrícola Panamericana Zamorano. La distancia desde Tegucigalpa era de solo 30 kilómetros, pero la estrecha carretera sin asfaltar serpenteaba en curvas cerradas a través de altas montañas cubiertas de pinos, por lo que el trayecto duró dos horas. Paul estaba encantado, encontró sorpresas durante todo el trayecto. Había cabras pastando al borde del camino y orquídeas silvestres creciendo en la cima de las montañas que ascendían en ángulos de 70 grados. En cada vuelta de la carretera había vistas panorámicas impresionantes de las montañas de color azul y morado. De repente, el valle del Zamorano se abrió bajo ellos con un hermoso tablero de ajedrez de cultivos.

La escuela agrícola fue fundada por Samuel Zemurray, presidente de la United Fruit Company, para fomentar la vocación agrícola de estudiantes provenientes principalmente de Centro y Sudamérica. El Zamorano no fue creado para formar a empleados de la United Fruit, sino para compartir el conocimiento de la empresa con el fin de promover el desarrollo agrícola en América Latina. La calidad educativa era muy alta. Entre los 175 estudiantes en la época de la visita de Paul, estaban el hijo del presidente de Colombia, un miembro de la familia Dupont y otro de la familia Rockefeller.

La escuela se distinguía por su conocimiento en realizar todo tipo de cultivos como caña de azúcar, arroz, frijoles, café, toronja, naranjas, bananos, trigo, papas, entre otros, en tierras muy pobres. Se criaban cerdos, vacas y cabras, pero la prioridad para los estudiantes era aprender a sacar adelante una cosecha en tierras poco fértiles.

Paul y sus colegas pasaron el día discutiendo los proyectos agrícolas para Honduras con el director fundador de la escuela Zamorano, Dr. Wilson Popenoe. Había sido el jefe de los agrónomos de la United Fruit hasta 1941, cuando Zemurray le pidió que fundara la escuela.[xxix]

Cuando el equipo del Fondo regresó a Tegucigalpa y a su investigación, se toparon con algunas dificultades. Aunque el presidente Gálvez y la comisión asignada para trabajar con ellos los apoyaban, Paul, Márquez y McLeod tuvieron que luchar por obtener información estadística de entidades hondureñas, como por ejemplo los bancos, por lo cual se les hizo difícil completar sus informes y redactar la legislación requerida. Como Márquez y McLeod también trabajaban en otros países latinoamericanos durante ese periodo, pudieron comparar el trato que recibían en los diferentes países; ambos observaron que otros gobiernos eran mucho más serviciales.

El 15 de agosto, los titulares de los periódicos hondureños afirmaban que el equipo del Fondo Monetario Internacional estaba saboteando la creación de un banco agrícola. La acusación era que habían sido corrompidos por la United Fruit Company porque la empresa no quería que Honduras hiciera los cambios propuestos por el presidente Gálvez. Los miembros de la misión fueron etiquetados como traidores a Honduras, sirviendo a los intereses estadounidenses,[xxx] pero lamentablemente, por política del Fondo, sus representantes no podían hablar con la prensa. El ministro de Hacienda, Batres, aseguró al equipo que estaban prestando un gran servicio a Honduras, y el presidente Gálvez ordenó a la comisión con la que trabajaban, responder a las acusaciones. Al día siguiente, las comisiones de la rama ejecutiva del país y del congreso publicaron la respuesta, defendiendo el trabajo del equipo, y asegurándole al país su buena voluntad y excelente progreso. Poco después, el periódico publicó una disculpa tímida, alegando que solo habían repetido comentarios que habían escuchado.

Paul pidió a la comisión hondureña que organizara un viaje a la ciudad norteña de La Ceiba, donde quedaba la sede de la Standard Fruit Company. Quería reunirse con ejecutivos del banco de la empresa, Banco Atlántida, que también tenía su sede allí. Cuando llegó la autorización para el viaje, Paul fue a reunirse con Fernando

Sempé, que dirigía la oficina del banco en Tegucigalpa. En la oficina de Sempé conoció a John Miceli, un italoamericano que era vicepresidente tanto de la Standard Fruit Company como del Banco Atlántida. Miceli planeaba regresar a La Ceiba la semana siguiente y se ofreció a recibir a Paul en la sede del Banco Atlántida.

El 19 de agosto, Paul, McLeod y Tomás Cálix Moncada viajaron a La Ceiba. McLeod debía visitar a la Standard Fruit Company y Paul al Banco Atlántida. Fueron recibidos en el aeropuerto por una delegación tanto de la Standard Fruit como del banco. Tras dejar sus maletas en el Hotel París, la delegación los llevó a visitar una empresa empaquetadora de toronjas. Luego fueron a la sede del Banco Atlántida. El edificio estilo art déco fue construido en 1913, a una cuadra del muelle original de la Standard Fruit, frente al Océano Atlántico. Inclinado hacia la esquina de la Primera Calle y la avenida San Isidro, el edificio era elegante, con cabinas de cajero de bronce y mármol. Paul se reunió con Félix Lloveras, el director ejecutivo del banco. Su reunión se interrumpió a poco tiempo porque en La Ceiba, el trabajo paraba a las once de la mañana para el almuerzo. Luego de la comida era la hora de la siesta. Paul regresó por la tarde y pasó varias horas aprendiendo sobre los sistemas del banco. En la cena de esa noche probó algo nuevo: mazapán frito. Esta experiencia dio inicio a su amor de por vida por la boquita tropical salada.

A la mañana siguiente, Paul y McLeod fueron al muelle para ver como cargaban bananos en un barco de la Standard Fruit, *The Cefalú*. Esta empresa recibía cada semana un barco vacío de los bananos que habían descargado en los Estados Unidos y que también transportaba turistas. Para estos pasajeros, un baile se celebraba en el comedor de la compañía los sábados por la noche. Paul, McLeod y Cálix Moncada fueron invitados al baile. Luego de varios tragos, Paul convenció a la banda para que lo dejaran tocar la batería. Por lo que sé, nunca había tocado un instrumento musical antes en su vida, y tampoco después.

El domingo, Félix Lloveras los recibió para almorzar en su apartamento en el segundo piso del edificio del Banco Atlántida. Él y su amable esposa Robbie, ambos de Nueva Orleans, vivían en un apartamento con vistas al océano Atlántico sobre las oficinas del banco. El apartamento estaba decorado elegantemente con antigüedades compradas en Nueva Orleans y enviadas a La Ceiba en un barco de la Standard Fruit Company.

Lloveras también invitó a John Miceli y a su esposa, una mujer hondureña mucho más joven llamada Iris Ulargui. Durante su conversación, Paul se enteró de que Miceli era cuñado de uno de los fundadores de la Standard Fruit, Salvador D'Antoni, quien en ese momento era el presidente del Banco Atlántida. La Ceiba era un lugar pequeño: la esposa de Miceli, Iris, estuvo casada anteriormente con Félix Vaccaro, uno de los tres hermanos que cofundaron la Standard Fruit junto a D'Antoni. Cuando el almuerzo se prolongó hasta la tarde, Paul reflexionó sobre el maravilloso tiempo que estaba pasando en este país exótico, donde el trabajo era desafiante pero gratificante al mismo tiempo, y donde sus anfitriones lo trataban como si fuera de la realeza.

Por su parte, Linda estaba teniendo una experiencia totalmente opuesta. Washington, D.C. estaba sufriendo una ola de calor y ambos niños tenían sarpullido. El agua estaba racionada, y a menudo se cortaba antes de las cuatro de la tarde, así que tenía que llenar la bañera temprano para tener agua para tres baños nocturnos. Seguía amamantando a Craig, que tenía nueve meses. Tanto él como su hermano Johnny, de dos años, eran muy activos y hacían travesuras constantemente. Un día, Johnny le dio a Craig un haba y Linda se volteó de la estufa justo a tiempo para ver que Craig estaba de color azul. Lo tomó de los pies y lo sostuvo boca abajo dándole palmadas en la espalda, hasta que finalmente el haba salió de su boca. Más tarde ese mismo día, Craig gateaba cerca de las gradas donde Linda había dejado una lata de pintura abierta (estaba pintando la sala como sorpresa para el regreso de Paul). Fue a la cocina a buscar la silla alta de Craig y, al voltearse, vio que su bebé había aprendido a trepar un escalón y había jalado la lata, cubriéndose con la pintura antes de que ella pudiera llegar a él. Linda se pasó el resto del día limpiando la pintura tanto de Craig como de las gradas, y consolando a los dos niños que lloraban incesantemente.

La visita del Fondo Monetario Internacional a Honduras duró dos meses. Los economistas de Washington elaboraron el plan y la legislación para la creación de un banco central que gestionara los asuntos del gobierno hondureño, y para un banco nacional de desarrollo que concedería préstamos para el desarrollo de la industria local. También desarrollaron las políticas bancarias y fiscales.

Para la legislación fiscal, Paul había trabajado con Gabriel Mejía, quien fue administrador de recaudación tributaria para el presidente Tiburcio Carías Andino de 1940 a 1949. (Más tarde, cuando se aprobó la nueva legislación fiscal, Mejía fue nombrado director de la recién creada Oficina General de Ingresos y permaneció en ese cargo hasta 1956.)[xxxi] Paul y Mejía forjaron una relación profesional que con el tiempo se convirtió en una estrecha amistad.

El congreso hondureño aprobó rápidamente la ley del impuesto sobre la renta que el equipo había redactado junto con la comisión gubernamental. Habían recomendado una tasa máxima de impuestos para individuos, del 25 por ciento, pero el congreso redujo la cantidad a entre el dos y el quince por ciento, dependiendo del nivel de ingresos. La mayoría de los hondureños no pagarían impuesto sobre la renta, porque no alcanzaban a tener el ingreso mínimo. El impuesto sobre la renta corporativo se fijó entre el cuatro y el quince por ciento.

A mediados de septiembre, Paul regresó a Washington llevando regalos para Linda y sus hijos. Le había comprado a Linda una elegante cartera y zapatos de cocodrilo, y una blusa. Estaba emocionado por mostrarle a Linda un machete que se había usado para matar animales salvajes y también como arma, que pensó que sería un gran cuchillo de carnicero para la casa. ¡Obviamente a Linda no le gustó tenerlo en casa con dos niños pequeños!

Cuando Paul regresó a la oficina del Fondo, le esperaba una montaña de trabajo. Los representantes estaban ocupados trabajando en las devaluaciones monetarias, porque el Fondo tenía que aprobar todas las devaluaciones antes de que un país miembro pudiera anunciarlas. Muchas noches Paul se quedaba en la oficina hasta tarde, y también los fines de semana. La noticia desde Honduras era que el congreso se preparaba para votar sobre las leyes para la creación de un banco central y un banco nacional de desarrollo. El jefe de Paul en el Fondo le dijo que, si se aprobaban las leyes, lo más probable es que le pidieran mudarse a Honduras durante seis meses, o el tiempo necesario para que los nuevos bancos funcionaran con éxito. Cuando Paul habló de la posibilidad con Linda, ella se puso un poco nerviosa con la idea de mudarse a un país del tercer mundo. Paul le afirmó que él viajaría mucho menos si los trasladaran a Honduras, y que el cambio sería por un corto tiempo. Linda estaba muy a favor de que Paul estuviera más en casa y empezó a aceptar la posibilidad de mudarse.

Ese otoño, la vida social de Paul y Linda en Washington se volvió mucho más activa. Paul quería ampliar sus contactos profesionales y aprovechaba cada oportunidad para conectarse con gente. Probablemente esto se debió a que su estadía en Honduras le recordó cuánto disfrutaba de eso. La pareja empezó a asistir a recepciones en embajadas, y Paul con frecuencia invitaba a nuevos amigos a la casa, sin avisarle a Linda con mucha anticipación. Ella observó cómo emergía en su marido el lado social Vinella-Casavola.

En diciembre Paul y un colega fueron enviados en una misión a Quito, Ecuador. La primera impresión de Paul fue que Quito era muy similar a Tegucigalpa, con casas de tejas rojas rodeadas de montañas. La diferencia principal era que la elevación de Quito era mucho mayor. Una fría y lluviosa tarde, los dos economistas fueron trasladados en auto desde su hotel en las afueras de la ciudad hacia el banco central ecuatoriano en el centro de Quito. Al acercarse a la plaza principal, se sorprendieron al ver a una gran multitud de mujeres indígenas, envueltas en elegantes vestidos de lana tejida, cargando en las espaldas a sus "bebés de cachetes rojos". Las mujeres que no llevaban bebés cargaban corderos, pollos, patos o cerdos. Algunas llevaban cargas muy pesadas: sacos de cemento de 40 kilos o muebles.

En el Banco Central, el equipo del Fondo Monetario se reunió primero con Guillermo Pérez Chiriboga, director general, y luego con el Sr. Ormaza, presidente de la junta monetaria. Tras pasar la tarde recopilando estadísticas para sus informes, se reunieron con el ministro de economía, Clemente Yerovi. Luego de cenar en un restaurante en el centro, Pérez Chiriboga y Ormaza los llevaron a conocer al presidente del país, Galo Plaza Lasso de la Vega, donde pasaron una hora agradable juntos. Paul le escribió a Linda que el presidente ecuatoriano hablaba mejor inglés que él. El ministro de economía estuvo presente en la reunión, pero se quedó fuera de la conversación porque no hablaba inglés. Esto benefició al equipo del Fondo, porque el ministro no estaba de acuerdo con las soluciones que ellos proponían a las dificultades monetarias y cambiarias del Ecuador. El presidente Galo Plaza Lasso parecía estar dispuesto a adoptar las sugerencias del Fondo, por lo que el grupo se fue de su oficina muy alentado. Paul regresó a casa justo a tiempo para la Navidad y le regaló a Linda un cuadro que compró en Quito. Mi hermano Bob todavía lo tiene. En ese viaje se despertó la pasión de Paul por el arte latinoamericano.

El viaje de Paul a Ecuador causó otro revés para sus esfuerzos por obtener la ciudadanía estadounidense, algo que había estado intentando desde que se mudó de Italia catorce años antes. Tenía previsto comparecer ante el tribunal federal el 20 de diciembre y tuvo que posponer su visita para enero. Ese mismo mes empezó el trámite para la obtención de pasaportes para Linda, Johnny y Craig para que así estuvieran listos para viajar si la mudanza a Honduras se hacía realidad.

A mediados de febrero, Paul y Linda fueron informados de que se mudarían a Tegucigalpa en dos semanas. El Fondo Monetario Internacional y el gobierno hondureño habían llegado a un acuerdo por el cual Paul seguiría siendo empleado del Fondo y su salario sería pagado por ellos, mientras que los gastos de mudanza y su apartamento en Tegucigalpa serían cubiertos por el gobierno hondureño. Paul y Linda vendieron su auto pero mantuvieron su casa en Washington. Los hondureños sugirieron que llevaran sus muebles para amoblar su apartamento temporal en Tegucigalpa. Fue un alivio cuando un amigo aceptó adoptar a Zulu.

En marzo de 1950, Paul, Linda, Johnny (de dos años y medio) y Craig (de un año y medio) viajaron de Nueva York a Puerto Cortés, Honduras, en un barco de la United Fruit Company, un viaje de dos semanas. Fueron unas vacaciones maravillosas para todos y especialmente reparadoras para Linda. Le encantaba contar con la ayuda de Paul para cuidar de sus dos hijos que eran muy activos. Luego de un primer día de navegar por mares agitados, estos se calmaron durante el resto del viaje, y cada día se dirigían hacia un clima más cálido. El barco bananero en el que viajaban podía alojar a doce pasajeros y regresaba a Honduras con sus bodegas vacías de bananos. Los camarotes también estaban vacíos, salvo por la familia Vinelli. Tenían dos lujosas cabinas y el salón de pasajeros para ellos solos. Linda quedó deslumbrada por el atento servicio de los mayordomos del barco.

Llegaron a Puerto Cortés, Honduras, el 17 de marzo. Cuando desembarcaron del barco, el aire húmedo y caliente les golpeó con fuerza. Arboles de coco aparecían al azar de la arena gris pálida de las playas, ondeando sus frondas coquetamente sobre el agua clara y azul turquesa del océano. Su viaje en auto tierra adentro hacia el aeropuerto de San Pedro Sula los llevó junto a enormes plantaciones de banano que se extendían por muchos kilómetros. Linda nunca había visto, sentido, ni olido, un mundo tropical como este.

Abordaron un avión en San Pedro Sula para volar hacia el sur, a la capital, Tegucigalpa. De vez en cuando, un valle interrumpía lo que parecía un mar de montañas, cubierto densamente de árboles. Algunas montañas llegaban a medir hasta 3,000 metros. Cuando aterrizaron en Tegucigalpa, menos de una hora después, sentían que estaban en otro país. La capital era fresca y seca, rodeada por una cuenca de montañas verde-púrpura.

La familia pasó los primeros cinco días en el Gran Hotel Lincoln y como el hotel no tenía habitaciones comunicantes, todos se alojaron en una habitación. Johnny y Craig estaban inquietos y descontentos en un espacio tan reducido, así que Paul contrató a una niñera para acompañar a Linda y sus hijos al parque todas las mañanas. Paul comenzó su trabajo de inmediato.

El gobierno de Honduras, a través del Ministro de Hacienda Marco Batres, nombró un Comité para la Organización de Bancos Nacionales.[xxxii] Este comité estaba encabezado por el congresista Tomás Cálix Moncada e incluía a Roberto Ramírez (un abogado que se convirtió en el primer presidente del Banco Central), Adolfo Midence (presidente del Banco de Honduras) y el diputado Guillermo López Rodríguez (que llegó a ser presidente del Banco Nacional de Fomento).[xxxiii] Otros asesores incluyeron a Arturo Medrano (un abogado que se convirtió en el primer director general del Banco Central), Oscar Bueso Arias, René Cruz y Samuel Dacosta.

Paul, que representaba al Fondo Monetario Internacional, era asesor externo del comité. El grupo se reunió por primera vez el 21 de marzo de 1950. Su objetivo ambicioso era establecer un banco central y un banco nacional de desarrollo (banco de fomento), y que ambos bancos comenzaran a operar el 1 de julio, apenas tres meses después. Los periódicos hondureños informaron con entusiasmo acerca de la esperanza de que estos bancos fomentarían la economía nacional en tres sectores: agricultura, industria y comercio.[xxxiv]

En Honduras, casi no habían economistas en el país porque la universidad nacional no ofrecía esta especialidad. Por ello, para garantizar el desarrollo exitoso de estos bancos, era necesario formar profesionales en economía. Teniendo en cuenta este objetivo, el comité sentó las bases para una Facultad de Economía en la Universidad Nacional Autónoma de Honduras "UNAH".

El gobierno hondureño había alquilado un apartamento muy bonito para Paul y Linda en el centro de la ciudad. Se mudaron menos de una semana después de que Paul empezara a trabajar. Linda, que era muy meticulosa, lo encontró demasiado sucio y se esforzó mucho en limpiarlo según sus estándares. Sin embargo le encantaba el apartamento, que tenía dos salas, comedor, cocina, dos dormitorios enormes y un baño, todo rodeando un patio central, además de una habitación y baño de servicio.

Linda estaba feliz de haber traído sus muebles, ya que en Honduras casi no había industria, por lo que todo, desde muebles hasta comida enlatada, se importaba y por lo tanto, era tres veces más cara que en los Estados Unidos. Lo único barato eran los productos alimenticios producidos localmente. Lo que más le gustaba de Tegucigalpa era su clima. Les escribió a sus padres: «Es simplemente maravilloso. Nunca he visto nada igual. Aquí nunca hace mucho calor, ni tampoco es verdaderamente frio, la variación de temperatura durante el día es ligera y la humedad siempre baja—el clima perfecto para las amígdalas de Johnny». A Linda le encantaba tener una empleada que la ayudara con la limpieza y con Johnny y Craig, a pesar de que Linda hablaba poco español y la empleada no hablaba inglés en lo absoluto.

Poco después de la reunión del comité del 21 de marzo, Paul comenzó a viajar. Primero viajó por Honduras para informarse de la situación crediticia del país. El 4 de abril se reunió con el equipo ejecutivo del Banco Atlántida en La Ceiba. En abril voló a Ciudad de Guatemala con Max Jiménez Pinto, el director general del Banco de Guatemala. Jiménez Pinto había viajado a Tegucigalpa para ver que necesitaban, y él y Paul volaron de regreso a Guatemala en busca de más ayuda. Sumaron al equipo a Joaquín Prieto Barrios, superintendente del Banco de Guatemala, y Ramiro Aragón Castañeda, auditor del Banco de Guatemala.[xxxv]

El 13 de abril Paul voló a San Salvador, donde se reunió con Jorge Sol Castellanos, ministro de Economía, y Rafael Meza Ayau, presidente del Banco Hipotecario de El Salvador. Paul pidió que ellos asignaran a algunos de sus banqueros especializados en préstamos agrícolas para ayudar al gobierno hondureño. Los banqueros acordaron de inmediato enviar un equipo salvadoreño.[xxxvi] Eligieron a Benjamín Vides Seguí, contable del Banco Hipotecario de El Salvador, y Carlos Pérez Figueroa, economista del Ministerio de Hacienda de El Salvador.[xxxvii] Otro experto salvadoreño que se unió al equipo del Banco Nacional de Fomento fue Efraín Calderón, quien había trabajado en la organización del Banco Territorial en la República Dominicana.[xxxviii]

El 25 de abril llegó Vittorio Marrama procedente del Banco Internacional para la Reconstrucción y el Desarrollo, un brazo del Banco Mundial con sede en Washington, D.C. Se le asignó específicamente trabajar en el Banco Nacional de Fomento. Se esperaba que Marrama permaneciera mucho tiempo, así que se mudó a un hotel con su esposa y sus dos hijas pequeñas.

Un experto bancario salvadoreño llamado Alfonso Rochac llegó desde Nueva York para ayudarlos.[xxxix] El Dr. Rochac fue enviado por la Comisión de Economía para Latinoamérica de las Naciones Unidas. Su tarea principal era viajar por Honduras a lugares seleccionados donde comenzaría el trabajo relacionado al programa crediticio que se quería implementar. Se reunió con productores de café, autoridades locales y partes interesadas en aumentar el agronegocio. Paul y otros miembros del comité solían acompañarlo para hacer estas evaluaciones. Las poblaciones de muchos pueblos pequeños que visitaron estaban muy entusiasmadas con las visitas, dado que el objetivo era mejorar las condiciones comerciales de esos pueblos.[xl]

Honduras era un país pobre y subdesarrollado incluso para los estándares centroamericanos y caribeños. Solo el once por ciento de la población vivía en un pueblo con más de cinco mil habitantes. Los ferrocarriles daban servicio principalmente a la parte norte, donde operaban las dos grandes compañías bananeras americanas, la United Fruit y la Standard Fruit. Había muy pocas carreteras que conectaban el resto del país y ninguna pavimentada; solo las que estaban dentro de las ciudades principales. Había muchos ríos, pero ninguno de ellos lo suficientemente grande para viajar en barco.[xli]

A finales de abril, el gobierno decidió dónde trabajaría el comité organizador. El gobierno hondureño anterior había comprado frente al Palacio Presidencial en el centro de Tegucigalpa un edificio llamado La Urbana, que había sido antiguamente un casino. Junto a él había otro edificio llamado el anexo del Palacio Presidencial. Estos dos edificios fueron donde se redactó la nueva estructura en la que se basaría la economía hondureña, y donde se ubicaron el Banco

Central y el Banco Nacional de Fomento hasta que se construyeron sus propios edificios.

Dada la posición que tenía Paul en la organización de los equipos internacionales, él y Linda organizaban muchas reuniones sociales para los que estaban relacionados con estos trabajos. Ahora, a Linda le gustaba recibir a gente porque contaba con ayuda en casa. Ella y Paul también salían con frecuencia de noche, y esto fue un cambio bienvenido en contraste a sus días solitarios en Washington D.C., mientras Paul viajaba en misiones del Fondo Monetario. Ella se pasaba mucho tiempo cosiendo porque no tenía ropa adecuada para su nueva vida social, y las mujeres en Tegucigalpa se vestían muy elegantes. Nadie usaba vestidos sencillos de algodón como los que ella solía usar en Washington.

La calidad de vida de Linda había mejorado notablemente, pero la pobreza que la rodeaba le molestaba muchísimo. La gente vivía en chozas sin agua corriente ni electricidad. Mujeres descalzas, cargando enormes canastas sobre la cabeza, llegaban a su puerta cada día, vendiendo verduras. Linda estaba agradecida de que el clima en Honduras fuese templado, para que no sufrieran de frío.

No había leche pasteurizada en Tegucigalpa, así que para sus hijos Linda compraba leche traída desde San Pedro Sula. La leche que usaba para cocinar la traía un niño montado en burro desde las montañas cada día. Este niño también le traía huevos, y le mataba y limpiaba varias gallinas por semana. Las carnicerías solo vendían carne roja porque normalmente la gente compraba pollos vivos en el mercado y los mataba en casa. La carne de res era barata, salvo el lomo. La mayoría de la gente y la mayoría de las tiendas no tenían refrigeradores. Linda compraba productos enlatados en moderación de una tienda americana porque eran muy caros.

Linda aún no se había animado a ir a una tienda hondureña porque había oído que eran muy sucias, por lo que su empleada le compraba frutas y verduras en el mercado. Linda hervía toda su agua y lavaba lo que venía del mercado con una mezcla fuerte de agua y jabón. A pesar de las diferencias con su vida en Washington, era feliz. Paul estaba más presente, ella tenía ayuda con los quehaceres de la casa y con los niños, y empezaba a hacer amigas.

El 10 de mayo, las delegaciones bancarias organizaron una elegante cena en honor a los funcionarios recién nombrados: Roberto Ramírez, presidente del Banco Central; Tomas Cálix Moncada, vicepresidente del Banco Central; Arturo Medrano, director general del Banco Central y Guillermo López Rodezno, presidente del Banco Nacional de Fomento. Paul fue el organizador principal del evento, y su atención al detalle y buen apetito eran evidentes. El menú consistía en cóctel de langosta, sopa de crema de verduras, pargo al vapor, ensalada, paella de mariscos, salchicha y pollo, pastel de frutas y crema, café, vino blanco alsaciano, vino tinto de Burdeos y champán Veuve Cliquot. Una orquesta los acompañó en la cena.[xlii]

Desde su primera visita a Honduras un año antes, Paul había colaborado con Javier Márquez, Alexander McLeod y un tercer economista llamado Julio González del Solar, en un análisis económico exhaustivo de Honduras. Su obra, *Estudio Sobre la Economía de Honduras*, se publicó en junio de 1950. Antes de esto, nadie había analizado la economía del país con tanta profundidad.

Los estadounidenses en Honduras recibieron noticias preocupantes desde su país durante esta época. Estados Unidos entró en la Guerra de Corea el 25 de junio de 1950. Linda estaba preocupada de que su hermano Otto fuera reclutado. Paul se preocupó de no poder comprar un auto cuando regresaran a Washington, si los fabricantes de automóviles pasaban a la producción de artículos de guerra como lo hicieron durante la Segunda Guerra Mundial.

Paul, Vittorio Marrama y el comité hondureño finalizaron su trabajo puntualmente. El 1 de julio de 1950, se inauguraron ambos bancos. La fecha coincidió con el tercer cumpleaños de Johnny.

El efecto de la nueva legislación bancaria y fiscal, así como de un nuevo Banco Central y Banco Nacional de Fomento, fue transformador para la economía de Honduras. La reforma monetaria que estos funcionarios diseñaron cambió por completo la relación del gobierno hondureño con la moneda del país, llamada lempira. Esta moneda había sido introducida 20 años antes, en 1931, tanto por el Banco Atlántida como por el Banco de Honduras. Lempira era un héroe nacional hondureño, un jefe de guerra que fue asesinado por los conquistadores españoles mientras luchaba por evitar la esclavitud de su gente.[xliii] Cuando se abrió el Banco Central de Honduras, se convirtió en el único emisor de dinero; los otros dos bancos dejaron de imprimir billetes. El Banco Central mantuvo el nombre de la moneda, lempira.[xliv] Con este cambio, el gobierno hondureño logró el señoreaje, es decir, el beneficio obtenido de la emisión de su propio dinero. Este beneficio permitió al Banco Central financiar operaciones gubernamentales.

El gobierno hondureño les pidió a los representantes del Fondo Monetario Internacional y del Banco Mundial que dirigieran un Departamento de Estudios Económicos creado en el Banco Central. Paul supervisaría la política económica y monetaria, y Emmanuel Tosco se encargaría del área de estadística. El departamento contaba con dieciséis empleados, la mayoría de los cuales solo tenían una formación básica en contabilidad. Para darles mejor preparación, Paul y los demás asesores extranjeros crearon finalmente la Facultad de Economía en la Universidad Nacional Autónoma de Honduras. Las clases comenzaron el mismo mes en que se formaron los dos bancos. Paul y Tosco enseñaban en la universidad, así que sus empleados también eran sus estudiantes.

La Facultad de Economía estaba diseñada para estudiantes que trabajaban a tiempo completo, por lo que el plan de estudios se distribuía a lo largo de cuatro años y los estudiantes podían elegir clases de una hora fuera del horario laboral: de 7 a 8 de la mañana, de 1 a 2 de la tarde, de 6 a 7 de la tarde o de 7 a 8 de la noche. Paul alternaba su horario de enseñanza: un semestre enseñaba una clase a las 7 de la mañana, y al siguiente a las 6 de la tarde.

El primer año Paul enseñó Moneda y Crédito. La clase abarcaba la función y creación del dinero (el proceso por el cual se incrementa la oferta monetaria de un país). El curso también explicaba las funciones de un banco central y las operaciones de los bancos comerciales. El segundo año su curso fue Moneda y Banca, que era una continuación de lo que los estudiantes aprendieron el primer año. El tercer año enseñó Comercio Internacional en dos partes, teoría y política. Su serie culminó en el cuarto año con Finanzas Públicas, donde los estudiantes analizaron tributación, gasto público, deuda pública y política fiscal.

Me llamó la atención enterarme que la mitad de los empleados del Departamento de Estudios Económicos eran mujeres, lo cual fue sorprendente para América Latina a principios de la década del 50. Según sus excolegas, Paul siempre apoyó que las mujeres obtuvieran educación y desarrollaran carreras. Una de sus alumnas, María Isabel

Martel, describió cómo era tener al Dr. Vinelli como jefe y profesor a la vez. En el libro *Doctor Paul Vinelli, Biografías Ilustradas*, escribió: «Su conocimiento de las materias que enseñaba era profundo. Era excelente explicando puntos complejos de manera clara. Sabía cómo mezclar teoría económica y política, citando ejemplos de lo que ocurría en Honduras en ese momento. Esta claridad se extendió a su obra escrita. Nos preparó un folleto sobre Moneda y Crédito que era tan comprensible que fue una gran herramienta para comprender la función del dinero.

Era un calificador estricto. Era muy difícil sacar una buena nota en su clase. Responder correctamente a sus preguntas de examen requería no solo mucho estudio, sino también la capacidad de analizar bien.

Creía que la profesión de la economía requería estudio perpetuo. Recomendó que compráramos y leyéramos libros si queríamos aumentar y actualizar nuestros conocimientos sobre el tema. Como la mayoría de los libros sobre Economía estaban escritos en inglés, consideraba esencial que aprendiéramos ese idioma.

Su labor docente continuó en la oficina. Si era estricto como profesor, lo era aún más como jefe. Exigió que fuéramos eficientes y analíticos cuando nos hacía una pregunta sobre la economía».[xlv]

Me sorprendió saber que Paul enseñaba Economía a nivel universitario, en español, tan poco tiempo después de llegar a Honduras. Solo había estudiado español durante unos pocos años en la universidad. El latín que aprendió en la escuela italiana debió ayudarle a aprender español rápidamente. Además, el primer año dedicado a analizar la economía hondureña, debió de haberle dado un curso intensivo de terminología económica. Los colegas que lo conocieron en sus primeros días en Honduras me dijeron que su español hablado era excelente comparado con el de muchos asesores extranjeros enviados a Honduras. Sí necesitaba alguna ayuda con la gramática para los informes y libros del Banco Central que escribía, recurría a su personal.

El Dr. Vinelli enseñando su clase de Economía. Sus alumnos eran mayores que el típico estudiante universitario porque muchos eran sus empleados en el Banco Central.

Nadie en Honduras hablaba italiano, así que Paul rara vez usaba su lengua materna. Tenía un fuerte acento al hablar inglés o español, y la dificultad del habla desarrollada en su niñez era notable. Cuando daba un discurso o impartía clases, a menudo tenía que hacer una pausa para recuperar una palabra. Cada vez que esto ocurría, llenaba la pausa con un término que sonaba como "la-jey". Creemos que significaba en inglés "Let's Say", o "Digamos". Carlos Flores, expresidente de Honduras, me dijo que creía que Paul había contratado a un logopeda, que le sugirió que buscara alguna palabra para usar como sustituto cuando llegaban las pausas. La frase debería indicarle "Adelante".[xlvi]

Los empleados del Departamento de Estudios Económicos del Banco Central pasaban tanto tiempo juntos en el trabajo y la escuela que llegaron a tener una relación muy cercana entre sí y con sus profesores. A Paul le gustaba organizar paseos campestres los fines de semana, donde Linda, Johnny y Craig se unían a él y a sus alumnos. A medida que se hicieron buenos amigos, el lado juguetón de Paul se hizo evidente. Durante sus clases matutinas, si veía a un alumno quedarse dormido, cogía un trozo de tiza de la pizarra y se lo lanzaba para despertarlo.

Se preocupaba por el progreso de cada estudiante y hacía un esfuerzo mayor del que normalmente se esperaba de un profesor. Una de sus empleadas y alumnas era Macky Salinas. Brillante y combativa, ignoraba su cojera pronunciada causada por una poliomielitis en la infancia y se le podía encontrar en fiestas casi todas las noches. Se atrasó en terminar la tesis que Paul exigía de sus alumnos antes de que pudieran tomar el examen final. Cuando Paul animó a Macky a terminar la tesis, ella se resistió, riendo mientras le informaba a su profesor y jefe que le interesaba más salir con amigos que estudiar. Finalmente la llamó a su oficina y le dijo: «No podré darte un aumento a menos que tengas las credenciales de economista. Termina tu tesis y te ayudaré a estudiar para el examen». Así lo hizo él y ella aprobó.[xlvii]

Luego de que los estudiantes terminaban el plan de estudios de cuatro años, Paul los animaba a viajar a los Estados Unidos, tanto para obtener una maestría como para mejorar su inglés. Logró que el Banco Central concediera becas para programas de posgrado en Yale, Harvard, NYU y la Universidad de Michigan, entre otras. Esta práctica continuó durante años en el Banco Central y formó a muchos de los mejores economistas de Honduras.[xlviii] Cuando los empleados regresaban de estudiar en el extranjero, Paul les enfatizaba su obligación moral de compartir lo que habían aprendido, enseñando en la universidad. Estas iniciativas fueron la razón por la que se atribuye a Paul la formación de tantos de los principales economistas hondureños.

El Dr. Guillermo Bueso, que fue presidente del Banco Central de Honduras y más tarde fue presidente del Banco Atlántida,[12] fue uno de los alumnos más destacados de Paul. Dijo que Paul enseñaba: «Es mejor ser criticado por actuar, crear y construir cuando uno tiene la oportunidad; que luego ser criticado por haber tenido una oportunidad y no hacer nada para el desarrollo de Honduras».[xlix]

12. Éste fue Guillermo Bueso padre, sucesor de Paul como presidente del Banco Atlántida. En el 2026, su hijo, Guillermo Bueso Anduray, es el CEO del Banco Atlántida.

6

TEGUCIGALPA SE CONVIERTE EN SU HOGAR 1950 – 1955

Mientras Paul aprendía a ser profesor, Linda estaba aprendiendo las costumbres de los hondureños. Tres meses luego de llegar a Tegucigalpa, su empleada se enfermó de malaria. Linda la llevó a un médico, que le dio medicación y la envió a casa para recuperarse. Cuando la señora volvió al trabajo, le confesó a una amiga de Linda que no había tomado la medicina porque su familia sospechaba de tomar pastillas. La amiga le advirtió a Linda que su familia podría estar en riesgo de malaria si un mosquito picaba a su empleada y luego a uno de ellos. Linda la despidió, incrédula de que ahora tuviera problemas con una empleada, cuando unos meses antes ni siquiera habría soñado con tener una.

Su hermano Otto, curioso sobre Honduras, le preguntó si podía venir a trabajar en Tegucigalpa durante unos meses. Linda le advirtió que no ganaría mucho. En 1950, el trabajador promedio en Honduras ganaba quince centavos al día. Ella observaba que los hondureños producían una décima parte de lo que producía la población de los Estados Unidos, porque los métodos y herramientas hondureños eran muy primitivas. Le describió a Otto la remodelación de la oficina de correos cerca de su apartamento. Se estaban instalando bloques enormes de granito azul alrededor de la entrada principal. Uno por uno, los bloques bajaban de la montaña hacia el pueblo, cargados sobre los lomos de burros y las espaldas de hombres. Los bloques se pulían a mano y se cortaban con un pequeño serrucho, parecido a una cortadora de carne que se usa en casa. Luego se desbastaban con un pequeño cincel y se pulían. Linda observó que un hombre trabajó en un solo bloque durante más de dos semanas. Le dijo a Otto que los salarios de oficina eran mejores, entre 40 y 100 dólares al mes. Ella y Paul habían concluido que el dinero que se podía ganar en Honduras no era en trabajar para otros, sino en iniciar nuevos negocios. El país era en muchos aspectos como lo había sido Estados Unidos cien años atrás; había mucha industria por desarrollar.

Paul quería que Linda aprendiera sobre las otras regiones de Honduras durante sus seis meses en el país. Cuando podía, la llevaba a ella y a los niños en sus viajes de negocios. A mediados de julio la familia viajó a la costa norte de Honduras. Empezaron en La Ceiba, donde Paul necesitaba hacer investigaciones en la sede del Banco Atlántida. Este pueblo costeño, construido por la industria bananera, estaba poblado principalmente por mestizos hispanohablantes de ascendencia indígena y europea combinada. Era un paraíso tropical, donde las brisas saladas luchaban contra aire tan húmedo que se podía masticar. Cuando Paul terminaba su jornada laboral, la familia iba a la playa, que quedaba a pocas cuadras del banco. Él y Linda llevaron a Johnny y Craig a bañarse por primera vez, en el turquesa mar Caribe, que se sentía como agua tibia de bañera comparado con el frío océano de Maine o los lagos de Michigan.

Unos días después, hicieron un corto viaje en un pequeño avión de hélice a Roatán. Esta hermosa isla hondureña fue descubierta por Cristóbal Colón en el siglo XVI y fue habitada por angloparlantes tanto de Europa como del Afro Caribe británico. A Linda le parecía increíble estar en Honduras pero rodeada de angloparlantes. La familia pasó unos días explorando la isla montañosa rodeada de aguas transparentes de color azul verdoso. Aquí, el Caribe estaba poblado por arrecifes de coral de colores brillantes llenos de peces tropicales exóticos.[1]

En agosto, Paul aprovechó un viaje de negocios a San Salvador y Ciudad de Guatemala para mostrarles a Linda y a los niños dos nuevos países. Paul tenía amigos en ambos lugares que se encargaron de organizar excursiones para la familia. San Salvador era una capital calurosa, activa y próspera. Ciudad de Guatemala era más fresca y estaba impecablemente mantenida. Linda estaba encantada con los coloridos vestidos que llevaban las mujeres y los niños indígenas.

Paul tenía un acuerdo con el gobierno hondureño para permanecer seis meses, que se cumplían en octubre. El Fondo Monetario le instó que se regresara a Washington en ese momento porque estaban escasos de personal. En septiembre, los hondureños solicitaron que se le permitiera a Paul permanecer más tiempo en Tegucigalpa porque el recién creado Banco Central atravesaba una crisis tras otra. El Fondo aceptó una prórroga, pero solo hasta diciembre.

A finales de noviembre, Linda empezó a empacar su apartamento con la esperanza de mudar a la familia a Washington para la Navidad. Dos semanas antes del día de su mudanza, el presidente Gálvez llamó a Paul a su oficina y le preguntó si se quedaría en Honduras un año más. El gobierno había conseguido los fondos para pagarle directamente. Paul le informó al presidente Gálvez que no quería renunciar a su trabajo en el Fondo Monetario Internacional, pero que consideraría quedarse un año más si el Fondo le concedía una extensión. Prometió preguntarle a su jefe cuando estuviera en Washington.

A principios de diciembre, Paul y Linda enviaron sus pertenencias, y una semana después viajaron con sus hijos pequeños en un barco de vapor de la United Fruit desde Puerto Cortés a Nueva York. Luego de un viaje en tren a Washington, Linda desempacó en su casa de Falls Church, que sus inquilinos ya habían vacado. Mientras ella se preparaba para la Navidad, Paul tomó un tren hacia Portland, Maine. El 19 de diciembre de 1950, más de quince años después de llegar al país, Paul recibió su Certificado de Naturalización. ¡Se convirtió finalmente en ciudadano estadounidense! Como parte de este proceso, se le exigió renunciar a su ciudadanía italiana.

La semana antes de Navidad, Paul regresó a las oficinas del Fondo Monetario y volvió a conectarse con sus antiguos colegas. Le contó a su jefe sobre la oferta que el presidente Gálvez le había hecho para que Paul regresara a Honduras por un año más. El equipo directivo del Fondo estuvo de acuerdo con la idea, porque veían la importancia de garantizar el éxito del recién creado Banco Central. El Fondo le concedió a Paul una licencia para regresar a Honduras y continuar su trabajo, esta vez como empleado del gobierno hondureño. Cuando Paul llamó para reservar pasaje en un barco bananero desde Nueva York, se enteró de que la reserva disponible más próxima era para marzo. Compró pasajes para la familia.

Comenzó 1951 realizando pequeños proyectos para el Fondo mientras él y Linda preparaban su casa para alquilar durante el año siguiente. Esta vez no iban a llevar todos sus muebles a Tegucigalpa, era demasiado trabajo. El gobierno de Honduras le aseguró a Paul que le encontrarían una casa amueblada. Los fines de semana Paul trabajaba en el mantenimiento de las ventanas y Linda pintaba habitaciones. El trabajo más difícil era impedir que Johnny y Craig se metieran en las latas de pintura, ya que estaban encerrados en la casa por culpa del frío. A finales de enero, encontraron un inquilino que se comprometió a alquilar la casa amueblada por un año.

El gobierno hondureño sorprendió a Paul cuando lo llamaron a principios de febrero, informándole de que fuera de lo planificado, la United Fruit enviaría un barco de Nueva York a Honduras para recoger una carga extra de bananos. Podrían lograr viajar en el barco si llegaban a Nueva York en solo un día y medio. Paul y Linda hicieron las maletas con prisa, y llegaron a Nueva York a tiempo para embarcarse hacia el sur. Una vez que la familia estuvo instalada a bordo, Linda recordó algo que había dejado en su jardín: el trineo que Johnny había recibido de los Reisman por Navidad. Pero pensó: «¡No lo necesitará en Tegucigalpa!»

Volvieron a vivir en el Hotel Lincoln hasta que su casa estuviera lista. Era una casa estupenda: cerca de la oficina de Paul en el centro, con dos grandes patios donde Johnny y Craig podían jugar y tomar aire fresco. A cinco cuadras había un parque donde los niños podían correr. La mayoría de las casas en Honduras aún tenían estufas de leña, así que Linda estaba encantada de que el dueño de su casa hubiera instalado una estufa de gas butano, un concepto nuevo en Honduras, y un calentador de agua.

Uno de los nuevos cargos de Paul era el de asesor de la junta directiva del Banco Central. Esa junta incluía a los jefes de los pocos bancos hondureños existentes. Ninguno de ellos estaba muy familiarizado con la banca central ni la política económica. Jorge Bueso Arias, que ese mismo año había fundado el Banco de Occidente era uno de ellos.

Entrevisté a Bueso Arias en el 2018, el día antes de que cumpliera 99 años. Me contó cuánto le enseñó Paul cuando él formó parte de esa primera junta directiva del Banco Central. En aquel entonces, Bueso Arias viajaba regularmente a Tegucigalpa desde su casa en el pueblo montañoso de Santa Rosa de Copán. Al terminar las reuniones, conducía de regreso a Santa Rosa, donde estudiaba las teorías económicas y de política bancaria que Paul le enseñaba. Como Santa Rosa no tenía electricidad, se apresuraba a terminar de estudiar antes de que el sol se pusiera a las seis y media de la tarde, ya que era más difícil leer con la luz de las velas. Me dijo que hacía esto en preparación para sus debates en las reuniones de directorio con "Paolo", como él lo llamaba. A través de estos intercambios, desarrollaron una gran amistad y respeto mutuo, y como líderes bancarios continuaron debatiendo durante décadas sobre la política económica y financiera de Honduras.[li]

Ese verano, el 5 de julio de 1951, Paul fue condecorado por el presidente Gálvez por su papel en la creación del Banco Central.[13]

A Paul le importaba desarrollar el Banco Central más allá de la estructura y la política bancaria. Valoraba el deporte y la socialización, porque creía que fomentaban un ambiente laboral saludable

13. Consulte el Apéndice para una lista de las condecoraciones que Paul recibió de varios gobiernos.

y colaborativo. En el verano de 1951, gracias a su propuesta, el Banco Central inauguró el Club Social para Personal y Empleados del Banco Central.[lii]

Poco tiempo después de llegar a Honduras, Paul estableció amistad con Luis "Chito" Kafie. Chito era un hombre de ascendencia palestina que nació en El Salvador y se trasladó a Honduras en la década del 30. Estaba casado con Elena "Nena" Larach, una hondureña de familia prominente y también de ascendencia palestina. Chito y Nena poseían un próspero negocio textil en el centro de Tegucigalpa. Chito y Paul eran jóvenes y emprendedores; a pesar de sus modestos comienzos, su intelecto y determinación los destinaron a ambos a un gran éxito. Con los años se convirtieron en hermanos y, a medida que sus familias crecían, sus hijos también crecían juntos.

En julio Paul escuchó que un comandante de la marina norteamericana, que era su vecino en Falls Church, Virginia, estaba ansioso por vender su casa. Paul conocía la casa de estuco blanco que era mucho más grande y bonita que la que ellos poseían. Tenía cuatro dormitorios, dos baños, sala con chimenea, comedor y una cocina con todos los electrodomésticos más modernos, incluyendo lavaplatos y triturador de basura. También contaba con un sótano bien terminado. Paul y Linda habían soñado con comprar una casa más grande cuando regresaran a Washington, porque ambos querían tener más hijos. Paul ahora tenía el dinero para permitírselo. Voló a Washington y compró la casa por $21,500 dólares. Paul le dio tiempo de sobra al comandante para mudarse, ya que tenía la intención de dejarla vacía hasta que regresara el siguiente marzo, y planeaba vender su antigua casa cuando expirara el contrato de arrendamiento de sus inquilinos.

Como si la compra de la casa hubiera sido una señal, en agosto Linda le escribió a Paul mientras él estaba de viaje de negocios en Panamá, que iba a ser padre de nuevo. Él estaba muy feliz y la animaba a tomar siestas por la tarde y beber dos litros de leche diarios.

Cuando en el Banco Central se corrió la voz de que Paul había comprado la casa, sus empleadores se enfrentaron a la realidad de que su asesor se marcharía el marzo siguiente. Roberto Ramírez, presidente del Banco Central, llamó a su colega y amiga Macky a su oficina y le preguntó qué creía ella que podría hacer que Paul se quedara en Honduras. Macky le dijo que Linda estaba cansada de su estatus temporal en Tegucigalpa. Solo recibían contratos de corto plazo de parte de los hondureños, lo que significaba mudarse de Washington con poca anticipación, para vivir en una casa alquilada diferente cada año. Linda y Paul querían vivir en su propia casa y tener una base más estable para poder criar a su familia que estaba creciendo. Paul le había dicho a Macky: «Mi familia está por encima de todo».[liii]

El Dr. Ramírez quería que Paul siguiera asesorándole y trabajó inmediatamente para remediar la situación. Le pidió a Paul que aceptara quedarse en Tegucigalpa dos años más. Para convencerlo, le ofreció varias cosas. Primero, un ascenso: además de continuar como asesor de la junta directiva del Banco Central, también sería nombrado asesor del ministro de finanzas Batres. Segundo, un aumento: su salario combinado para ambos puestos sería de 18,000 dólares al año. Tercero: el gobierno le ofreció construirle una casa. Paul le respondió que él y Linda considerarían la oferta.

Se fue a casa para conversarlo con ella. Su plan en ese momento era regresar a los Estados Unidos en marzo porque Paul debía presentarse ante el Fondo Monetario cuando terminara su permiso. Su tercer hijo estaba previsto para mayo, y Paul y Linda querían que el bebé naciera en Washington. Tenían una casa nueva esperándolos, que Linda quería ver. Decidieron regresar a Washington a principios de 1952, como estaba planeado. Si Paul decidía aceptar la oferta de regresar a Tegucigalpa por dos años más, lo harían después de que naciera su bebé.

El 7 de noviembre de 1951, Paul celebró su vigésimo noveno cumpleaños en su casa alquilada en Tegucigalpa. El Banco Central organizó una fiesta para 70 invitados, enviando comida, whisky, refrescos y un enorme pastel de cumpleaños. Claramente, estaba siendo cortejado.

Linda empezó diciembre como cada año, horneando pasteles de frutas. Rápidamente se frustró por la falta de variedad en los supermercados hondureños; tuvo que recorrer toda la ciudad para encontrar los ingredientes que necesitaba. Mientras horneaba con la "ayuda" de sus hijos, pensaba en la oferta que el Banco Central le había hecho a Paul. Había aspectos de vivir en Honduras que a Linda le gustaban mucho, pero echaba de menos a los Estados Unidos, especialmente en la Navidad. Aunque habían comprado un pino natural para decorar la casa, les resultaba extraño estarse alistando para la Navidad con clima cálido y flores en brote. Linda echaba de menos el frío y la nieve. Diciembre era una época muy social en Honduras, y a Paul le gustaba asistir a muchas fiestas. Las noches en que no tenían planes, él y Linda hablaban de sus opciones. A Paul le encantaba el trabajo que hacía con el Banco Central y le encantaba enseñar en la universidad. La oferta que le había hecho el gobierno era muy generosa. Lo más importante era que la calidad de vida de ambos era mejor en Tegucigalpa que en Washington. Paul viajaba menos. La ayuda doméstica que podían permitirse le facilitaba la vida a Linda, que ahora esperaba su tercer hijo. Contar con empleadas que vivían en la casa les permitía tener vida social por las noches, y esta se estaba volviendo cada vez más importante para Paul, por razones profesionales también. Todos estos beneficios superaban lo que él ganaba en contactos e influencia por ser representante del Fondo Monetario Internacional. Paul decidió renunciar al Fondo y aceptar la oferta del gobierno hondureño.

Le dijo al Dr. Ramírez que necesitaba regresar a Washington en marzo. Quería cerrar sus asuntos con el Fondo, vender su antigua casa de Falls Church, alquilar la nueva, y esperar a que naciera su tercer hijo. Luego regresaría a Honduras y trabajaría para el Banco Central por los próximos dos años. Había una parte de la oferta con la que Paul no se sentía cómodo: que el banco le construyera una casa. El Dr. Ramírez le ofreció a cambio concederle una línea de crédito de 50,000 dólares, sin intereses.

También tenía una sugerencia sobre dónde Paul podría construir. Para el año 1951, mucha gente se estaba mudando del centro de Tegucigalpa, porque se había convertido en un centro de negocios. La ciudad había sido fundada en 1578 con calles diseñadas para caballos y carruajes, no para autos. La congestión causada por el tráfico de automóviles era miserable, y las aceras estrechas no eran lugar para que los niños corrieran y jugaran. La secretaria del Dr. Ramírez era Trinita Lara, cuya familia poseía tierras en una zona que se consideraba como fuera de la ciudad. Trinita le dijo a Paul que su familia acababa de dividir sus tierras en parcelas para la venta. Él y Linda visitaron la zona y se enamoraron de los espacios abiertos. Decidieron comenzar la construcción de una nueva casa lo antes posible, para que la obra hubiera avanzado para cuando ellos regresaran. La suya sería una de las primeras casas construidas en la colonia Lara.

Linda y Paul viajaron con Johnny y Craig a Washington en marzo de 1952. Linda y los niños estaban emocionados por explorar su preciosa casa nueva en Falls Church, aunque sabían que solo estarían allí por poco tiempo. Paul fue inmediatamente al Fondo Monetario y renunció. Aseguró a sus colegas que los vería en las reuniones del Fondo Monetario/Banco Mundial cada septiembre. Luego se puso a vender la casa de Falls Church y a encontrar un inquilino para la nueva casa, que planeaban mantener. Linda y él viajaron a Nueva York para comprar muebles y accesorios para la casa que estaban construyendo en Tegucigalpa, y los enviaron en un barco bananero a Honduras.

Linda entró en trabajo de parto después de la medianoche del sábado 26 de abril. Paul corrió a la casa de al lado y despertó a una vecina para pedirle que se quedara en su casa, donde dormían los niños, mientras él llevaba a Linda en taxi al hospital de la Universidad George Washington. Dejó a su esposa para que continuara el parto sola y corrió de vuelta a casa para estar con Johnny y Craig cuando despertaran. Su hijo Robert Vinelli nació a las 6:13 a.m.

La familia, compuesta ahora de cinco personas, regresó a Tegucigalpa en junio. Repitieron el mismo patrón de primero vivir en el Gran Hotel Lincoln, y luego mudarse a una casa alquilada. Su hogar en la colonia Lara no estaría listo sino hasta dentro de un año. Linda se sentía muy cansada. Los dos años anteriores habían sido un torbellino de hacer maletas y mudarse. Por suerte, el pequeño Bobby tenía un carácter maravilloso y tranquilo. Dormía desde las siete de la noche hasta las cinco de la mañana con dos meses de edad. También ayudó que Johnny comenzara el kindergarten ese año.

Durante el año siguiente, Paul, Linda y sus hijos se adaptaron a la vida en Honduras. Paul se estableció en su trabajo y como profesor en la universidad. Linda estaba ocupada con sus tres hijos pequeños. La pareja empezó a tener amistades cercanas. A principios de 1953, Linda se enteró de que esperaba otro hijo. Se mudaron a la casa de la colonia Lara mientras ella estaba embarazada. La casa fue construida en forma de V por Vinelli. La propiedad ocupaba una manzana entera, lo que le daba un jardín muy grande donde Paul instaló una caja de arena para los niños. Ese mismo año, una pareja suiza hondureña, Enrique y Eva Bahr, construyó en el terreno de al frente. Tenían tres hijos: Lico, Anny y Henry. De inmediato los miembros de las familias Bahr y Vinelli se hicieron muy amigos. El grupo de seis chicos, cinco niños y una niña, jugaba todos los días montando bicicleta por todo el barrio, que era mayormente lotes vacíos llenos de mala hierba. Johnny y Anny tenían la misma edad y eran compañeros de clase en la Escuela Americana, y Craig era solo un año menor. Henry y Bobby tenían la misma edad, dos años más jóvenes que Craig. Lico Bahr, el mayor por cuatro años, a menudo intentaba interrumpir los juegos de los niños más pequeños, lo que provocaba regaños de parte de Linda.

Con frecuencia Paul tenía compromisos en las noches, pero con tres hijos que cuidar, Linda no solía asistir con él. Era una madre sumamente dedicada a sus hijos. Sus amigas le sugirieron que los dejara con la empleada, pero Linda no tenía confianza en que la chica pudiera manejar a los tres. Macky le dijo: «Esto no es normal, Linda. Tosco lleva a su esposa Rossina a todas partes, y tienen dos hijas. ¡Tienes que salir con tu marido, o alguien te lo va a quitar! Me quedaré con los niños».

Inicialmente Paul se opuso a la oferta de Macky, preocupado de que ella estuviera limitando su propia vida social. Ella le aseguró a Paul que tenía muchas oportunidades sociales y que no le interesaba asistir a los aburridos eventos del banco a los que él iba. Prometió encontrarles una niñera a tiempo completo tan pronto como pudiera. Mientras tanto, a menudo cuidaba a los hijos Vinelli y, de este modo, además de ser empleada de Paul en el banco y estudiante en la universidad, Macky se convirtió en una parte importante de la vida familiar de Paul.

Eventualmente encontró una niñera para los niños, una mujer llamada Jesús, de mucha confianza, a quien había conocido durante muchos años. Jesús se mudó a vivir con ellos y se convirtió en una ayuda invaluable para Linda en el cuidado de los niños. Otra empleada se encargaba de la limpieza.[liv] A partir de ese momento, Macky solo cuidaba a los niños cuando Paul se llevaba a Linda a Miami por el fin de semana o a la casa de un amigo en la playa. En esas ocasiones, Macky se quedaba en su casa. Linda dejaba listas para Macky con todos los detalles que necesitaba saber sobre la rutina y el cuidado de los niños.[lv]

Los tres hijos de Paul y Linda nacieron en Washington D.C., pero ahora que estaban establecidos en Tegucigalpa, planearon que su cuarto hijo naciera en el Hospital Viera. Richard Vinelli nació a la una de la mañana del 21 de octubre. Paul estaba en un viaje de negocios, y fue Macky la que estuvo con Linda en el momento del parto. La enfermera puso a Ricky primero en brazos de Macky.[lvi] Linda le dijo a su amiga que estaba encantada con un cuarto hijo varón, porque pensaba que habría sido difícil para una niña crecer rodeada de tres hermanos mayores. Poco después de que naciera Ricky, Paul regresó de un viaje a Washington con una maleta llena de regalos que los Reisman habían enviado para los niños. Para entonces Johnny y Craig ya sabían quiénes eran los padres de Linda, gracias a sus generosos regalos y los consideraban como Santa Claus.

Paul seguía viajando a muchas de las mismas reuniones internacionales a las que asistía antes, pero ahora como empleado del gobierno hondureño y no como asesor del Fondo Monetario. En febrero de 1954 formó parte de la Honduran Treaty Delegation (Delegación para el Tratado Hondureño) que fue recibida en Washington por Henry Holland, el Subsecretario de Estado.

Paul era esencial para el trabajo del ministro de Hacienda Marco Batres y lo acompañó a todas sus reuniones en América Latina. En marzo, Paul asistió a la décima conferencia anual de banqueros interamericanos en Caracas junto al ministro Batres, quien era el delegado hondureño. Paul escribió el discurso que Batres dio sobre la política económica hondureña. Eventualmente Batres ofreció enviar a Paul como el delegado formal hondureño a conferencias banqueras en la región, pero Paul declinó porque temía que eso pusiera en riesgo su ciudadanía estadounidense; prefería asistir como asesor.

El 1 de abril comenzó el año escolar en Tegucigalpa. Johnny estaba en segundo de primaria y Craig en primero. Craig solo tenía cinco años y era el más joven de su clase, pero la profesora decía que era el alumno más brillante.

Además de sus dos empleadas, Linda y Paul empleaban ahora a un jardinero llamado César. Ayudó a Johnny, Craig y Anny Bahr a construir una elaborada fortaleza en los árboles de su jardín, donde pasaban horas jugando. Bobby y Ricky también pasaban la mayor parte de sus días fuera. Una vez que aprendió a caminar, Ricky solía pasearse por toda la propiedad usando solo una camiseta, sin pañal. Era todo un problema. Linda les escribió a sus padres: «Es un pequeño demonio que nos causa muchos problemas a todos. Es de lejos el más travieso de todos nuestros hijos y, en muchos sentidos, el más adorable».

Bobby, Paul, Johnny, Craig, Ricky y Linda, abril 1954

Paul se escribía con frecuencia con sus padres en Portland, Maine. Angelo y Dora seguían viviendo en una pequeña parte de su casa grande de ladrillo, habiendo cerrado la mayor parte para hacer apartamentos que alquilaban. Su casa consistía de un dormitorio con baño, una sala y una cocina muy pequeña. Abajo, en el sótano, Dora tenía una segunda cocina donde hacía la mayor parte de las comidas.

Ese cuarto tenía una estufa, un refrigeradora y una lavadora de ropa. En una esquina había un inodoro con una cuerda para tirar de la cadena, cubierto por una cortina para privacidad. En la otra esquina había una enorme caldera donde Angelo quemaba basura.

Como vivían en un espacio tan reducido, cuando el clima lo permitía, Angelo se pasaba horas sentado a la sombra de los árboles que bordeaban el patio lateral de su casa. Esto le convenía tanto a Dora como a él porque después de 42 años de matrimonio, ninguno de los dos disfrutaba de la compañía del otro. Su hija Elizabeth vivía con su familia justo al otro lado de la calle. La hija de Elizabeth, Diana, de doce años, iba a almorzar todos los días a la casa de sus abuelos. A menudo, terminada la comida, Angelo mandaba a Diana a Brackett Street a comprar helado de vainilla. Comían juntos en el banco del jardín, sin decir una palabra. Cuando Angelo terminaba, extendía su mano para que Diana levantara su débil cuerpo de 82 años.

Cuando Paul completó su compromiso de dos años con el gobierno hondureño en junio de 1954, el presidente Gálvez y el ministro Batres se habían asegurado de que permaneciera en el país como su asesor. Lo hicieron empleado permanente del Banco Central. Fue entonces cuando Paul instó a la gerencia del banco a instaurar los beneficios para empleados que había visto ofrecidos en instituciones financieras estadounidenses. Estructuró la creación de un fondo de jubilación para empleados y aseguró que hubiera un excelente seguro de salud para todos los que trabajaban en el banco. La póliza de seguro del banco incluso cubría la atención médica y hospitalaria en Estados Unidos.

En noviembre de 1954, Paul hizo un viaje de casi un mes a varios países latinoamericanos, ampliando relaciones con ministros de finanzas y funcionarios bancarios. El viaje lo llevó a la Ciudad de Panamá, Lima, São Paulo, Río, Montevideo, Buenos Aires y Santiago. En la mayoría de las ciudades recibió un recorrido guiado por el embajador hondureño. A Paul le encantaba conocer a gente nueva, descubrir nuevos lugares, culturas y gastronomías. En cada ciudad aprovechaba el tiempo que no estaba en reuniones para visitar a antiguos colegas del Fondo Monetario, hacer recorridos de las ciudades, degustar la comida local y comprar regalos para la familia. El viaje terminó en Petrópolis, Brasil, cerca de Rio de Janeiro, donde Paul acompañó al ministro de hacienda Batres a una conferencia de ministros de economía y finanzas enfocada en mejorar las relaciones económicas entre Estados Unidos y Latinoamérica. Paul fue quien preparó el discurso que dio el ministro Batres por el gobierno hondureño. El domingo después de la conferencia, Paul pasó el día con su amigo de la universidad Flavio y su esposa Jean.

1954 había sido un año tumultuoso en Honduras. El presidente Gálvez afrontó huelgas nacionales de trabajadores de las industrias de minería, cervecería, textil y de bebidas, así como de más de cien mil trabajadores de las compañías Standard Fruit y United Fruit.[lvii] Le pidió al presidente estadounidense Eisenhower que enviara buques de guerra al Golfo de Honduras en caso de que se necesitara apoyo militar.[lviii] En septiembre, la tormenta tropical Gilda dejó a miles de hondureños sin hogar y plantaciones bananeras destruidas, lo que provocó más despidos. En noviembre, el presidente Gálvez viajó de Honduras a Estados Unidos para ser tratado por un problema cardiaco provocado por el estrés de un año tan difícil. En cuestión de semanas, el 5 de diciembre de 1954, su gobierno fue tomado por el vicepresidente Julio Lozano Díaz.[lix] Al regresar de su viaje, Paul y el ministro Batres supieron que ahora trabajaban para un nuevo gobierno.

El siguiente año de 1955, a pesar de los problemas políticos del país que Paul veía de cerca porque trabajaba con el gobierno, fue probablemente para Paul el año más feliz de su vida. Cuando cumplió 33 años ese noviembre, me imagino que debe de haber reflexionado sobre lo lejos que había llegado en la vida. Tenía una esposa a la que adoraba, cuatro hijos maravillosos, una casa grande con empleados, y un trabajo interesante e importante que le daba la oportunidad de viajar y conocer el mundo.

En diciembre Linda le dijo que estaba enferma. Le explicó a Paul que se había hecho un chequeo con su ginecólogo porque no se sentía bien. El médico sospechaba que tenía cáncer.[14]

Paul debe de haber sentido una patada en el estómago, pero actuó de inmediato. La semana siguiente, él y Linda volaron a Miami para una cita con un oncólogo en el Hospital Mount Sinai. Las pruebas confirmaron un tumor maligno y los médicos operaron inmediatamente. A Linda se le permitió regresar a Tegucigalpa para pasar la Navidad con los niños, pero le dijeron que volviera en enero para lo que ella llamó "tratamientos de rayos X" (radiación).

14. No está claro qué tipo de cáncer tuvo: del cuello uterino, uterino, o cáncer de ovario.

7

PERDIENDO EL CAMINO 1956

Las cartas de Linda a su familia en Michigan ese año solo contenían buenas noticias. Escribió que disfrutaba vivir en Tegucigalpa porque el clima era mucho más templado que el de Washington, y los niños tenían menos resfriados. Les dijo que Paul encontraba interesante su trabajo con el Banco Central y que ella estaba agradecida de tener empleadas que la ayudaran con los niños, la cocina y la limpieza. Describió su casa grande en "el campo" como de ensueño, con un enorme jardín para que los niños corrieran. Contó cómo los niños encontraron un nido con dos conejitos y cómo se pasaban la mayor parte del día alimentando y cuidando a los conejitos. Nunca mencionó su enfermedad ni los viajes a Miami para el tratamiento de radioterapia. Sin embargo, Paul llamó al padre de Linda para informarle que estaba enferma.

Con Linda yendo y viniendo de Miami, Paul tuvo que dedicar más tiempo al cuidado de los niños. Él y su vecino Enrique Bahr se turnaban para llevar a sus hijos mayores a la Escuela Americana en el centro de la ciudad. Bobby y Ricky, de cuatro y dos años, se quedaban en casa con las empleadas.[lx] Eva Bahr y Macky ayudaban a cuidarlos. Por las noches, cuando Linda no estaba, Paul cocinaba la cena para los niños. Para animarlos, Paul compró un cachorro pastor alemán al que llamó Rox. Tenía una casa de perro en forma de V que era una miniatura de la casa principal, construida cerca de la caja de arena en el jardín.

Aquellos eran tiempos en que las escuelas y negocios en Honduras aún tomaban un descanso al medio día. Los niños y sus padres volvían a casa del colegio y trabajo para almorzar, y con frecuencia después se tomaban una siesta. Paul nunca tomaba siesta. Se quedaba en la oficina a la hora del almuerzo para hacer su trabajo porque necesitaba llegar a casa lo antes posible por la noche para ayudar a Linda y a los niños.

Años después, Paul fue pionero en establecer la jornada única, un horario de trabajo que incluía solo una hora para almorzar, obligando a la gente a comer rápidamente y más cerca de la oficina. Consideraba el cambio de horario como algo bueno para las familias. Antes de la jornada única, un empleado, normalmente el padre de la familia, se quedaba en el trabajo hasta las ocho de la noche para hacer una jornada completa debido al tiempo que se tomaba a mediodía. La jornada única permitía que las familias estuvieran juntas en casa para cenar y antes de la hora de dormir de los niños.

Linda viajó regularmente a Miami para sus tratamientos de radiación desde enero hasta junio de 1956. Paul solía acompañarla de ida, pero luego volvía a casa para estar con los niños. Cuando Linda y Paul no estaban, Johnny y Craig se quedaban con los Bahr, que los llevaban al colegio. Paul no quería imponerles los cuatro niños a sus amigos, así que en marzo se llevó a Bobby y Ricky a Miami con él y Linda.

Los padres de Linda le escribieron preocupados por su enfermedad y pidiéndole que los visitara en Michigan, pero ella les contestó que su agenda de radiación estaba demasiado llena para permitirle viajar. Lo más probable era que no quería pasar más tiempo lejos de Paul y sus hijos.

En junio, Paul llevó a Linda a Miami para un mes de tratamientos, programados para cinco días a la semana. La instaló en una habitación con una pequeña cocina frente al mar en el South Seas Hotel. A Linda le preocupaba el gasto, pero él quería que estuviera cómoda. Linda admitió que la vista de los barcos sobre el agua brillante era un deleite.

A Paul le preocupaba no estar con Linda durante su tratamiento, pero ella sabía que él tenía que estar en Honduras; había tomado todas las vacaciones permitidas por su trabajo. Por las noches, era mejor que él estuviera en casa con los niños. Hizo arreglos para que Linda tuviera a alguien con ella durante las dos primeras semanas: primero Lina, la hermana de Paul, y luego otros amigos. Paul había planeado venir a Miami justo después de que se fueran, pero Linda le pidió que no lo hiciera. Sufría de náuseas y dolor de estómago. La doctora Read le recetó analgésicos que la ayudaron, pero la dejaron sin energía. Linda le dijo a Paul: «Ni siquiera puedo ir a la playa».

Sus hijos le escribieron varias veces. A mediados de junio, Linda les respondió con esta carta:

15 de junio de 1956

Queridos Johnny y Craig:

Hoy mamá ha recibido dos cartas suyas. No se imaginan lo feliz que me hicieron. Me alegro de que se estén portando bien y que lo estén pasando tan bien. Le preguntaron a mamá cuándo volveré a casa. Si todo va bien, estaré en casa dentro de dos semanas. Cada día mamá va al médico y espera que todo salga bien.

P.D. Ojalá mamá pudiera estar con papá en el Día del Padre.

Paul voló el 23 de junio para quedarse con Linda durante la última semana de tratamiento. Su amiga Marta Cruz se quedó con los niños esa semana, lo que significaba que otros cuidarían de sus propios cuatro hijos. Cuando Paul llevó a Linda a casa, se enfocaron en pasar tiempo en familia. Por el resto del verano Linda disfrutó de estar en casa con sus hijos, aunque no se sentía bien. A principios de septiembre, Paul la llevó de vuelta a Miami para hacerle un examen médico. Los doctores le hablaron a él mientras esperaba fuera de la sala de tratamiento. Dijeron que no tenía sentido prolongar el tratamiento. El cáncer se había extendido por todas partes.

A continuación, traducción de la carta que Paul le envió a los padres de Linda:

BANCO CENTRAL DE HONDURAS
EL ASESOR TÉCNICO

19 de septiembre, 1956

Queridos papa y mamma,

Con el corazón pesado les escribo estas pocas líneas. Como Otto ya les ha informado, Linda está gravemente enferma. Los cinco médicos que la han visto en Miami el último año parecen pensar que no hay nada más que se pueda hacer. Al menos eso es lo que me han informado tras la visita de Linda a principios de septiembre. Parece que este problema la ha afectado desde la infancia, manifestándose al principio solo en forma de anemia. Más tarde, en la universidad, le extirparon un quiste que aparentemente era otra prueba de su enfermedad. Parece casi increíble que en ese momento los médicos que la cuidaban no descubrieron su verdadero problema. Después de que le extirparon el tumor el pasado diciembre, aún quedaba esperanza de que mediante radiación pudiera eliminarse la malignidad. Sin embargo, el destino fue diferente, ya que el tumor se extendió al pulmón. Esto se complicó por un ataque de neumonía del que aún no se ha recuperado. A Linda no le han informado su verdadero estatus. Los médicos han pensado que requeriría toda la fuerza de voluntad necesaria para continuar la lucha el mayor tiempo posible. Linda piensa que le extirparon un tumor no maligno y que sus dificultades actuales se deben a la quemadura de la radiación y a la neumonía. Hasta hoy, cuando la traje a casa, había estado en un hospital local. Los médicos pensaron que era mejor llevarla a casa, donde sería más feliz con los niños y tal vez comería mejor. Por supuesto, tengo una enfermera cuidándola y los médicos vendrán a visitarla todos los días. A través del uso de narcóticos la estamos manteniendo lo más cómoda posible. Su ánimo está muy alto, lo que promete que seguirá luchando. Por suerte, los niños están bien y le están dando mucho consuelo. A medida que pase el tiempo intentaré mantenerlos informados de los acontecimientos. Mientras tanto, no se puede hacer mucho más. Por teléfono, los médicos en los Estados Unidos me dijeron que el mejor lugar para ella es en casa y que no tiene sentido llevarla de vuelta a los Estados Unidos, aunque pudiera sobrevivir el viaje, porque no podrían hacer nada por ella. Si hay algo más que quieran saber o que quieran que haga, podrían escribirme a través de Otto.

Con amor y junto a los niños,

Cariñosamente, Paul

BANCO CENTRAL DE HONDURAS
EL ASESOR TECNICO

Sept. 19, 1956

Dear papa and mamma,

It is with a heavy heart that I write you these few lines.

As Otto has already informed you Linda is critically ill. The five doctors who have seen her in Miami the past year seem to think that there is nothing more that can be done. At least that is what they have informed me after Linda's return at the beginning of September. It appears that this trouble has been with her from childhood, revealing itself at first only in the form of anemia. Later in college she had a cyst removed which was apparently another evidence of her illness. It appears almost fantastic that at such time the doctors that took care of her did not discover her real trouble. After the tumor was removed last December there was still hope that through X-Rays the malignancy could be eliminated. However fate was otherwise as the tumor spread to the lung. This was complicated by an attack of pneumonia from which she has not recovered yet. Linda has not been told her true status. The doctors have felt that she would need all the willpower necessary to carry on the fight as long as possible. Linda thinks that she had a non-malignant tumor removed and that her present difficulties are due to the burning of the X-Rays and to the pneumonia. Until today when I brought her home she had been in a local hospital. The doctors have thought that it was better to take her home where she would be happier with the children and she might eat better. Of course I have a nurse taking care of her and the doctors will drop in daily. Through the use of narcotics we are keeping her as comfortable as possible. Her spirits are very high which give promise that she will keep on fighting. The children fortunately are all well and are giving her a lot of comfort. As time passes I shall try to keep

BANCO CENTRAL DE HONDURAS
EL ASESOR TECNICO

you informed of developments. In the meantime there is little else that can be done. By phone the doctors in the States have told me that the best place for her is at home and that there is no sense taking her back to the States, even if she could survive the trip, because they could not do anything for her.

If there is anything else you like to know or you should want me to do, you could write me through Otto.

With love I am jointly with the children

Affectionately yours,

Paul

Linda se deterioró rápidamente. Paul contrató a una enfermera para que estuviera con ella entre semana. Cada tarde se apresuraba a llegar a casa después del trabajo para sentarse junto a su cama. Cuando la enfermera no estaba, él tenía que ponerle las inyecciones de morfina a Linda, que dejaban endurecimientos bajo su piel translúcida porque él no tenía ninguna experiencia en aplicarlas.

Linda escribió su última carta a sus padres a mediados de octubre. Ella todavía no sabía cuál era su pronóstico. «Me siento un poco mejor, pero aún tengo que tomármelo con mucha calma. No puedo creer cuánto tiempo está tardando recuperarme de la neumonía. Los niños se están portando muy bien. Incluso Ricky sabe que cuando estoy tomando siesta debe quedarse afuera con Bobby».

El 21 de octubre fue el tercer cumpleaños de Ricky. Linda se levantó de la cama con gran dificultad y, aún en pijama, horneó y glaseó un pastel de cumpleaños para su hijo menor.[lxi]

Al otro lado de la ciudad, ese mismo día, una junta militar compuesta por tres jefes militares, el general Roque Rodríguez, el coronel Héctor Caraccioli y el Mayor Roberto Gálvez Barnes (hijo del presidente Juan Manuel Gálvez), unieron fuerzas para derrocar al gobierno del presidente Julio Lozano.[lxii] Una vez más, Paul tenía un nuevo empleador.

Cinco días después, en la noche del 26 de octubre, Paul llamó a una ambulancia para llevar a Linda al Hospital Viera. Cruzó la calle para organizar que los cuatro niños pasaran la noche en casa de los Bahr. Luego subió la colina para acompañar a su esposa en sus últimas horas. Justo antes de la medianoche, Linda falleció mientras Paul la sostenía. La enfermera que monitoreaba los signos vitales de Linda miró tristemente a la joven pareja.

El dolor de Paul era casi insoportable, pero no podía sucumbir a él. Tenía que afrontar la realidad de que sus cuatro hijos pequeños habían perdido a su madre, y el gobierno para el que trabajaba acababa de ser derrocado.

Cuando uno no sabe qué decir, es mejor decir poco. ¿Cómo podía comunicar a sus padres una noticia que ningún padre podría soportar, sobre su hija de apenas 34 años, que deja atrás a cuatro niños destrozados de nueve, siete, cuatro y tres años?

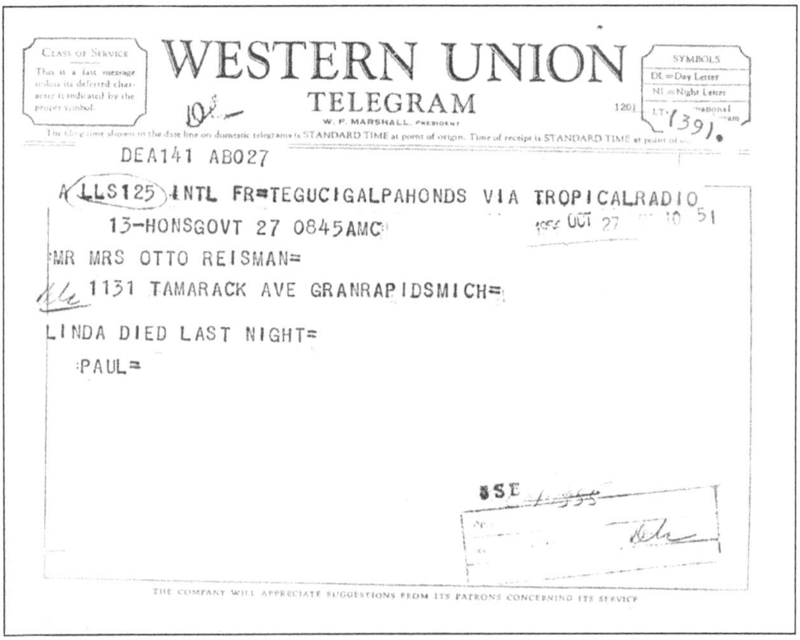

WESTERN UNION
TELEGRAM
W. P. MARSHALL, PRESIDENT

DEA141 AB027
A LLS125 INTL FR=TEGUCIGALPAHONDS VIA TROPICALRADIO
13-HONSGOVT 27 0845AMC
MR MRS OTTO REISMAN=
1131 TAMARACK AVE GRANRAPIDSMICH=
LINDA DIED LAST NIGHT=
PAUL=

THE COMPANY WILL APPRECIATE SUGGESTIONS FROM ITS PATRONS CONCERNING ITS SERVICE

Traducción:

Sr. y Sra. Otto Reisman
1131 Tamarack Ave Grand Rapids Michigan
Linda murió anoche.
Paul

No fue hasta sus últimos días que Linda se dio cuenta de que estaba lo suficientemente enferma como para morir, y fue entonces cuando le dijo a Paul que le gustaría ser enterrada en Grand Rapids, Michigan, donde vivía su familia. Siempre austera, pidió la cremación para evitar el costo de transportar un cuerpo y un ataúd tan lejos. En la década de los 50, la cremación no se realizaba en un país católico como Honduras. Paul dejó a los niños con la familia Bahr y el 30 de octubre voló con el cuerpo de Linda a Miami. La mayoría de los viajeros a la ciudad van por diversión, por el calor, por ambiente de vacaciones. Paul estuvo sentado solo en la sala de espera de un crematorio durante varias horas mientras su amor se reducía a cenizas.

Macky Salinas me contó lo que pasó en los días siguientes. Luego de la cremación, Paul la llamó a Nueva York, donde ella estudiaba inglés por recomendación suya. Cuando se enteró de que planeaba llevar las cenizas de Linda a los Reisman en Michigan, Macky se ofreció a acompañarlo. Paul estaba cumpliendo la última petición de su esposa, y Macky sabía que era una muy difícil de cumplir. Iba a tener que verse cara a cara con los padres de Linda, que solo lo habían visto una vez y que se habían negado a visitarlos desde que se casó con ella trece años antes.

Macky voló a Miami al día siguiente y se alojó en el Hotel Fontainbleu, donde Paul estaba hospedado. Él le pidió que se encontraran en el lobby para ir a cenar al restaurante del hotel. Macky le informó que llevaría a un amigo, un médico que conocía y que vivía en Miami. Encontraron a Paul en el lobby, sin afeitar, enojado y totalmente ebrio. Sostenía una caja cuadrada de bronce del tamaño de una caja de pañuelos faciales. Macky se dio cuenta de que tenía las cenizas de Linda en las manos y empezó a llorar. Paul empujó la caja hacia ella y dijo con voz áspera: «Allí está tu Linda».

Paul apenas podía hablar cuando llegó la comida, pero siguió bebiendo. Macky le preguntó a su amigo médico: —¿No podemos darle una pastilla para calmarlo?

—No podemos darle ningún medicamento con la cantidad de alcohol que ya ha consumido. La única opción que tenemos es servirle más champán hasta que tenga suficiente sueño para dejarnos llevarlo a su habitación —respondió él.

Macky caminaba con bastón, así que su amigo tuvo la tarea de levantar a Paul de la mesa y guiarlo, tambaleándose, hasta su habitación, donde lo depositaron en su cama.

A la mañana siguiente, Paul y Macky se encontraron en el lobby para el viaje a Michigan. Paul no dijo nada en todo el viaje, ni en el taxi camino al aeropuerto de Miami, ni en el vuelo hacia el norte, ni en el taxi hacia la casa de los Reisman. Cuando llegaron a la casa que Paul solo había visitado una vez hacía trece años, Macky se quedó en el auto. Observó por la ventana cómo Paul salió al aire congelado de noviembre y caminó hacia la puerta principal. El padre de Linda, Otto, la abrió. Detrás de él estaba su esposa Ella con un pañuelo en la mano; obviamente había estado llorando. Paul les entregó la caja con las cenizas de su hija.[lxiii]

¿Qué habrán sentido Otto y Ella en ese momento? Durante años, su única hija, a la que adoraban, les había suplicado que la visitaran. Enviaron cartas y regalos para Linda, los niños e incluso para Paul, pero nunca fueron a verlos. Todo porque se casó con este hombre que ellos pensaban que no era el adecuado para ella. Ahora él estaba en su puerta trayéndoles lo que quedaba de su hija en una pequeña caja. La imagen de él cargando los restos de Linda debe de haberse quedado grabado en sus recuerdos.

Paul se quedó allí solo unos momentos, aunque probablemente le pareció mucho más tiempo. Le entregó la caja a Otto, se dio la vuelta y volvió al taxi. No pidió quedarse para el entierro de Linda, ni los Reisman le ofrecieron que lo hiciera. Él y Macky no hablaron de lo ocurrido en el camino al aeropuerto—ni nunca. Ella se ofreció a acompañarlo a Honduras para ayudar con los niños, pero Paul insistió en que regresara a Nueva York y terminara sus estudios.[lxiv]

Paul aprendió de los Reisman que no hay nada que un padre pueda hacer para cambiar la opinión de un hijo enamorado. Sus suegros perdieron la relación con su hija debido a sus prejuicios. En algún momento del largo matrimonio de Paul y Linda, los Reisman deben de haber abandonado las esperanzas de que ella lo dejara, pero su orgullo los mantuvo a la distancia. Su hijo Otto nunca tuvo hijos, así que también se perdieron la alegría de disfrutar de sus únicos nietos mientras su hija vivía.

Paul había aprendido esta lección primero de su propia familia. Su madre se vio obligada a casarse con su padre y nunca llegó a quererlo. Su hermana Elizabeth pasó el resto de su vida resentida por que la separaron de su primer novio. El efecto de estas lecciones fue que Paul nunca ofreció una opinión sobre la persona que sus hijos eligieron para casarse, incluso cuando pensaba que la elección era incorrecta.

Paul regresó a Honduras el 7 de noviembre, en su trigésimo cuarto cumpleaños. Su hermana Lina voló a Tegucigalpa para ayudarlo con los niños. Esto era una solución temporal, ya que Lina tenía su propia familia que cuidar.

Lina con Ricky y Bobby, 1956

Paul no sabía cómo iba a cuidar bien a cuatro hijos y a la vez hacer bien su trabajo. Una semana después de regresar a Tegucigalpa, recibió una carta de los Reisman que lo sorprendió enormemente. Otto y Ella ofrecieron que Johnny y Craig vivieran con ellos en Michigan por un tiempo. Paul sabía que esto ayudaría y aceptó la idea. Aun así, iba a tener que dejar a Bobby y a Ricky al cuidado de sus empleadas todo el día. Le pidió a Lina que llevara a Johnny y a Craig donde los Reisman en los Estados Unidos. Los niños, que aún lloraban por la pérdida de su madre, no querían dejar a su padre. Paul les prometió que los visitaría para la Navidad. El 20 de noviembre Paul se despidió de Johnny y Craig en el aeropuerto de Toncontín. Lina voló con los niños a Nueva York, donde se encontró con Otto, el hermano de Linda, quien los llevó a Grand Rapids. Johnny y Craig apenas una vez habían visto a su tío y nunca habían conocido a sus abuelos. Tres semanas después de perder a su madre, fueron separados de su padre y sus hermanos pequeños, y enviados a vivir con extraños, en un clima helado muy diferente del tropical al que estaban acostumbrados. Sus abuelos los matricularon en la escuela primaria Stocking, donde empezaron las clases de inmediato, aunque el semestre estaba a punto de terminar por las vacaciones de invierno.

Esto fue lo que Paul instruyó en una carta que envió a los Reisman sobre el cuidado de Johnny y Craig. Pidió que los niños entraran a la escuela de inmediato y que, si era necesario, se les buscara un tutor. Sus instrucciones eran que no se les diera más de una bebida gaseosa al día. Si se portaban mal, debían ser enviados a su habitación como castigo. Paul tenía la costumbre de darles a cada uno 50 centavos cada sábado. Él sugirió que podrían ir al cine una vez a la semana. Como Johnny era nervioso y muy emocional, les dijo que Linda y él siempre habían intentado evitar la excitación en su entorno. A Craig no se le debía permitir comer demasiado.

Paul intentó enfocarse en su trabajo, que había sido descuidado en los últimos meses. Uno de los roles de Paul en el Banco Central era crear el presupuesto del país y supervisar su distribución. Ahora tenía nuevos jefes: la junta militar que había destituido al presidente Lozano. El 18 de diciembre, representantes del nuevo régimen entraron a la oficina de Paul y le pidieron que ajustara el presupuesto para poder comprar artillería y vehículos militares. Paul se negó; les dijo que su plan de gastos llevaría a la bancarrota a Honduras. Su respuesta fue darle a Paul veinticuatro horas para salir del país.

Paul tenía un día para empacar las cosas de Bobby, Ricky y las propias para salir de Tegucigalpa. El miércoles 19 de diciembre, voló con sus hijos menores a Portland, Maine. Los niños no tenían pantalones largos porque vivían en un país tropical. Llegaron en pantalones cortos a la casa de Dora y Angelo en el clima gélido de Maine. Los familiares que estuvieron allí me dijeron que Paul tenía un aspecto terrible, su dolor y estrés eran evidentes. Su familia se hizo cargo del cuidado y el entretenimiento de Bobby y Ricky.

En ese momento, el padre de Paul, Angelo, estaba muriendo en un asilo de ancianos. La familia iba a verlo una vez a la semana. Bobby y Ricky jugaban en el suelo junto a la cama donde yacía su abuelo. Por lo que se sabe, Dora no tenía ni paciencia ni tiempo con la salud deteriorada de Angelo. Estaba más preocupada por los problemas de su hijo y nietos.

Paul pasó gran parte de ese tiempo en Portland solo en su habitación. Nunca fue a ver a Johnny y Craig en Grand Rapids. Supongo que él estaba procesando todo lo que se había deshecho en un año. Ya no tenía esposa, ni trabajo, ni hogar. Sus hijos estaban separados, viviendo con abuelos que no conocían en ciudades frías donde las costumbres eran totalmente diferentes. Echaban de menos a su madre, a su perro, a sus amigos y a su hogar. Johnny y Craig estaban en un colegio nuevo. Y Paul necesitaba encontrar trabajo para mantenerlos a todos. El tratamiento de Linda, y los viajes de ida y vuelta, habían vaciado su cuenta de ahorros. Llamó al Fondo Monetario Internacional en Washington.

8

REBOTE
1957-1958

Paul programó una reunión con sus antiguos empleadores en el Fondo Monetario para enero de 1957. Su madre se ofreció a quedarse con Bobby y Ricky mientras Paul decidía sus próximos pasos. Antes de dejar Portland, Paul fue a ver a su padre en la residencia de ancianos. Sabía que su padre estaba muriendo y no anticipaba que se volvieran a ver. Angelo y él tenían poco que decirse, pero Angelo sí le pidió a Paul que vendiera unas tierras que aún poseía cerca de Salerno, después de su muerte.

Paul dejó a sus hijos menores con Dora y se fue a Washington, D.C. El equipo del Fondo Monetario Internacional le dijo que estaban dispuestos a darle empleo si estaba seguro de que quería salir de Honduras, pero preferían que volviera. Tanto el Fondo Monetario como el Banco Mundial estaban furiosos de que la junta militar lo hubiera exiliado. Las organizaciones internacionales esperaban que el gobierno hondureño respetara la autonomía del Banco Central. Su punto de vista era que, si el nuevo gobierno de Honduras quería su ayuda en el futuro, tendrían que devolverle el puesto a Paul.

Paul no estaba seguro de lo que quería. No le entusiasmaba trabajar bajo un régimen que lo había expulsado del país. Se quedó en Washington unas semanas, reuniéndose con antiguos colegas y contemplando diferentes oportunidades laborales.

El 18 de febrero, Angelo falleció a los 84 años. Paul voló a Portland para el entierro de su padre. Angelo fue enterrado en la parcela familiar que había comprado 40 años atrás, cuando murió la pequeña Antoinette Casavola. Los padres y la hermana de Antoinette también fueron enterrados allí. Angelo era el único Vinella entre los Casavolas en la parcela funeraria.

Paul fue entonces a Salerno para vender las tierras de las que Angelo le habló antes de morir. Mientras buscaba un comprador y finalizaba la transacción, tuvo tiempo para pensar. Fue reconfortante volver al país donde nació, lejos de los traumáticos acontecimientos en Honduras. Mientras Paul estaba en Italia, el Fondo Monetario le expresó su descontento a la junta militar en Tegucigalpa en términos tales que el gobierno le pidió a Paul que volviera al trabajo. Cuando regresó en barco a los Estados Unidos en marzo, Paul llevaba casi tres meses exiliado.

Le dio muchas vueltas a la propuesta. Estaba seguro de que no quería trabajar para el actual gobierno hondureño. Pero había una razón muy importante para elegir la vida en Honduras: la posibilidad de mantener unida a su familia. En Tegucigalpa podía pagar por ayuda doméstica para cuidar de los niños. También se sintió responsable de continuar la visión del presidente Gálvez para Honduras. Paul estaba orgulloso de los cambios económicos y financieros que había ayudado a poner en marcha en 1950. No quería salir del país cuando aún quedaba mucho por hacer.[lxv] También sabía que había oportunidades en todos los sectores de la economía hondureña y estaba seguro de que podría tener más impacto allí que en los Estados Unidos.

Para 1957 había sido asesor de tres gobiernos hondureños en casi ocho años. Trabajar para una junta militar no era una buena situación a largo plazo, así que decidió buscar otro empleo. Mientras tanto, regresó a trabajar en el Banco Central de Tegucigalpa. Les explicó a sus cuatro hijos que debían quedarse con sus abuelos en Portland y Grand Rapids hasta que pudiera organizar una situación estable para que pudieran regresar.

En Portland, la estrecha familia Vinella-Casavola ayudó a Dora a cuidar de Bobby y Ricky. Cuando el tiempo se volvió lo suficientemente cálido, el marido de Elizabeth, Adam, llevaba a Bobby y Ricky al parque Deering Oaks los fines de semana. Los niños jugaban en los columpios y alimentaban a los patos en la laguna. Después, Adam los llevaba a comer hamburguesas.

Bobby era tan callado que algunos días era difícil saber que estaba allí. Ricky era todo lo contrario, y especialmente difícil de manejar para Dora, de 62 años. La prima adolescente de Ricky, Diana, que asistía a un colegio católico solo para niñas, recuerda haberse sorprendido cuando más de una vez Ricky, de tres años, maldijo en español: «¡Puta, puta, puta!» y todos exclamaban: «¡No, no Ricky, chico malo, chico malo!». Diana lo llamó cariñosamente "el chico malo de la familia" por el resto de su vida. Fue durante este tiempo cuando Ricky se convirtió en el nieto favorito de Dora. Puso a prueba su paciencia, pero ella no podía estar enojada con él por mucho tiempo. La hizo sentirse necesaria cuando ya no tenía hijos ni marido a quien cuidar. Dora le enviaba cartas a Paul que incluían reportes del mal comportamiento de Ricky. En respuesta, Paul hizo que un lindo perro de raza cocker spaniel le fuera entregado Dora en la puerta de su casa. Bobby y Ricky lo llamaron Dusty. La idea no funcionó para Dora, quien le escribió a Paul: «¡Ya tengo suficiente con estos dos niños, no necesito un perro para cuidar!» Dusty no duró ni tres semanas en su casa; se lo regaló a un barbero que trabajaba con su yerno Adam.

Portland, primavera 1957
Fila de atrás: Anna Santoro, Lina Vinella Santoro, Adam Romano, Dora Casavola Vinella, Elizabeth Vinella Romano (con Dusty el cocker spaniel), Fila delantera: Hilda Santoro con Bobby, Mimi Santoro con Ricky

Paul se sentía miserable en Tegucigalpa. Sus días en la oficina eran tensas, dado que había provocado que sus superiores quedaran mal con el Fondo Monetario y porque sabían que él quería dejar el banco. Por la noche y en los fines de semana, su casa estaba totalmente silenciosa. Caminaba de habitación en habitación con su perro Rox, buscando sin encontrar los sonidos de la vida familiar que Linda y los cuatro niños antes hacían. La soledad lo sacó de casa.

Visitaba la casa de Chito Kafie con frecuencia al terminar su día de trabajo. Chito y Nena vivían en un apartamento sobre su tienda de telas y su hogar estaba lleno de actividad, con cuatro niños y visitas diarias de amistades y colegas. Chito atrajo a un grupo energético de los principales pensadores del país: comerciantes, banqueros, ejecutivos empresariales y políticos. En una noche cualquiera uno se podía encontrar con el expresidente Juan Manuel Gálvez (quien originalmente había traído a Paul a Honduras, y que fue el padrino del hijo mayor de Chito, Schucry). También estaba el destacado empresario judío Boris Goldstein, y muchos de los principales comerciantes y empresarios de la comunidad palestina entre la cual Chito estaba adquiriendo cada vez más prominencia. En estas reuniones, Paul habló del potencial que veía en Honduras y animó a los líderes empresariales a empezar a fabricar productos básicos como papel, cajas de cartón, caramelos, azúcar, cuero, jabón, cosméticos y cemento. Les explicó a todos los que quisieran escuchar la teoría de la industrialización por sustitución de importaciones, mediante la cual los países en desarrollo podrían reducir su dependencia de países más desarrollados formando industrias nacionales. Paul les dijo que, ahora que Honduras contaba con un Banco Nacional de Fomento, estas nuevas empresas podrían obtener financiación y el gobierno podría apoyar aún más estas iniciativas imponiendo aranceles a las importaciones que competían con los productos locales.[lxvi]

Chito no estaba convencido con la idea de Paul de industrializar a Honduras. Era un comerciante de corazón, interesado en comprar y vender productos, y no en la manufactura. Tampoco estaba convencido de que el país necesitara tanto un banco central como un banco nacional de fomento porque le preocupaba la intervención excesiva del gobierno en los negocios. Paul respondió a esto que un país necesitaba una estructura financiera y monetaria moderna y le dijo a Chito que no se podría lanzar el mejor tipo de modelo económico sin que la industria tenga acceso a préstamos. Creía que el interés principal de cualquier gobierno, por muy pobre que fuera, era incentivar la industria y el sector primario de su economía, lo que incluía la agricultura, la pesca, la industria maderera, la caza y la minería. Con el tiempo, Chito cedió y aceptó invertir una cantidad modesta en nuevos proyectos para que otros siguieran su ejemplo. Boris Goldstein era un colaborador importante con Paul en el desarrollo de ideas para nuevos negocios e invirtió mucho en la industria hondureña. Boris vivía en San Pedro Sula, que se convirtió en el centro industrial del país en parte gracias a sus iniciativas.[lxvii]

Paul no quería molestar a la familia Kafie todas las noches, así que también iba a ver a Macky al salir de la oficina. Para entonces, ella había terminado sus estudios en Nueva York y volvió a trabajar para Paul en el Banco Central. Cuando sonaba el timbre en su casa después del trabajo, encontraba a Paul parado en la entrada.

—¿Qué quiere, doctor?

—Que te sientes conmigo.

Ella preparaba tragos para ambos, y se sentaban un rato, sin decir nada. Luego él se levantaba y se iba.[lxviii]

Los fines de semana Paul buscaba la compañía de sus vecinos en la colonia Lara. Era habitual que Paul entrara en la casa de alguien a la hora del cóctel, con un trago en la mano. La familia Bahr lo veía más que nadie. Ese verano le pidió a Eva y Enrique Bahr que invitaran a una mujer llamada Iris Ulargui a una fiesta que organizaban. Paul había conocido a Iris y a su entonces marido John Miceli, de la Standard Fruit Company en La Ceiba, durante su primer viaje a Honduras ocho años atrás. Miceli había fallecido en 1953, e Iris vivía ahora en Tegucigalpa.

Iris era hija de una costurera, Doña Augusta "Gusta", del pueblo portuario de Amapala. Gusta había tenido una relación con un hombre llamado Ulargui con quien tuvo a Iris y su hermano Oscar, y que un buen día dejó Honduras y a Gusta. La madre de Gusta también había tenido una breve relación con un comerciante alemán llamado Schönborn, quien también abandonó a su esposa y a su hija Gusta, y se regresó a Alemania. La historia se había repetido y, Gusta, al igual que su madre, era madre soltera. Juró no repetir el patrón una tercera vez con su única hija Iris.

Se trasladó con sus hijos a Tegucigalpa, donde se estableció como una excelente costurera. No tenían mucho dinero, pero Gusta siempre vestía a Iris a la última moda y con muy buen gusto. Iris no era hermosa, pero su madre se aseguraba de que fuera elegante y estaba decidida a que su hija se casara bien.

Iris hizo precisamente eso. Se casó primero con Félix Vaccaro, miembro de la poderosa y adinerada familia Vaccaro/D'Antoni de Nueva Orleans. Esta familia había creado un imperio en Honduras que incluía a la Standard Fruit Company, Cervecería Hondureña, la más grande del país, una empresa azucarera, y una participación mayoritaria en el Banco Atlántida. Iris y Vaccaro vivían en La Ceiba, la sede de la Standard Fruit y del Banco Atlántida. Él era veintiún años mayor que ella, y al poco tiempo de casarse, la pareja comenzó a discutir. Vaccaro empezó a pasar la mayor parte de su tiempo en Nueva Orleans, dejando a Iris en La Ceiba. Eventualmente se divorció de Iris, convirtiéndola en millonaria.[lxix]

Poco después del divorcio, Iris se casó con John Miceli, vicepresidente de la Standard Fruit Company, quien había trabajado para los hermanos Vaccaro en Honduras durante 50 años.[lxx] Al igual que Vaccaro, Miceli era mucho mayor que Iris, y llevaba varios años enfermo. Cuando murió menos de cinco años después de casarse, Iris era su única heredera. Se volvió una mujer más adinerada aún y entre los activos que le dejó Miceli había más de dos mil acciones del Banco Atlántida.

Tras la muerte de Miceli, Iris se mudó a Tegucigalpa. Vivió en la casa del Dr. José Mendoza, médico hondureño entrenado en Inglaterra, que había sido director del hospital D'Antoni en La Ceiba y durante muchos años, director del Banco Atlántida.[lxxi] Iris se había hecho amiga cercana de Mendoza y su esposa durante sus años en La Ceiba, y la recibieron afectuosamente en su hogar.[lxxii]

La noche de esa fiesta en la casa de los Bahr, y muchas otras noches, Paul e Iris bailaron hasta altas horas de la noche.[lxxiii] Se casaron poco después, en agosto de 1957.

La boda fue en Guatemala, probablemente porque Paul quería evitar la atención de la prensa hondureña. Él e Iris pasaron su luna de miel en Miami. Muchos quedaron impactados con la noticia, en especial la familia de Paul en Portland que no podía entenderlo. Macky, al enterarse de la noticia, dijo: «¿Qué? ¿Está casado con QUIÉN?». Años después me dijo que se habría sorprendido menos si él se hubiera casado con una barrendera.[lxxiv]

Paul y Iris Ulargui, 1957

Hubo problemas desde el principio, empezando por el conflicto entre sus personalidades. La edad y la riqueza de Iris le daban una arrogancia que para Paul era difícil de aceptar. Ella era completamente diferente a Linda, que era de carácter amable y siempre había permitido que Paul tomara las decisiones en su matrimonio.[lxxv]

Para Paul fue claramente una relación de rebote después de la muerte de Linda. No se había recuperado de la pérdida de su gran amor apenas ocho meses antes. Iris se mudó a la casa de Paul y se deshizo inmediatamente de todos los muebles que Paul y Linda habían comprado con gran cariño y esmero durante sus doce años de matrimonio. Iris tenía el dinero para rehacer la casa por completo, y borró cualquier recuerdo de Linda.[lxxvi]

Para Iris, este tercer matrimonio fue el primero en el que la motivación no fue el dinero. Sus dos primeros maridos eran bastante mayores cuando se casó con ellos, pero Paul era nueve años menor, y ella se sentía muy atraída por él. Irónicamente, Iris no podía quitarse la preocupación de que Paul se hubiera casado con ella por su dinero.[lxxvii] Probablemente fue uno de los motivos dado los reveses financieros que había sufrido Paul el año anterior.

Paul esperaba que su nueva esposa le ayudara a criar a sus hijos. Aunque Iris no tenía hijos propios, durante su breve cortejo le dijo a Paul que le atraía la idea de tener una familia instantánea. Paul trajo a Bobby y Ricky de vuelta de Portland justo después de la luna de miel. Hizo que John y Craig se quedaran con sus abuelos Reisman en Grand Rapids. Estaban a punto de empezar su primer año completo en la escuela primaria Stocking, y pensó que Iris debería conocer a dos de sus hijos antes de que le pidiera criar a los cuatro. Les prometió a sus hijos mayores que los traería a casa para Navidad.

Pero Iris no tenía idea en qué se estaba metiendo. Al comienzo, trataba a Ricky y Bobby como muñecos, vistiéndolos con ropa elegante. Pero los niños pequeños no pueden parecer ni comportarse como muñecos por mucho tiempo. Especialmente Ricky. Un día, decidió encender fósforos debajo de su cama, resultando en una escena que Iris no supo manejar.[lxxviii] No tardó en decidir que no quería criar niños pequeños. Puso a una de sus empleadas a cargo del cuidado de los niños. Al parecer, esta señora fue buena con ellos.[lxxix] Para aliviar algo del estrés que sentía Iris, ya que los niños corrían todo el día por su impecable casa, Paul los inscribió en un colegio preescolar, aun siendo Ricky un año menor de lo requerido.

Ese mismo mes, además de una nueva esposa, Paul consiguió un nuevo trabajo. Para 1957, el Banco Atlántida había trasladado su sede de La Ceiba al centro de Tegucigalpa. El presidente de la junta directiva era Carmelo D'Antoni, cofundador del banco, cuñado de los hermanos Vaccaro. D'Antoni había sido presidente de la junta directiva desde la fundación del banco por las familias Vaccaro y D'Antoni en 1913. El gerente general del banco era Félix Lloveras, a quien Paul conocía desde su primer viaje a Honduras en 1949. Tras la jubilación del subgerente general, el Dr. Emile Stousse, Lloveras contrató a Paul para el puesto. Paul se sintió aliviado al terminar su trabajo con el volátil gobierno hondureño y pasar al sector privado. Daba la casualidad de que el edificio del Banco Atlántida en Tegucigalpa era vecino al negocio y la casa de Chito Kafie. La relación entre Paul y Chito se consolidó aún más porque Chito era cliente del banco y ambos podían visitarse con frecuencia caminando unos pocos pasos.

Paul continuó enseñando Economía en la universidad y ahora donaba su salario a la Facultad de Economía. Ocasionalmente había huelgas en la universidad. Cuando eso ocurría, Paul les enseñaba a sus alumnos en su casa.

Paul se trajo a Johnny y Craig de vuelta a Tegucigalpa para una visita en Navidad. Era la primera vez que veían a su padre y a sus dos hermanos pequeños en un año. Estaban mucho más contentos con el cálido clima de Tegucigalpa que con el invierno de Michigan. Pero el clima dentro de la casa era frío. Meses luego de casarse, Iris y Paul bebían a menudo y discutían todo el tiempo.

Sus problemas venían de la diferencia entre sus antecedentes y de sus expectativas sobre el matrimonio. Iris había sido criada para ser princesa y más tarde se casó con dos hombres adinerados. Cuando se casó con Paul tenía 45 años y era financieramente independiente. No sentía la necesidad de complacer a su tercer marido.

Cuando los gritos se volvían demasiado fuertes, Paul enviaba a Bobby y Ricky al otro lado de la calle a la casa de los Bahr. Al principio, hacía que una empleada les preparara un maletín para pasar la noche. Más tarde, los niños simplemente recogían una gaveta llena de ropa y se iban. Bobby se refirió a 1958 como el "año de las gavetas". Las peleas no solo eran en casa. En la fiesta de Navidad de los Bahr ese año, Paul e Iris tuvieron una fuerte discusión en el comedor. Los niños Vinelli y Bahr, jugando en otra habitación, podían oír la caída de copas de cristal que se lanzaban.[lxxx]

Cuando Johnny y Craig regresaron a casa en el verano de 1958, le dijeron a Paul que no querían regresar a Michigan. Craig era el menos feliz de vivir con sus abuelos maternos. Ella y Otto no lo trataban tan bien como a Johnny, quizá porque Craig tenía la piel oscura como su padre y les recordaba a él. Paul reconoció que un año y medio era tiempo suficiente para que los Reisman se quedaran con los niños. Agradeció a los Reisman el cuidado que le habían dado a sus hijos y les informó de que Johnny y Craig no volverían. Luego consideró las opciones. Traerse a los dos niños de vuelta a Tegucigalpa no era buena idea, ya que Iris estuvo al borde de una crisis nerviosa durante los pocos meses que los cuatro niños estuvieron juntos en cas

Ese septiembre, Paul voló a Miami con Johnny y Craig para matricularlos en la Miami Military Academy en Florida. Este internado, para 300 alumnos de primero a duodécimo grado, atraía a estudiantes de Florida y América Latina. Su lema era: "Jóvenes de hoy, hombres de mañana". Para cuando los niños llegaron allí, la academia formaba parte del cuerpo de cadetes de defensa nacional, lo que significaba que entrenaban con fusiles M1 proporcionados por el ejército estadounidense.[lxxxi]

Johnny y Craig odiaron el lugar. Les decían cuándo comer, cuando dormir, y cuando estudiar. Hubo horas de marchas y simulacros y ninguna privacidad. A los estudiantes residentes de Florida a menudo se les permitía volver a casa los fines de semana, pero Johnny y Craig tenían que vivir en la academia los siete días de la semana.

En octubre, Paul llevó a Iris, Bobby y Ricky a Miami para visitar a sus hijos mayores.

John (11), Rick (4), Craig (9), y Bob (6) – Miami Military Academy 1958

Poco después de regresar a Tegucigalpa, Iris y Ricky sufrieron un accidente de auto serio en la avenida La Paz. Iris se rompió una pierna y Ricky un brazo. Como Iris tenía que guardar reposo y no tenía ganas de recibir a nadie por las fiestas navideñas, Paul envió a Johnny y Craig a la casa de sus abuelos Reisman en Grand Rapids esa Navidad.

9

TRES AÑOS, TRES ESPOSAS 1959-1961

El matrimonio de Paul e Iris duró menos de dos años. Había demasiadas diferencias en cómo cada uno quería llevar su vida. Lo que empeoraba las cosas era que la madre de Iris, Doña Gusta, quería que se separaran. No le gustaba que Paul fuera parte de la vida de Iris porque él supervisaba sus finanzas. Gusta quería mantener cierto control sobre el dinero de su hija.

Paul e Iris se divorciaron en julio de 1959. Solo había dos cosas que negociar. La primera era que Iris quería adoptar a Ricky, con quien había desarrollado una conexión. Paul se negó a separar a sus hijos. La segunda era la casa en la colonia Lara donde vivían, que Paul y Linda habían construido juntos. Iris quería comprar la casa. Paul aceptó porque necesitaba el dinero. Iris pagó por la casa en efectivo, contando grandes fajos de billetes. Permaneció en esa casa el resto de su vida. Cuando Iris murió, muchas décadas después, dejó la casa a la iglesia católica, lo cual era irónico porque había sido construida con tanto cuidado por Linda y Paul, ambos no creyentes.

Paul e Iris mantuvieron amistad porque los dos tenían relación con el Banco Atlántida, él como ejecutivo y ella como accionista.

Luego del divorcio, Paul siguió ayudando a Iris con sus inversiones. Muchos de los que los conocieron, atribuyen a Paul el haber multiplicado la riqueza de Iris varias veces. Tras el divorcio, Doña Gusta se mudó a vivir con Iris. Nunca dejó de preocuparse de que Paul fuera una amenaza al poder que ella ejercía sobre su hija. De vez en cuando, Paul enviaba una carta a la casa de Iris sobre algún asunto de negocios. Doña Gusta le instruyó a César, el antiguo jardinero de Paul que se había quedado trabajando con Iris, que interceptara cualquier carta de Paul y se la llevara. Años después, Iris descubriría cartas de Paul escondidas en libros por toda la casa.[lxxxii]

Paul alquiló una casa a una cuadra de la que le vendió a Iris. Era mucho más pequeña, pero aun así tenía un jardín grande para que los niños jugaran. En junio de 1959, Paul retiró a Johnny y Craig de la Miami Military Academy y se los trajo a Tegucigalpa para asistir en setiembre a la Escuela Americana en Tegucigalpa. El 1 de julio fue el duodécimo cumpleaños de Johnny. Paul organizó una gran fiesta, con caballos para que los niños montaran por el jardín. Los cuatro hermanos tenían mucho que celebrar; luego de casi tres años de separación, ellos y su padre estaban juntos de nuevo. Paul disfrutó el reencuentro tanto como sus hijos, los llevaba a partidos de béisbol y les cocinaba. Estaba saliendo de la nube de dolor por la pérdida de Linda; el matrimonio con Iris no fue más que una distracción. Se enfocó en sus hijos ese verano.

Su madre también tenía buenas noticias: ese verano, Dora, con 63 años, se volvió a casar. Su segundo marido, Angelo Bufano, era de su ciudad natal, Castellaneta, Italia. Él era dos años mayor y se habían conocido de niños. La primera esposa de Bufano, que había fallecido cuatro años antes, era Marietta, prima hermana de Dora. La familia

Casavola en Italia volvió a conectar a Bufano y Dora mediante cartas y, cuando él le propuso matrimonio, ella aceptó casarse con él y se mudó a Rochester, Nueva York. Este Angelo hizo muy feliz a Dora. Mucha gente comentó que fue una coincidencia que se casara con dos hombres llamados Angelo. Le gustaba responder que este marido era su "Angelo angelo", y que el primero había sido un "Angelo diavolo". Era un placer observar a la pareja: bailaban, reían y se comportaban como adolescentes enamorados a pesar de que ambos tenían más de 60 años.

A los 37 años, Paul se sentía demasiado joven para estar soltero, especialmente teniendo en cuenta el segundo matrimonio de su madre. Nunca fue de disfrutar de una noche a solas, buscaba oportunidades sociales en todas partes adonde iba. En la última semana de septiembre, Paul asistió a la reunión anual de la Junta de Gobernadores del Banco Mundial en Washington, D.C. Su amigo Gabriel Mejía, con quien había redactado el código fiscal hondureño en 1950, trabajaba en ese momento para el Fondo Monetario Internacional en Washington.[15] Una noche, Paul invitó a Gabriel y a su esposa Angelina a cenar. Ellos invitaron a la hermana de Gabriel, María Esther. Paul conocía a María Esther no solo porque era hermana de Gabriel, sino también porque era hermana de Valentina Mejía, su antigua alumna y colega del Banco Central.

María Esther era una exprofesora que estudió inglés en el Instituto Hondureño de Cultura Interamericana "IHCI". Vivía en la ciudad de Nueva York desde 1956, trabajando como secretaria en la Oficina de Transporte y Contabilidad de la Standard Fruit Company. Cuando

15. Mejía fue director general de la Agencia de Impuestos de Honduras de 1950 a 1956 y luego Secretario de Hacienda y Comercio de 1956 a 1957. También fue director del Banco de Fomento.

Gabriel la llamó para invitarla a cenar, ella tomó el tren de Nueva York a Washington.

Paul y María Esther disfrutaron de la compañía mutua y acabaron haciendo un viaje por Nueva Inglaterra. La relación era casual para ambos, ninguno pensaba a largo plazo.

Paul y María Esther Mejía, 1959

María Esther quedó embarazada en ese viaje. Cuando llamó a Paul en Tegucigalpa para informarle, acordaron que ninguno quería vivir juntos y hablaron sobre el apoyo de su futuro hijo. Su plan era casarse cuando naciera el niño para que el bebé fuera reconocido como de Paul. Permanecerían casados mientras negociaban un acuerdo de manutención infantil, negociado por su hermano Gabriel, y luego se divorciarían. Paul sugirió que se casaran y se divorciaran por poder en México para mantener su situación lo más privada posible.

Ella aceptó. María Esther no quería quedarse en Nueva York embarazada y soltera, así que aceptó una oferta de amigos cercanos en Los Ángeles para quedarse con ellos hasta el parto. El bebé se esperaba para julio de 1960.

Un día de abril de 1960, Paul caminó a la casa de su vecino Jim Cunningham, que era funcionario político de la embajada de Estados Unidos. Cuando entró por la puerta trasera, cerveza en mano, vio a una mujer atractiva de pelo castaño rojizo sentada en el sofá de la sala. Frances Smith era secretaria del Oficial de Economía de la Embajada de Estados Unidos. Estaba allí para hablar con el hijo de Jim, que quería su ayuda para redactar un boletín que planeaba escribir para el vecindario.

Paul había conocido a Fran el verano anterior, durante un atentado de golpe de estado. Fran vivía entonces en el Hotel Prado con otras secretarias de la embajada. El domingo 12 de julio de 1959, fuerzas lideradas por el coronel Armando Velásquez intentaron derrocar al gobierno del presidente Ramón Villeda.[lxxxiii]

Siendo domingo, Fran y unas amigas estaban tomando el sol en la terraza del último piso del hotel cuando vieron personal militar hondureño subir corriendo. Al principio, los hombres se sorprendieron al ver mujeres americanas en bikini allí arriba. Se recuperaron rápidamente y corrieron hasta el borde de la terraza, mirando abajo a la ciudad donde se desataba un alboroto en la cárcel municipal, a cinco cuadras del hotel. Le parecía gracioso a Fran que cada vez que un soldado subía o bajaba las gradas hacia la terraza, se detuviera y dijera «Permiso» a las que estaban tomando sol.

Eventualmente, los disturbios en la cárcel de la ciudad se volvieron violentos. Los presos incendiaron el edificio. La embajada contactó su personal en el Prado, ordenándoles que permanecieran dentro. Fran fue a su habitación y miró por la ventana para ver al ejército hondureño marchando prisioneros por la calle frente al hotel. Marchaban de tres en paralelo, con las manos en la cabeza.

La embajada les avisó a las secretarias que se prepararan porque los marinos estadounidenses venían a recogerlas. Cuando llegaron, a Fran y a las demás se les indicó que se acostaran en los asientos de atrás de sus vehículos mientras la caravana se dirigía a la embajada de los Estados Unidos, situada en la avenida La Paz. Cuando se acercaron al puente Guanacaste, fueron parados por la policía hondureña que les dijo que dieran la vuelta porque había combates por delante. Los marinos llevaron a las mujeres de vuelta al hotel y les dijeron que se quedaran en sus habitaciones con las puertas cerradas con llave. Varias horas después, los marinos regresaron y las llevaron a la embajada. La mayoría de los estadounidenses en Tegucigalpa habían sido reunidos allí por su seguridad. Este era el edificio más fortificado de Tegucigalpa.

Paul estaba en la embajada, formando parte de un grupo de ciudadanos estadounidenses a los que se les había pedido ayuda con la logística. Él y Fran se conocieron mientras se debatía dónde debían quedarse las secretarias esa noche. Se decidió que estarían más seguras en las casas de los oficiales de la embajada que en el hotel del centro debido a su proximidad a la cárcel. El vecino de Paul, Jim Cunningham, ofreció que Fran se quedara en su casa y su chofer los llevó allí a los dos. Jim la hizo entrar en la casa y le mostró dónde estaba la habitación de invitados, y luego se regresó a la embajada. Ella se quedó sola, porque la familia de Jim estaba en casa de amigos.

Paul regresó de la embajada a la casa que acababa de alquilar en la colonia Lara, al lado de la casa de Cunningham. Unas semanas antes, su divorcio con Iris se había finalizado. Su madre Dora y su segundo marido Angelo lo estaban visitando en su luna de miel. Paul les pidió permiso para invitar a Fran porque estaba sola. Ella pasó unas horas con Paul, sus padres y sus hijos antes de volver a la casa vecina.

Paul se encontró con Fran varias veces en fiestas durante los siguientes nueve meses. A ella le parecía un hombre bullicioso. Un sábado por la noche él entró al Club Reforma, donde Fran estaba cantando con la orquesta. Era alta y delgada, con ojos verdes. Su vestido de satín rojo tenía un lazo atado al cuello bajo su pelo corto, con los extremos del lazo cayendo por su espalda. Cuando Fran terminó de cantar, Paul se le acercó y jaló coquetamente de las cintas de satín que llevaba en la espalda. Ella lo ignoró.

El día de abril en que Paul fue a la casa de Jim, Fran les dijo a los hombres que había decidido dejar Honduras. Había vivido en Tegucigalpa por un año y concluyó que no era un lugar para una mujer soltera. Los hombres sugirieron que fuera con ellos a un viaje que un grupo de estadounidenses estaba planeando para la Semana Santa, que se acercaba. En Honduras se tomaban vacaciones escolares y de trabajo la semana entera previa al Domingo de Pascua. El grupo iba a alquilar un barco para ir de La Ceiba a Cayos Cochinos, un hermoso grupo de pequeñas islas y cayos frente a la costa norte de Honduras. Fran dijo que lo pensaría. Unos días después, Jim se acercó a Fran en la embajada y le preguntó si había decidido ir al paseo. Ella le dijo que no podía.

Su motivo para declinar era financiero. Varios meses antes, había viajado a la selva de la Mosquitia en Honduras con dos geólogos estadounidenses que buscaban la legendaria "Ciudad Blanca".[16] Fran los acompaño por aventura y también para buscar orquídeas exóticas. Durante ese viaje, conoció a una familia indígena que tenía muchos hijos. Uno de ellos, de seis años, conquistó su corazón, y su familia le pidió a Fran que lo adoptara. Ella estaba ahorrando dinero con la esperanza de poder seguir adelante con la adopción antes de regresar a los Estados Unidos.

Cuando Jim le contó a Paul lo que Fran había dicho, Paul respondió: «Dile que solo tiene que traer su traje de baño». Esa noche en el Hotel Prado, Fran le contó a su amiga Angelina la oferta del viaje. Angelina era una secretaria italoamericana que trabajaba para la oficina de la CIA en la embajada. Las mujeres analizaron dónde se encontraba Fran en su vida a los 35 años.

Ella nació en 1924 en una finca en Boonville, Misuri, en los Estados Unidos. Durante su niñez su familia era muy unida pero muy pobre, como era de esperar de una familia campesina con siete hijos durante la Gran Depresión. Cuando tenía dieciocho años, dejó su hogar para trabajar en la fábrica de North American Aviation en Kansas City, construyendo las góndolas de los aviones bombarderos B-25 Mitchell para el uso del ejército estadounidense en la Segunda Guerra Mundial. Fue una de las famosas "Rosie the Riveter" (Rosie la remachadora), que años después fueron muy reconocidas. Tras dos años de este trabajo, se mudó a California, con la esperanza de convertirse en cantante. Vivió en San Francisco y en Los Ángeles durante un total de quince años. Lo más cerca que estuvo de su sueño de ser cantante fue trabajar como secretaria de una pequeña compañía de producción discográfica.

16. No encontraron la ciudad en la selva densa. Fue descubierta 55 años después, en 2015.

A sus treinta y tantos años ya era considerada una solterona. Había renunciado a la idea de casarse. Impulsivamente le solicitó al Departamento de Estado de los Estados Unidos un puesto como secretaria en cualquier embajada del mundo. Pensó que sería una manera de poder viajar, ya que no tenía dinero para hacerlo. Cuando el reclutador vino a Los Ángeles para entrevistarla, dijo que había un puesto de secretaria vacante en la embajada en Tegucigalpa, Honduras.

—¡Oh!—exclamó Fran—. ¿Has oído hablar de ella? —preguntó el reclutador.

—Sí —dijo ella—. Las Andrews Sisters tenían una canción llamada *Tegucigalpa, Honduras.*

Sabiendo solo eso del pequeño país centroamericano, se mudó.

Mientras Fran y Angelina hablaban, Fran concluyó que su deseo de conocer nuevos lugares era la razón por la cual estaba en Honduras. Antes de irse, bien podría aceptar un viaje gratis a las hermosas playas caribeñas de la costa norte; sería su única oportunidad de verlas. Decidió que haría este viaje, seguiría adelante con la adopción, y luego volvería a los Estados Unidos.

Cuando llegó la Semana Santa, Fran empacó su traje de baño y se unió a Paul, Jim y el grupo de la embajada para explorar las cálidas aguas caribeñas de Cayos Cochinos. En ese hermoso ambiente, se encendió una chispa entre ella y Paul. Sus pensamientos de irse de Honduras se esfumaron. Ella y Paul empezaron a salir, pero no en público. Nadie fuera de la familia de María Esther sabía del embarazo, ni tampoco Fran. Ella pensaba que la razón por la que Paul mantenía su relación en secreto se debía a que Paul se había divorciado de Iris hacía menos de un año.

El 3 de julio de 1960, María Esther dio a luz a Elizabeth, la quinta descendiente de Paul, en Los Ángeles, California. El 11 de julio, Paul voló a la ciudad de México para contraer matrimonio vía poder en una oficina de abogados, tal y como María Esther y él habían acordado. Paul invitó a Fran a acompañarlo en este viaje, que ella pensó era por asuntos bancarios.

Poco después de que Paul y Fran regresaran de México, se sorprendieron con el anuncio del nacimiento de Elizabeth en un periódico en Tegucigalpa. Había sido publicado por Martha Luz, hermana de María Esther, y reveló que Paul era el padre. De esta manera, Fran y el resto de Tegucigalpa descubrieron la relación de Paul con María Esther y de su hija recién nacida. Paul le explicó la situación a Fran, y ella fue comprensiva. Estuvo de acuerdo en que necesitaban mantener su relación en secreto hasta que Paul y María Esther negociaran el acuerdo de manutención y se divorciaran.

John y Craig solo llevaban un año viviendo en Tegucigalpa cuando Paul decidió que debían volver a estudiar en los Estados Unidos. Posiblemente su experiencia con Iris le había enseñado lo difícil que podía ser para una esposa estar casada con un hombre que ya tenía cuarto hijos, y no quería arriesgar la relación con Fran. Envió a John de vuelta a Grand Rapids, donde los Reisman lo recibieron encantados y lo matricularon en el noveno grado. Craig fue enviado a The Choate School, un internado en Connecticut solo para muchachos, para empezar el séptimo grado.

Ricky empezó el jardín infantil en la Escuela Americana ese año. Odió ser alumno desde el primer día que entró a la escuela. Más tarde se sabría que probablemente tenía dislexia, pero en Honduras en 1960 no se evaluaba a los estudiantes para problemas de aprendizaje. Ricky odió la estructura que tenía en el colegio. Una vez me dijo: «Pensé que, si no estudiaba, papá me sacaría del colegio. Solo mucho después entendí que es difícil aplazar el kínder».

Algunas noches, Fran visitaba a Paul, Bobby y Ricky luego de terminar de trabajar en la embajada. Una noche, Paul y ella entraron a la sala donde Bobby jugaba en el suelo frente al sofá y Bobby, que era un niño tranquilo y serio, se levantó obedientemente para saludar a Fran como es habitual en Honduras, dándole un beso en la mejilla. Luego se sentó de nuevo en el suelo y, sin decir nada, siguió con lo que estaba haciendo. Paul entró a la cocina para preparar tragos. Bobby sorprendió a Fran cuando de repente saltó del suelo y se sentó sobre sus piernas. La abrazó con fuerza, sin decir una palabra. Fran estaba encantada y no movió ni un músculo, queriendo que el momento no terminara. —¿Y esto qué es, amor? —dijo Paul al entrar. —Eso espero, porque lo quiero —respondió Fran.

En abril de 1961, se terminó la asignación de dos años de Fran en la embajada. Renunció al servicio exterior y se pasó a vivir con Paul y los niños. Todavía no salían en público, porque él seguía casado con María Esther, que se había mudado otra vez a Nueva York con su pequeña Liz. En julio los acuerdos financieros se completaron y el 29 de julio de 1961, Paul voló otra vez a Ciudad de México para formalizar su divorcio. María Esther volvió a dar su consentimiento por poder.

Paul y Frances Smith, 1961

La semana siguiente, Paul llevó a Fran a Washington D.C. y se casaron el 7 de agosto. El juez que ofició la boda preguntó: «Frances Smith de Boonville, Misuri y Paul Vinelli de Nápoles, Italia, ¿cómo se conocieron?». Respondieron: «¡Tegucigalpa, Honduras!» Fran le pidió a Paul un anillo de oro, como el que usaba su madre. De Washington se fueron a Nueva York y se alojaron en el Hotel Waldorf Astoria. Era un viaje de negocios que también fue su luna de miel.

Fran era la cuarta esposa de Paul y la tercera en un periodo de tres años. Claramente prefería estar casado que estar soltero, pero a estas alturas de su vida no le entusiasmaba la idea de una boda. Durante su "luna de miel" en Nueva York, mientras él asistía a una reunión bancaria, Paul envió a Fran a que se comprara su regalo de boda, una estola de visón.

10

FAMILIA Y AMISTADES: UNA RED ENREDADA 1961-1975

Fran se había sentido en una situación insegura desde que ella y Paul empezaron a salir. Habían mantenido su relación en secreto durante los primeros dieciséis meses, debido al embarazo de María Esther. Ahora que estaban casados, Fran esperaba que por fin la conocieran y la trataran como la esposa de Paul. Pero algunas de las amigas más cercanas de Paul, como Eva Bahr y Macky Salinas, demostraron frialdad hacia ella. Habían sido amigas de Linda y habían visto a Paul casarse y divorciarse dos veces en el poco tiempo desde que Linda murió. Probablemente no tenían muchas esperanzas de que el matrimonio con Fran durara. También sentían la necesidad de proteger a los niños Vinelli porque los habían cuidado durante la enfermedad de Linda y después de su muerte. Para aumentar la tensión Iris, que vivía muy cerca en la antigua casa de Paul, se había convertido en amiga cercana de Eva Bahr, que vivía enfrente. A Fran le resultaba muy difícil vivir en la colonia Lara al lado de estas mujeres y de los recuerdos de la historia de Paul con Linda.

Poco después de que Paul y ella se casaran, Fran descubrió que estaba embarazada. Estaba encantada, porque siempre había querido un hijo y había empezado a pensar que era demasiado mayor para que eso ocurriera. Paul, que ya tenía cinco hijos, estaba menos entusiasmado. Poco después, Fran sufrió una pérdida del embarazo.

Fran se había enamorado de Paul a pesar de su resistencia inicial hacia él. Ella había tenido relaciones serias antes, e incluso se había comprometido dos veces, pero Paul fue el primer hombre con el que se casó y con quien sintió un compromiso total. Se imaginaba desarrollando un romance de por vida con su marido. Paul solo quería compañía y ayuda para criar a sus hijos, no tenía ningún deseo de enamorarse. De hecho, durante todo su matrimonio nunca le dijo a Fran que la amaba. No hablaba con ella de sus sentimientos, ni compartía su pasado, ni siquiera hablaba de su trabajo. Su relación era muy superficial, hablaban de las noticias y de las necesidades de los hijos, y socializaban.

Otro desafío para su relación era que Ricky, que ahora tenía ocho años, no se llevaba bien con Fran. Había creado un vínculo con Eva e Iris. Ricky se resistió a los intentos de Fran de hacerse su amiga. Cuando Paul viajaba por negocios, Ricky le suplicaba a su padre que no le obligara a quedarse con su madrastra. En muchas ocasiones, Paul permitió que Ricky y Bobby se quedaran en casa de los Bahr.[lxxxiv] Esto causó aún más tensión en la relación entre Fran y la familia Bahr.

Paul había desarrollado amistades con personas de todos los sectores de Tegucigalpa. Con el tiempo, se involucró en muchas organizaciones comunitarias y benéficas. A principios de 1961 ejercía como presidente del directorio de la Escuela Americana de Tegucigalpa. Todos sus hijos habían asistido a la escuela, aunque para entonces solo Bobby y Ricky estaban matriculados; John y Craig estudiaban en los Estados Unidos. Años antes, la junta directiva de la escuela había decidido que la Escuela Americana necesitaba instalaciones más grandes y que debía alejarse del centro, el cual se había vuelto muy congestionado por el tráfico. El jefe de Paul en el Banco Atlántida, Félix Lloveras, vivía en un vecindario que se llama Las Lomas del Guijarro, situado en una colina. Lloveras era dueño de otros terrenos cerca de su casa. Acordó vender uno grande, a buen precio, a la Escuela Americana para que construyeran su nuevo local.

La ceremonia de colocación de la primera piedra de la nueva Escuela Americana, el 6 de marzo de 1961, contó con la presencia del presidente de Honduras Ramón Villeda Morales, el embajador estadounidense Charles Burrows, y otros representantes del gobierno hondureño y de la embajada estadounidense. En sus discursos elogiaron la colaboración entre el gobierno hondureño y el estadounidense para hacer posible la construcción de la escuela. Paul habló de la importancia de una educación sólida y bilingüe para los niños hondureños.[lxxxv] La Escuela Americana de Tegucigalpa se convirtió en la mejor escuela de la ciudad, y su ubicación en la cima de la colina Las Lomas era envidiable.

A principios de 1962, con 37 años, Fran supo que estaba embarazada de nuevo. Convenció a Paul para que se mudaran de la colonia Lara. Paul alquiló una casa de dos pisos en la colonia Palmira. La casa tenía un gran jardín lleno de eucaliptos. Fran empezó a preparar un cuarto para su bebé, que debía nacer en noviembre.

Junto a su casa en Palmira vivía una familia italiana, los Faldo. Pasquale, el padre, se hizo amigo de Paul rápidamente porque ambos eran de Nápoles. La comunidad italiana de Tegucigalpa se reunía en la casa de Pasquale para grandes fiestas.[lxxxvi] Pasquale y su cuñado

Salvatore De Rosa eran propietarios del Restaurante Roma en el centro. En los años 60 era uno de los pocos restaurantes en Tegucigalpa. Al poco tiempo, Paul, Fran y los niños iban a comer allí casi todos los fines de semana. Cuando la familia entraba, los trataban como si estuvieran en su casa. Cuando los niños se aburrían, la familia Faldo/ De Rosa los invitaba a sentarse en un banquito en la cocina y poner pepperoni en las pizzas para que Paul y Fran pudieran disfrutar más tiempo con su comida.

En abril de 1962, nueve meses luego de su divorcio de Paul, María Esther se mudó de Nueva York a Tegucigalpa con su hija Liz, de dos años. Vino a ayudar a cuidar de su hermana Valentina, que estaba muy enferma. María Esther consiguió un trabajo como secretaria comercial en el Banco de Honduras, y ella y Liz se fueron a vivir con sus hermanas Valentina y Martha Luz.

El regreso de María Esther a Tegucigalpa no tuvo nada que ver con Paul, pero su llegada puso nerviosa a Fran. La posibilidad de encontrarse con Iris en fiestas ya la ponía tensa, y ahora otra esposa previa de Paul estaba en Tegucigalpa, donde la sociedad estaba conformada por un círculo pequeño de personas. Como Paul era cercano a los hermanos de María Esther, Gabriel y Valentina, Fran sabía que ahora vería a María Esther y conocería a su hija. Quizás eran las hormonas del embarazo, pero Fran casi se volvió paranoica anticipando lo que podría pasar.

Ese verano, cuando John y Craig volvieron del colegio, Fran empezó a conocerlos. John tenía la mente inquisitiva y distraída de un científico; a menudo soñaba despierto sobre construir un cohete. Un día Fran lo envió a la tienda a comprar huevos. En aquellos días, los huevos se vendían por unidad y se ponían en una bolsa de papel.

Cuando volvió y ella abrió la puerta, dijo: «¡Oh, John!» Había estado sujetando la bolsa demasiado fuerte y los huevos goteaban desde su camiseta hasta los jeans. No se había dado cuenta. «¡Oh, John!» se volvió algo habitual. Su mente se movía más rápido de lo que su cuerpo podía reaccionar. Cuando ponía un vaso sobre una mesa, todos se lanzaban a agarrar el vaso, porque él lo soltaba antes de que el vaso llegara a la mesa.

Craig era el encantador, tenía una personalidad divertida, que llenaba una habitación. Fran se lo mencionó a Paul una vez, y él respondió: «¿Pero sabes quién es el más inseguro?» Más tarde, cuando Craig creció y a menudo lo comparaban con su padre, Fran se dio cuenta de que ambos compartían ese rasgo de inseguridad. Eso fue lo que impulsó a Paul a triunfar.

Los domingos, Paul y Fran ponían a los cuatro niños en el asiento de atrás de su Chevrolet Caprice y subían la montaña hacia la casa de fin de semana de sus amigos Chito y Nena Kafie. La casa quedaba en un vecindario llamado El Hatillo, en lo alto de las montañas con vistas a Tegucigalpa. Para llegar se requería un viaje de 30 minutos por una angosta y serpenteante carretera montañosa con un precipicio al lado. La extensa propiedad de los Kafie estaba salpicada de pinos. Se oía y olía la brisa siempre presente que soplaba entre las ramas. La temperatura era mucho más fresca que en la ciudad. Los invitados se congregaban en mesas en el patio y el jardín y se quedaban desde el almuerzo hasta bien entrada la noche, cuando una vista panorámica de Tegucigalpa con sus luces titilantes se abría bajo ellos.

Los cuatro niños Vinelli y los cuatro niños Kafie jugaban por todo el terreno. Había una cancha de baloncesto y unos tigrillos enjaulados que fascinaban a los niños. Un sábado, Ricky, el más joven de todos los chicos del grupo, se enojó y montó un berrinche. Paul recogió a Ricky con calma, lo cargó hacia el carro y lo encerró dentro. Ricky gritaba, con la cara roja, y las mujeres en el almuerzo le suplicaban a Paul que lo dejara salir. No lo hizo hasta que Ricky se calmó.[lxxxvii] Este era el estilo de crianza de Paul, firme y tranquilo. Una mirada severa de él solía ser suficiente para detener cualquier mal comportamiento. Un par de veces hubo una regañada, que Ricky llamaba sermones.

Yo nací el 28 de noviembre de 1962. Mamá quería llamarme Angelina, en honor a su amiga de la embajada que para entonces había muerto de cáncer. Papá no quería que la gente pensara que me llamaron así por su padre y padrastro, ambos llamados Angelo. Le dijo a mamá que mi segundo nombre podría ser Angelina y eligió Gigi como mi primer nombre.

Poco después de que yo naciera, papá planeó un viaje a Italia con su amigo Bishara Kawas. Planeaba mostrarle a mamá, Bishara y a su esposa Mary las ciudades de Nápoles y Salerno donde él había crecido. El momento culminante del viaje sería un crucero de ocho días regresando de Nápoles a Nueva York en el nuevo barco transatlántico *Leonardo da Vinci*. En aquellos días, se podía tardar días en enviar un mensaje desde Honduras a un barco en el Atlántico. A mamá le empezó a doler el estómago el día que papá mencionó el viaje. Ella no quería dejarme en Honduras con sus empleadas. Para aliviar sus preocupaciones, papá le pidió a su hermana Elizabeth en Portland, Maine que me cuidara mientras ellos estaban en Europa. Cuando tenía tres meses, volé con papá y mamá a Portland antes de que ellos se fueran a Italia. La Tía Elizabeth era una niñera entusiasta. Era una costurera muy hábil e incluso había hecho una cuna muy ornamentada para el breve tiempo que pasé con ella.

Cuando regresamos a Honduras, mamá me dedicó la mayoría de su atención, ya que era una bebé pequeña, su primera hija, y le había hecho mucha falta durante su viaje. Ricky se sentía ignorado y, para llamar la atención, se peleaba con mamá. Papá tenía poca paciencia con las quejas que ambos le hacían cuando llegaba del trabajo.

Como Ricky se había unido a nuestra abuela Dora tras la muerte de Linda, Paul decidió enviarlo a vivir con Dora y Angelo en Rochester, Nueva York. Bobby y yo seríamos los únicos dos niños en casa ese año. En septiembre de 1963, Paul envió a Ricky, de diez años, al clima mucho más frío de Rochester. Dora y Angelo lo matricularon en quinto grado en la escuela de cadetes Nazareth Hall. Las profesoras en la escuela eran monjas católicas que vestían hábitos completos; los alumnos usaban uniformes militares. Cada miércoles, un sargento presidía los ejercicios militares: marchas y formación de pie. Nazareth Hall requería que los estudiantes asistieran a la misa dominical. Ricky nunca había asistido a ninguna iglesia. Dora tampoco iba a misa, y argumentaba que tenía que preparar la gran comida familiar del domingo, así que le pedía a Angelo que llevara a Ricky a la iglesia. El anciano y el niño se sentaban en un banco en la parte trasera de la iglesia donde Angelo se pasaba el tiempo completo contando historias. Más tarde, cuando las monjas le preguntaban a Ricky si había asistido a misa, él decía que sí. Cuando le preguntaban de qué hablaba el sacerdote, admitía: «¡No lo sé!»

Ricky, Nazareth Hall Cadet School, Rochester Nueva York

En Tegucigalpa, los hondureños se preparaban para las elecciones presidenciales previstas para el 13 de octubre de 1963. Una mañana, diez días antes, Paul y Fran se despertaron con el sonido de disparos. El ejército hondureño había atacado a la Guardia Civil mientras dormían. Esta unidad especial había sido creada por el presidente Ramón Villeda Morales para protegerlo tras el intento de golpe de estado de 1959. El ataque sorpresa fue exitoso: ese mismo día el ejército logró reemplazar al presidente por el coronel Oswaldo López Arellano. Esta toma de poder inició casi dos décadas de gobierno militar en Honduras.[lxxxviii]

Paul ya no trabajaba para el gobierno hondureño, pero los funcionarios del gobierno seguían pidiéndole consejos. En abril de 1964, asistió a la reunión de presidentes de los Bancos Centrales en Antigua, Guatemala, como asesor del presidente del Banco Central de Honduras. Ese mismo mes representó al gobierno en la reunión inaugural del Consejo Monetario Centroamericano, celebrada en San Salvador. Poco después, el Ministerio de Finanzas de Honduras lo nombró para un consejo que debía revisar las leyes fiscales del país que él había ayudado a redactar quince años atrás.

Paul se había enamorado de Honduras y de su potencial. También tenía una ambiciosa visión para el Banco Atlántida, que hasta los años 50 existió únicamente para el negocio de la Standard Fruit Company. Paul sabía que todo el país necesitaba acceso a servicios bancarios para que la economía hondureña creciera. Vio oportunidad en todo el país y continuó incentivando la nueva industria. Lanzó una gran campaña de expansión para el banco, abriendo sucursales por todo Honduras. Así, Paul se convirtió en uno de los principales desarrolladores de proyectos para el sector privado en Honduras.[lxxxix] Su planteamiento del desarrollo se convirtió más tarde en el lema que creó para el Banco Atlántida: "Hechos y no palabras".[xc]

También realizó cambios importantes dentro del banco. Mejoró tanto los planes de salud como los de jubilación. El 25 de septiembre de 1964 Paul creó la Unión de Inversionistas. Este era un fondo que otorgaba participación en la propiedad del banco a empleados con cierta antigüedad.[xci]

Para el otoño de 1966, John, Craig y Bob estudiaban en los Estados Unidos. John estaba en la Universidad de Michigan, Craig en la Universidad de Pensilvania, y Bob en Choate, en Connecticut.

Paul los traía a casa en Tegucigalpa durante los veranos y en la Navidad. Ricky había regresado ese verano de vivir con su abuela en Nueva York. Sus notas en Nazareth Hall habían sido malas, por lo que se le recomendó repetir sexto grado. Paul le preguntó si quería volver a la Escuela Americana y Ricky dijo que no, porque sabía que sus antiguos compañeros pasarían a séptimo grado. Paul lo matriculó en una escuela de educación en inglés llamada Academia Los Pinares. Era dirigida por menonitas estadounidenses, y quedaba en lo alto de las montañas sobre Tegucigalpa.

La hermana de María Esther, Valentina, se había recuperado de sus problemas de salud. Las tres hermanas Mejía y la niña Liz, de seis años, disfrutaban de vivir juntas y María Esther había decidido quedarse en Tegucigalpa. Estaba a punto de ser nombrada directora de un instituto de lengua inglesa llamado IHCI (Instituto Hondureño de Cultura Interamericana). Antes de aceptar el puesto, viajó a Nueva York para un chequeo médico rutinario. Liz se quedó en Tegucigalpa con sus tías. Durante su chequeo, el médico de María Esther recomendó un pequeño procedimiento quirúrgico, que tuvo lugar el 26 de octubre de 1966. Nadie podría haber previsto que ese día moriría de un embolismo pulmonar. Tenía 46 años.

Paul tenía ahora cinco hijos que habían perdido a su madre. Las tías de Liz insistieron en que ella siguiera viviendo con ellas.[17] Paul aceptó porque Liz estaba muy bien cuidada y eso haría las cosas más fáciles con Fran. Sin embargo, empezó a visitar a Liz con más

17. Esta fue la segunda generación de mujeres Mejía que vivieron la misma historia. Cuando María Esther tenía siete años, su madre también murió durante una cirugía. María Esther, Valentina, Martha Luz y sus cuatro hermanos fueron criados por dos tías, igual que Liz más tarde.

frecuencia, llevando a menudo a sus cuatro hijos. Ni a Liz ni a mí nos hablaron de la existencia de la otra hermana, aunque solo teníamos dos años de diferencia.

María Esther Mejía y Liz Vinelli, 1966

En 1966 se aprobó el proyecto para construir un hotel en Tegucigalpa que sería el más lujoso de la ciudad; se llamaría el Hotel Honduras Maya. El terreno escogido quedaba al frente de nuestra casa en la colonia Palmira, y Paul sabía que el ruido de la obra sería terrible. Años antes le había comprado una propiedad a Félix Lloveras en el vecindario de Las Lomas del Guijarro. Paul decidió que este era el momento para construir la casa de sus sueños.

Paul tenía una visión muy concreta de lo que quería, como si llevara años construyendo la casa en su mente, y contrató a Mario Valenzuela, el mismo arquitecto que había diseñado el Hotel Honduras Maya. Paul estaba involucrado en cada detalle, y en ningún momento pidió la opinión de Fran. Siempre le había atraído la arquitectura limpia y moderna, y esta casa sería un ejemplo impresionante de ese estilo, más dramática que cualquier otra casa construida en Honduras. La propiedad estaba situada sobre un cerro empinado. Antes de que pudiera comenzar la construcción, se necesitaron grandes cantidades de tierra de relleno para construir cinco niveles diferentes. Paul puso a Ricky, de trece años, a cargo de un proyecto para asegurar de que le cobraran a Paul correctamente. Ricky se sentó en la colina con un casco y un portapapeles en la mano, contando el número de camiones que venían a entregar tierra de llenado. Fueron más de 300 camiones de tierra.

En 1967, mamá empezó a hablar con papá sobre tener un segundo hijo. Él se resistió. Seis hijos ya eran una responsabilidad financiera suficiente, especialmente porque los tres mayores estudiaban en colegios caros en los Estados Unidos y necesitaban un pasaje de avión para volver a casa dos veces al año. Mamá le suplicó, argumentando que Ricky era nueve años mayor que yo, así que yo no tenía un hermano que me hiciera compañía. Ella seguía negándose a que yo supiera que tenía una hermana. Papá cedió. En junio de ese año, mamá y yo fuimos a Misuri a visitar a su familia. Fue allí donde se dio cuenta de que estaba embarazada; estaba muy emocionada y quería tener otra niña.

Ese verano, papá y mamá estaban sentados frente al bar de su casa en Palmira cuando su amigo napolitano Salvatore de la Rosa llegó.

Le dijeron que estaban pensando en nombres para el bebé. Para una niña, les gustaba el nombre Mia. En 1967, la actriz Mia Farrow figuraba en las noticias por su aventura amorosa y matrimonio con el famoso y mucho mayor cantante, Frank Sinatra. Don Salvatore no aprobaba que una niña estuviera asociada con una actriz tan controversial. Le dijo a mamá: «Oh no, señora, llámala María Pia, como la princesa napolitana». A mis padres les gustó el nombre Pia.

La casa de Las Lomas estuvo lista para que nos mudáramos en diciembre de 1967. Estaba construida sobre una colina de cinco niveles en el centro de la cuenca de montañas que rodeaba Tegucigalpa, lo que le ofrecía una vista extraordinaria. El centro de la casa era una sala ultramoderna con forma de pelota de fútbol americano. La sala medía veinticuatro metros de largo y once metros de ancho, con una hilera de ventanas de catorce metros y dos ventanas adicionales de dos metros de ancho en cada extremo para aprovechar al máximo la vista. La sala tenía suelos de azulejos blancos y una chimenea alta de mármol beige. En el primer piso había una sala de juegos casi igual de grande. Tenía paredes de madera, suelos de azulejos españoles rojos y blancos, y una chimenea de piedra de pizarra negra.

A los extremos de la sala principal se extendían dos alas. Una era para los dormitorios, la otra para el comedor, la cocina, los cuartos de las empleadas y el patio de la lavandería. Estas dos alas terminaban en la colina, creando un gran patio central. El padrastro de Paul, Angelo Bufano, era hábil para trabajar la piedra y vino desde Rochester, Nueva York, para construir un enorme muro de piedra a lo largo de la ladera del patio. En el centro de ese muro había una cascada. En una esquina del patio había un invernadero para la colección de orquídeas de Fran.

Justo después de mudarse, Paul y Fran organizaron una fiesta navideña memorable. Vinieron quinientos invitados, entre ellos contactos de negocios, de banca y de círculos diplomáticos. Auto tras auto pasó por los dos altos portones de hierro y bajaba por el largo camino de entrada hasta llegar a la casa grande. Pronto había tantos conductores esperando junto a los autos de sus dueños que parecía que había una segunda fiesta afuera en el estacionamiento. Los invitados salían de sus autos al pie de una larga escalera de piedra y se acercaban a las puertas dobles donde Paul y Fran, ella embarazada de ocho meses y vestida con un caftán colorido, los recibían. Adentro, la orquesta de Toño Medina tocaba música de baile en un extremo de la sala. El otro extremo estaba anclado por un bar de seis metros atendido por un equipo de meseros. La mesa del comedor estaba llena de fuentes con boquitas. Meseros en trajes negros con corbatín circularon toda la noche, pasando bandejas con bebidas y comida. Los muebles de la sala se habían arrimado contra las paredes para abrir espacio para los invitados. A los hondureños les encanta bailar, y el piso de azulejos era una pista de baile perfecta. Ya entrada la noche, Fran tomó el micrófono y cantó "Dejé mi corazón en San Francisco". La fiesta duró hasta el amanecer.

Pia Vinelli, la séptima descendiente de Paul, nació un mes después, el 23 de enero de 1968. Paul tenía 45 años, y Fran 43. Fran tuvo un parto difícil que acabó en una histerectomía. Para Paul, esto fue un alivio. No tener más hijos le parecía una buena idea.

Cuando nació Pia, nuestra hermana Liz tenía siete años y estudiaba en segundo de primaria en la Escuela Americana. Una mañana, en el autobús hacia el colegio, su profesora de español, la señora Erazo, se sentó a su lado y le dijo: «¡Felicidades por tu nueva hermanita, tú y Gigi deben de estar muy felices!» Fue la primera vez que Liz supo que tenía hermanas.

Rick, Craig, Paul, John y Bob Vinelli en la fiesta navideña

Ese septiembre empecé primero de primaria. Mamá y papá me enviaron a la Academia Los Pinares, el colegio menonita en las montañas donde Ricky asistía a la secundaria. Ricky tuvo sus razones para elegir Los Pinares cuando regresó de Nueva York, pero a nuestros amigos les pareció extraño que mis padres me enviaran a un lugar tan lejano cuando la Escuela Americana quedaba a cinco minutos de nuestra nueva casa. Estaba tan cerca que mamá podía oír a los niños jugando en el patio del colegio, y a menudo pensaba en Liz jugando allí.

Papá había estado tan involucrado con la junta directiva de la Escuela Americana que casi todos los que conocíamos enviaban a sus hijos allí. Cuando les preguntaban sobre esa decisión, mis padres les contestaban a todos que yo quería ir al colegio donde iba mi hermano mayor. La verdadera razón por la que me enviaron a Los Pinares fue que mi madre no quería que me encontrara con Liz en la

Escuela Americana. Éramos los únicos Vinelli en Honduras, así que no habría tardado mucho en que alguien me la señalara. Es increíble lo exitosa que fue esta separación. Tenía doce años cuando supe que tenía una hermana mayor.

Rick y yo coincidimos en Los Pinares solo por dos años antes de que él tuviera que cambiar de colegio porque la escuela menonita solo llegaba hasta el noveno grado. Cuando Rick entró a décimo grado en la Escuela Americana, les pregunté a mis padres si podía asistir yo también. Estaba cansada del viaje en autobús de 45 minutos, por carreteras sinuosas, especialmente bajo el sol de la tarde; me mareaba todos los días. La respuesta fue, no, sin dar explicación.

Paul no solo tenía la preocupación por pagar la educación de sus hijos varones. Ellos eran ciudadanos estadounidenses y la Guerra de Vietnam estaba en proceso. En febrero de 1970, Craig, con veintiún años, fue reclutado por el Ejército de los Estados Unidos tras terminar la universidad. Finalizó el entrenamiento básico y completó doce semanas en la Escuela de Candidatos a Oficiales, luego de lo cual fue nombrado subteniente. Craig nos visitó en Tegucigalpa antes de partir hacia Vietnam. Cuando terminó su visita, toda la familia fue al aeropuerto de Toncontín para despedirnos previo a su largo viaje a Chu Lai, Vietnam. Esa despedida fue la primera vez que vi llorar a papá. Fue un alivio enorme cuando llegó la primera carta de Craig semanas después. No fue asignado al combate, sino que fue nombrado intendente en el ejército. Su responsabilidad era la gestión y distribución de suministros para los soldados en el campo. El trabajo encajaba perfectamente con la personalidad extrovertida de Craig. Mi hermano estuvo en Vietnam por tres años.

La política de puertas abiertas de Paul y su preocupación por el bienestar de Honduras lo llevaron a algunas amistades inusuales. A pesar de no tener creencias religiosas, se acercó a muchos miembros del clero porque le importaba el trabajo que realizaban con los pobres en Honduras. Ya que en aquellos tiempos la gran mayoría de los hondureños eran católicos, conocía a sacerdotes y monjas. No era raro que un sacerdote lo visitara en su oficina o viniera a la casa un fin de semana para comer. Paul hizo donaciones personales y a través del banco a muchas de sus causas, incluso para apoyar la educación de seminaristas que estudiaban para ser sacerdotes católicos.

Entre esta comunidad, el amigo más cercano de Paul era el padre James McShane, un sacerdote jesuita irlandés asignado a trabajar en un pueblo hondureño llamado El Progreso. El padre McShane era graduado de la Facultad de Derecho de Harvard y varias veces al año, cuando visitaba Tegucigalpa, se hospedaba en nuestra casa. Tenía una voz muy linda y le encantaban los musicales. Cada vez que me veía, se ponía a cantar la canción "Gigi", del musical de ese nombre de 1962. Mis conversaciones con el padre McShane sobre Dios fueron una de las principales razones por las que luego quise bautizarme. No recuerdo haber hablado con él de por qué mis padres no iban a la iglesia ni por qué papá no quería bautizarnos, pero creo que él y papá hablaron del tema. Sé que las creencias de papá no dañaron la relación que tuvieron por décadas.

Papá me dijo que no le impondría creencias religiosas a nadie, como a él le impusieron el catolicismo de pequeño. Por esta razón, se oponía a la práctica católica de bautizar a los bebés justo después del nacimiento, que era la norma en Honduras. Me aseguró que no tenía problema con que sus hijos tuvieran fe religiosa, pero que debía ser nuestra decisión.

Otra amiga suya era una monja llamada Sor María Rosa. Se conocieron cuando ella quiso formar una organización sin fines de lucro para cuidar a huérfanos. No sería un orfanato tradicional, sino que estaría modelado según una organización austriaca donde los niños huérfanos vivían en entornos parecidos a hogares. Planeaba llamar al proyecto Aldeas SOS. La idea era acoger huérfanos, así como niños cuyos padres no pudieran cuidarlos temporalmente. Sacó una cita para reunirse con Paul por recomendación de una amiga. Le dijo que, para recibir orientación y fondos de la organización benéfica original, que era austriaca, necesitaba crear una organización sin fines de lucro en los Estados Unidos. Para eso, necesitaba abrir una cuenta bancaria en ese país, y esto requería 5,000 dólares, una suma considerable en 1963, especialmente para una monja. Los fondos serían devueltos a la organización benéfica después de un tiempo. Paul escuchó atentamente su petición y accedió inmediatamente a hacerle el préstamo.

Cuando el dinero le fue devuelto a Sor María Rosa meses después, ella fue al banco para pagar el préstamo, pero Paul le dijo que le gustaría que su organización benéfica se quedara con el dinero. Ella insistió en respetar los términos del préstamo y le sugirió que la ayudara de otras formas más adelante. Paul lo hizo, apoyando a la organización durante muchos años. Aldeas SOS ayudó a casi cien mil niños y finalmente hubo "niños aldea" en todos los niveles empresariales en Honduras. Sor María Rosa me dijo más tarde sobre Paul: «Hay personas que hacen grandes cosas en el mundo sin que nadie, ni siquiera su familia, lo sepa».[xcii]

En 1970, Rick, Pia y yo éramos los tres hermanos Vinelli que vivíamos en casa. Durante la semana, todos llevábamos vidas separadas. Rick tenía vida social porque tenía diecisiete años, mientras que Pia y yo nos quedábamos en casa cenando en la cocina con nuestra cocinera Úrsula. Papá y mamá iban a cócteles casi todas las noches, porque papá aceptaba todas las invitaciones: profesionales, personales y diplomáticas. Solo lo veíamos brevemente cuando llegaba del trabajo. Cada noche, su chofer lo dejaba al pie de las escaleras principales. Cuando papá llegaba a la puerta, una empleada ya la había abierto. Papá caminaba hacia su dormitorio, donde mamá se preparaba para salir. Una empleada siempre ponía una bandeja con su bebida—Johnny Walker Black y agua—salami y queso. Poco después, papá y mamá salían del dormitorio vestidos para la noche y pasaban por nuestras habitaciones para despedirse.

A papá no le gustaba quedarse a solas con sus pensamientos. Si él y mamá no tenían invitación a una fiesta, invitaba a amigos a su casa. Sus días estaban llenos de discusiones serias de negocios, así que por la noche y los fines de semana prefería rodearse de grupos animados de personas donde la conversación era más ligera. La época favorita de nuestra familia era diciembre, cuando mis hermanos volvían a casa por Navidad. El ambiente se ponía divertido, ruidoso e incluso caótico a veces. Papá puso una mesa de ping-pong en la sala de juegos de abajo, con cortinas negras colgadas en cada extremo para atrapar las pelotas. Le encantaba competir contra los amigos de mis hermanos, y normalmente ganaba. A poca distancia, mamá presidía la mesa de póker octogonal cubierta de fieltro verde, jugando con otros amigos de mis hermanos. Había pequeñas mesas de cóctel junto a cada silla con bebidas y comida. Úrsula, nuestra cocinera, mandaba bandeja tras bandeja de pizza casera y mazapán frito. El bar siempre estaba abierto, y la diversión duraba hasta bien entrada la noche. Pia y yo éramos demasiado jóvenes para participar, pero nos entreteníamos observando desde el borde de la sala.

Cuando nos aburríamos, salíamos a los jardines que rodeaban nuestra casa. Había árboles que trepar, arbustos de zarzamoras y tuna junto a nuestro pozo de agua, y un huerto con verduras y árboles frutales cítricos. Matilda, nuestra guacamaya con plumas naranjas, azules y amarillas brillantes, caminaba por toda la propiedad porque le cortaban las alas para evitar que volara.

A papá le encantaban los animales. Así como compró perros para entretener a mis hermanos cuando eran pequeños, compró mascotas para entretenernos a Pia y a mí. Cuando yo era muy pequeña, trajo a casa un kinkajú (micoleón), que parecía una mezcla entre un mono y un osito. Por muy lindo que fuera, no era una gran mascota porque era nocturno y dormía todo el día. Entonces papá me dio un ciervo bebé. Con el tiempo esa mascota dejó de tener sentido y papá trajo a casa a dos gatos negros que llamó Zuzu y Zito.

Mantuvo correspondencia de manera regular con familia, amigos y colegas, incluso cuando su carrera, docencia y familia le exigían mucho tiempo. Aunque tal vez no llegaba a escribirles durante el año, se aseguraba de que, en Navidad, todos los que conocía supieran de él. Su secretaria enviaba más de mil tarjetas navideñas firmadas por Paul y Fran. Instruyó al personal del banco para que prepararan cestas de regalo para clientes importantes. Enviaba regalos—normalmente una caja de licor—a sus amigos más cercanos. Fran supervisaba la preparación de cajas de regalo para el personal doméstico en nuestra sala de juegos. En cada caja había productos comestibles, cosas básicas como camisetas y calcetines, juguetes y confites para los niños.

Las fiestas de Navidad que Paul y Fran organizaban crecieron en los años 70 a medida que Paul desarrollaba más contactos comerciales y sociales. Después de una fiesta en la que vinieron más de 1,000 personas—algunas de las cuales no habían sido invitadas—hubo que aumentar la seguridad. Paul y Fran se vieron obligados a cerrar los portones principales y exigir que los guardias marcaran los nombres de los invitados en una lista antes de que pudieran entrar.

Estas fiestas abrieron los ojos de Rick hacia una posible carrera. Paul, notando las habilidades de organización y la inclinación social de Rick, le encargó organizar la presentación de la comida en la mesa del comedor y de aprovisionar el bar. Rick no tenía interés en las ciencias ni las matemáticas que estudiaban sus tres hermanos mayores en la universidad, pero realmente disfrutaba de organizar eventos. Fue entonces cuando pensó por primera vez en aprender sobre la industria de comidas y bebidas. Tras graduarse de secundaria, Rick se fue a Florida para estudiar administración hotelera.

En agosto de 1974, falleció el segundo marido de Dora, Angelo Bufano. Paul envió a Bob a Rochester, Nueva York, para empacar las pertenencias de su abuela y traerla a Tegucigalpa. Antes de que llegara, Paul le compró a Dora una casa a dos cuadras de la nuestra. Cuando su madre estaba a punto de desembarcar en Tegucigalpa, Paul le advirtió a Fran: «A ella no le gustan las mujeres, y especialmente no le gusta ninguna mujer que esté casada conmigo».[18]

18. Esto no era cierto. Por lo que se sabe, Dora quiso mucho a la primera esposa de Paul, Linda. Creo que ella amaba a quien su hijo amaba.

Paul hacía que su chofer lo llevara a la casa de Dora cada mañana de camino a la oficina. Se sentaba y hablaba con su madre durante diez minutos, siempre preguntándole cómo se sentía. A menudo iba a la cocina a inspeccionar su despensa, asegurándose de que estuviera bien surtida. Juntos organizaron reuniones para el fin de semana siguiente. Nuestros domingos los reservabamos para la abuela, que se levantaba al amanecer para empezar a preparar una comida italiana interminable para la familia. Llegábamos a su casa al mediodía. Nos ordenaba sentarnos a la mesa mientras iba sacando plato tras plato. En el centro de la mesa había antipasto, normalmente zucchini y berenjena marinados. El primer plato era pasta con dos salsas, de tomate y de ricota, seguido por un plato de carne, y de postre, un bizcocho. Se ofendía si no comíamos una buena parte de lo que nos servía o si no repetíamos de todo. Rick era conocido por esconder berenjena parmigiana en el bolsillo para no enojarla. El almuerzo duraba horas.

Lo que yo no sabía hasta que empecé a escribir este libro, era que la abuela también solía organizar un almuerzo los sábados, uno al que mamá, Pia y yo no estábamos invitadas. Como papá había predicho, la abuela y mamá no se llevaban bien. Para sus comidas del sábado, Dora invitaba a los viejos amigos de papá que mamá no veía, e incluía a mi hermana Liz. Mientras la abuela ayudaba a papá a reconstruir amistades con personas de las que había estado distanciado durante su matrimonio con mamá, la relación de papá con mamá se deterioraba aún más.

Aunque su relación empeoraba, papá apoyó los intereses de mamá. A ella le encantaba montar a caballo. Lo había hecho desde que era una niña en la finca de Boonville, y en California había participado en competencias de entrenamiento de caballos. Le pidió a papá si podía tener un caballo. Él alquiló una propiedad cuesta abajo de la casa e hizo construir establos y una pista de equitación. Fue el primer club de equitación en Tegucigalpa. La gente alquiló establos para sus caballos, y mamá contrató a un maestro de equitación para que los niños pudieran tomar clases. Para cuando yo tenía diez años, el club de equitación era donde me encontraba todas las tardes después del colegio.

En septiembre de 1974, el huracán Fifí arrasó el Caribe, Belice y Honduras, matando a ocho mil personas. En las montañas de Honduras cayeron 61 centímetros de lluvia en 36 horas, provocando inundaciones devastadoras y grandes deslizamientos de tierra. 182 pueblos y aldeas fueron destruidos en un solo día. El 50 por ciento de los cultivos alimenticios de Honduras fueron destruidos, incluyendo el 95 por ciento de las plantaciones de banano, que seguían siendo el principal producto de exportación del país.[xciii]

Los negocios en Honduras se paralizaron y los clientes bancarios no podían pagar sus deudas. Chito Kafie le pidió a Paul que le concediera una prórroga para el pago de su préstamo empresarial. Paul aceptó concederle tres años. Chito había oído que Paul le había dado una prórroga por cinco años a otros clientes, y volvió a casa murmurando: «Ese hijo de puta napolitano». El hijo de Chito, Luis, le preguntó más tarde a Paul: —¿Por qué le diste a mi padre un plazo más corto para devolver el dinero que a los otros clientes? —Porque todo el mundo sabía que Chito era como mi hermano. Necesitaba que la junta directiva viera que no había favoritismo hacia mi hermano —Paul respondió. [xciv] La familia y los amigos de Paul sabían que tenía esa filosofía. Cuanto más cercana era una persona a él, más duro era con esa persona.

Chito Kafie y Paul Vinelli

Cuando yo tenía doce años, una llamada a un número equivocado cambió mi vida. Una tarde después del colegio sonó el teléfono en nuestra casa y contesté. Una muchacha pidió hablar con Elizabeth Vinelli. Le respondí que no había nadie con ese nombre en nuestro número. Al colgar, me quedé con una sensación extraña y le conté a un amigo lo que había pasado. Se rio y me dijo: «Gigi, creo que Pia y tú son las únicas en Tegucigalpa que no saben que tienen una hermana llamada Elizabeth en la Escuela Americana».

Me sentí mortificada y furiosa, y en lugar de enfrentar a mis padres, fui a ver a mi hermano Rick, quien me confirmó que tenía una hermana llamada Liz que vivía con sus tías, y que papá y mis hermanos tenían una relación con ella. Me dijo que mamá insistió en que a Pia y a mí no nos contaran nada sobre Liz. Le pedí que nos presentara, y aceptó, sugiriendo que nos encontráramos con ella en casa de la abuela. Dora estaría encantada de hacer algo que molestara a mamá. Un día, cuando mamá había salido, Rick y yo fuimos a casa de la abuela. Liz ya estaba allí cuando llegamos. Fue extraño para dos jóvenes de doce y catorce años, que eran hermanas, recién conocerse. Congeniamos de inmediato. Liz, Rick, nuestra abuela y yo mantuvimos nuestra reunión en secreto durante un tiempo. No le dije nada a Pia, que solo tenía siete años.

Cuando me enteré de la existencia de Liz, Bob estaba estudiando para su MBA en INCAE, la extensión de Harvard, en Nicaragua. En el verano a la mitad de su programa de dos años, le ofrecieron una práctica en un ingenio azucarero en una zona rural de Nicaragua. Allí conoció a María José Ramírez-Cuadra, con quien empezó a salir.

En el verano de 1975, Liz cumplió quince años y se unió a otras muchachas para celebrar una quinceañera, la fiesta de presentación en sociedad para las jóvenes en América Latina. Por tradición, papá debía haber sido su acompañante, pero él y mamá estaban de viaje en China. Papá le pidió a Bob que viniera a Tegucigalpa y fuera el acompañante de Liz. Bob también llevó a María José. Como se alojaron en nuestra casa, le explicó que Pia y yo no sabíamos nada de Liz, y por eso no podía decirnos a qué fiesta iban a asistir. Bob no sabía que yo ya había conocido a Liz, y que también estaba enterada de la fiesta porque muchos de mis amigos iban a asistir. Cuando él y María José salían de casa con ropa formal, le dije en voz baja a María José: «Por favor, deséale un feliz cumpleaños de mi parte a mi hermana».

Luego de eso me harté de tantos secretos, y cuando mis padres volvieron de su viaje, enfrenté a mamá con toda la furia que una adolescente puede acumular. Le dije que debí de haber asistido a la fiesta de Liz, para apoyar a mi hermana en ese momento importante de su vida. Mamá intentó explicarme que no tenía absolutamente nada en contra de Liz, y que las circunstancias en que se casó con papá la habían puesto a la defensiva respecto a sus exesposas. Con el tiempo, el no habernos contado a Pia y a mí sobre nuestra hermana se convirtió en un hábito que no sabía cómo revertir.

El clima en nuestra casa se llenó de culpa y frustración. La relación de papá y mamá se deterioraba rápidamente y las tardes y fines de semana en casa eran muy estresantes. Pia y yo éramos las únicas viviendo en casa, y la mayoría del tiempo nos manteníamos fuera de la vista de nuestros padres porque nunca sabíamos cuándo habría una explosión. Nuestros dormitorios quedaban al lado de los de mamá y papá, y muchas noches íbamos a la sala o a la cocina para no escucharlos pelear.

Ambos tuvieron que ver con la discordia. Ella no era el tipo de esposa que él quería, sino que era fuerte de carácter e independiente. Él llevaba quince años en su cuarto matrimonio y ya no le quedaba energía ni paciencia para cultivar una relación. La sinopsis de mamá sobre su matrimonio era que dos personas del signo de escorpión nunca debieron haberse casado, pues es como: "poner dos escorpiones en una canasta".

11

EL DESARROLLO DE UN BANCO INTERNACIONAL: LOS AÑOS DE CHASE 1966 - 1974

La vida personal de Paul era tan complicada y disfuncional que en el mundo empresarial deseaba orden y éxito. Con una mano en las riendas de su vida familiar, centró la mayor parte de su atención en ser banquero internacional. A mediados de los años 60, los herederos de la familia Vaccaro/D'Antoni, que vivían en Nueva Orleans, decidieron que ya no tenían interés en manejar los negocios de la familia en Honduras. Primero vendieron la Standard Fruit Company a Castle & Cooke Corporation, que también compró a Dole Food Company y se convirtió en el mayor productor de frutas del mundo.[xcv]

La legislación estadounidense prohibía que Castle & Cooke poseyera un banco extranjero, y en cualquier caso a ellos no les interesaba, así que la familia Vaccaro/D'Antoni le pidió a Félix Lloveras y a Paul que los ayudaran a encontrar un comprador para el Banco Atlántida. Si bien la familia Vaccaro/D'Antoni poseía el 100 por ciento de la Standard Fruit Company, habían creado empresas conjuntas para sus varias compañías adicionales en Honduras, incluyendo el banco. Aún poseían más de 50 por ciento del Banco Atlántida.

Lloveras y Paul buscaron un comprador hondureño para las acciones de Vaccaro/D'Antoni en el banco, pero no encontraron compradores locales para una transacción tan grande. Cuando la junta directiva del banco decidió buscar un banco internacional para comprar Banco Atlántida, recurrieron a Paul, dadas sus conexiones bancarias internacionales. Desde finales de los años 40, asistió a casi todas las reuniones anuales del Banco Mundial y del Fondo Monetario Internacional. Las relaciones que había desarrollado lo hacían la persona más indicada para encontrar un comprador.

Paul hizo averiguaciones y sugirió dos posibles compradores: Wells Fargo y Chase Manhattan Bank. Wells Fargo fue descartado porque solo les interesaba comprar el 25 por ciento. David Rockefeller era presidente y codirector ejecutivo de Chase Manhattan Bank en ese momento. David, junto con su hermano Nelson, habían respaldado que Estados Unidos se involucrara en América Latina desde los años 40. David había dirigido la división latinoamericana de Chase una década atrás. Había viajado extensamente por la región y su español era bueno. Para mediados de los años 60 había iniciado una campaña para consolidar la presencia del Chase Manhattan Bank en América Latina.[xcvi]

Desde el comienzo de su relación, David Rockefeller y Paul se entendieron muy bien. Paul reconoció el compromiso de Rockefeller con América Latina y recomendó que Chase fuera el comprador de las acciones del banco. A finales de 1966, las familias Vaccaro/D'Antoni vendieron toda su mayoría accionaria a Chase. Banco Atlántida se convirtió en la primera filial centroamericana del renombrado banco neoyorquino. La venta puso fin al periodo continuo, desde la fundación del banco en 1913, de un miembro de la familia Vaccaro como presidente de la junta directiva del Banco Atlántida. El Dr. José Mendoza, cercano a los Vaccaro desde su etapa en el Hospital D'Antoni de La Ceiba, y que había sido director del banco durante años, aceptó ser el presidente de la junta directiva. Meses después, el 22 de abril de 1967, Félix Lloveras se jubiló a los 75 años, de su cargo como presidente del Banco Atlántida. El Dr. José Mendoza fue nombrado presidente de la junta directiva, y Paul se convirtió en el gerente general.

Continuó su práctica de asistir a las reuniones anuales en septiembre del Banco Mundial y del Fondo Monetario Internacional. Allí se reconectaba con antiguos colegas y estableció nuevas relaciones bancarias. La costumbre era que las organizaciones se reunieran dos años seguidos en Washington, D.C. y luego el tercer año se reunieran en un país miembro. Gracias a esas reuniones, Paul y Fran viajaron extensamente. Tras finalizar las sesiones de trabajo, visitaban ciudades o países cercanos.

David Rockefeller tuvo un papel destacado en sus viajes relacionados con las reuniones del Banco Mundial y el Fondo Monetario. Era un viajero entusiasta y un anfitrión generoso. En 1967, un año después de que Chase comprara la participación en Banco Atlántida, las reuniones se celebraron en Río de Janeiro. Un día de esa semana, David contrató un avión privado grande para llevar a los jefes de los bancos corresponsales de Chase y a sus esposas, incluidos Paul y Fran, a São Paulo para una reunión. De regreso, Rockefeller le instruyó a los pilotos que sobrevolaran Río durante 45 minutos mientras terminaban una comida de cuatro platos. Cuando aterrizaron, estaba lloviendo, y Rockefeller tenía transporte esperándolos a todos. Caminó con su paraguas del comienzo hasta el final de la fila de autos negros, asegurándose de que todos sus invitados estuvieran atendidos antes de ir a su hotel.

Paul era cada vez más influyente en el mundo bancario y empresarial de Honduras, y los artículos sobre él salían casi semanalmente en los periódicos. Cada vez aumentaba más el interés en las grandes fiestas que él y Fran ofrecían en su nueva casa, y como era de esperar, provocaron críticas sobre su estilo de vida. Una mañana de diciembre, el periódico *Diario La Tribuna* publicó en su portada un reportaje titulado "Los zapatos del oligarca". Una foto mostraba un montón de zapatos de hombre delante de un lustrabotas en el parque central de Tegucigalpa. Un reportero aburrido que buscaba una historia vio los zapatos y le preguntó al niño a quién pertenecían. Cuando supo que pertenecían al gerente general del Banco Atlántida, que estaba al otro lado de la calle, tomó una foto y publicó la noticia.

Paul solía usar la frase: «Ninguna buena acción queda sin castigo», y esto fue un ejemplo. No necesitaba que le lustraran los zapatos en el parque central. Tenía un estuche para lustrar zapatos, y yo misma lo había visto limpiar sus propios zapatos. Además, tenía ayuda doméstica en casa. Pero cuando pasaba por el parque hacia el banco, los jóvenes que lustraban zapatos siempre corrían tras él pidiéndole que les diera trabajo. Él creía en darle a la gente la oportunidad de ganarse la vida. Empezó a llevar sus zapatos al centro para que los jóvenes los lustraran, y les pagaba muy bien por su trabajo.

El presidente del *Diario La Tribuna* era Oscar Flores, un destacado abogado y periodista que era amigo de Paul, lamentó que el reportaje hiciera que Paul pareciera un hombre frívolo. Flores tuvo una idea para reparar esta situación incómoda. Unas semanas después, Paul y Fran ofrecieron su fiesta anual de Navidad. Casi todos los miembros de la sociedad de Tegucigalpa vinieron, así como muchos de San Pedro Sula y La Ceiba. Flores asistió con su hijo de 20 años, Carlos, quien años después fue presidente de Honduras. Mientras subían las gradas hacia la puerta principal de la casa Vinelli, Paul estaba de pie arriba, saludando a los invitados. Los periodistas del *Diario La Tribuna* siguieron al padre e hijo Flores. Levantaron sus cámaras cuando Oscar Flores le regaló a su anfitrión una bolsa de papel arrugada. Paul miró dentro y encontró un par de zapatos viejos y desgastados. Flores bromeó diciendo que eran para añadir a su colección. Paul se rio, se sentó en el portal de la entrada y se quitó los zapatos para ponerse los nuevos. Flores también se quitó los zapatos y un fotógrafo les tomó una foto abrazados, ambos con calcetines. La foto apareció en la portada del *Diario La Tribuna* al día siguiente.[xcvii]

La visión de Paul para las oportunidades de negocio no se limitó a Honduras. Directamente al norte quedaba Honduras Británica, una colonia que había luchado por conseguir su independencia de Gran Bretaña desde los años 50. Honduras Británica obtuvo el derecho a autogobernarse en 1964 y, a principios de los años 70, estaba en camino hacia la independencia. Paul anticipó que el nuevo país tendría necesidades bancarias y se acercó a David Rockefeller del Chase para unir fuerzas con Banco Atlántida y crear un nuevo banco en la Ciudad de Belice. En 1971, Banco Atlántida, Chase Manhattan Bank, otros dos bancos, así como inversionistas beliceños, crearon Atlantic Bank Belice.[19] En la inauguración del sábado 16 de agosto

19. Chase vendió su participación en Atlantic Bank Belize cuatro años después. Era una operación demasiado pequeña para ellos.

de 1971, Paul, como gerente general del nuevo banco, dijo en su discurso: «Nuestra propia experiencia y filosofía nos han llevado a la conclusión de que solo lo que es bueno para el país, es bueno para el banco. Aquello que hace crecer a uno, asegurará el progreso y el bienestar del otro».[xcviii]

El objetivo de Paul era hacer crecer el Banco Atlántida de un banco hondureño a uno internacional con la ayuda de Chase Manhattan Bank. Gracias a los banqueros estadounidenses, el Banco Atlántida fue el primer banco hondureño en contar con prácticas, sistemas y tecnología bancaria que más tarde fueron imitados por todos los bancos grandes de Honduras.[xcix] Paul y David Rockefeller introdujeron la práctica de incorporar lideres empresariales locales en la junta directiva del banco. Esto es algo que los bancos y empresas estadounidenses llevaban años haciendo, pero no era común en Honduras.[c]

El mayor reto fue encontrar el equipo adecuado para liderar la expansión. Una fuente lógica de talento era el grupo de economistas que Paul había formado años atrás en el Banco Central y en la Facultad de Economía de la universidad. Había comenzado a armar su equipo en 1969 con Macky, que en ese momento aún trabajaba para el Banco Central. Los dos amigos se vieron en una fiesta y, dado su historial común en el Banco Central, su conversación tomó naturalmente ese rumbo. Mientras Macky hablaba sobre el trabajo, Paul comentó: —Parece que estás aburrida, Macky.

—No estoy aburrida, estoy agotada. Mi trabajo me hace viajar por avión todo el tiempo, a Guatemala, a El Salvador, a Nicaragua. Cuando llego a casa hay un mensaje del banco diciendo que tengo que volar a Costa Rica —le dijo Macky.

Esto ocurrió en una época en la que se intentaba crear un mercado común centroamericano, con una sola moneda. El horario de Macky habría sido duro para cualquiera, pero más aún para ella debido a su lucha de niña contra la polio. Para entonces, necesitaba dos bastones para caminar.

—Este es el momento que he estado esperando —dijo Paul—. El Departamento de Fideicomisos del Banco Atlántida solo gestiona tres fideicomisos. Necesito a alguien que haga crecer el departamento, alguien que sepa cómo tener relaciones con gente que tiene dinero. Tú conoces a toda la ciudad.

—Mañana dejaré el Banco Central — le contestó Macky.

—No les estoy quitando una empleada cualquiera. Necesito ir a hablar con Roberto — añadió Paul.

El Dr. Roberto Ramírez era el presidente del Banco Central y la conversación con él resultó buena: Macky asumió la dirección del Departamento de Fideicomisos del Banco Atlántida un mes después.[ci]

Adriana Yu Shan también había sido estudiante de Economía de Paul y empleada del Banco Central a principios de los años 50. Cuando Paul insistió en que se beneficiaría de la experiencia, ella decidió ir a trabajar para el Banco Mundial en Washington D.C. Paul la veía a menudo cuando viajaba a Washington, y siempre le decía que tenía un trabajo para ella si regresaba a Tegucigalpa. Regresó a finales de 1973, y al poco tiempo Paul la contrató como jefe del Departamento de Estudios Económicos del Banco Atlántida. Este departamento desempeñaba la misma función que él dirigió en el Banco Central, por lo que Adriana Yu Shan ya había trabajado para él antes en ese cargo. Ella dirigió el departamento durante casi dos décadas.[cii]

No todo el equipo del banco provenía de antiguos alumnos de Paul. José Rubén Mendoza era hijo del Dr. José Mendoza, quien era entonces presidente del Banco Atlántida. Había regresado a Honduras un año antes tras estudiar en los Estados Unidos e Inglaterra, y trabajaba en el departamento de crédito del banco. Paul lo llamó a su despacho y le dijo: —Quiero que te hagas cargo del manejo del Departamento Internacional del banco.

José Rubén se sorprendió; en ese momento solo tenía una experiencia limitada en crédito.

—No sé nada sobre dirigir un departamento internacional.

—No importa. Salta al agua y mójate el trasero —insistió Paul.[20]

En 1973, Paul sorprendió al abogado Faustino Laínez cuando llegó a su oficina y lo invitó a almorzar al Chico Club. Le ofreció un puesto como jefe del Departamento Legal del Banco Atlántida. El hermano de Faustino había sido el anterior jefe del Departamento Legal y había renunciado recientemente para mudarse a San Pedro Sula. Faustino acababa de aceptar un puesto importante en uno de los ministerios de gobierno. Como tenía ambiciones políticas, la oferta de Paul le causaba sentimientos encontrados. Su padre le sugirió que considerara seriamente la oferta del banco. Le dijo a Faustino: «Paul es un buen amigo, si te ofrece un trabajo, te dará buenas oportunidades». Faustino renunció del cargo gubernamental y aceptó la oferta.[ciii 21]

Paul rara vez cerraba la puerta de su despacho, lo que le dio la reputación de ser un jefe muy accesible. A veces eso le ocasionaba

20. José Rubén permaneció en el banco más de 50 años, llegando finalmente a ser director. Se jubiló en el 2025.

21. Faustino permaneció en el banco más de 50 años, llegando finalmente a ser director. Se jubiló en el 2025.

complicaciones, porque la gente sentía que podía traerle problemas que no eran suyos para resolver.[civ] Pero él era sensible a los infortunios de los demás y siempre intentaba ayudar. Muchas veces, empezaba una conversación con Macky diciendo algo como: «Hay un hombre que tiene problemas. Su esposa necesita cirugía y él lleva seis meses de retraso en el pago de la casa. Necesito ver cómo ayudarlo». A veces la ayuda era la prórroga de un préstamo, otras veces de entregar comida a su casa. Siempre intentó ayudar y nunca reveló quién necesitaba esa ayuda.[cv]

Cuando se celebraban las reuniones del Banco Mundial y el Fondo Monetario en Washington, David Rockefeller le pedía prestada la casa a su hermano Nelson para organizar una fiesta para los directores de los bancos corresponsales de Chase en otros países. Fran recordó que las esposas de los banqueros latinos estaban preocupadas con qué ponerse para una fiesta organizada por David y Peggy Rockefeller. En aquel entonces, en América Latina, los vestidos largos eran habituales en las fiestas nocturnas, así que se pusieron sus mejores vestidos para la recepción Rockefeller en Washington. Fran se sorprendió mucho cuando su anfitriona Peggy los recibió en la puerta vestida con un sencillo vestido negro corto y con cómodos zapatos de tacón bajo.

Estar vinculados a Chase les dio a Paul y Fran oportunidades extraordinarias. La reunión Banco Mundial – Fondo Monetario de 1973 se celebró en Nairobi, Kenia. La familia Rockefeller poseía dos complejos turísticos de lujo para safaris fotográficos en la región. David Rockefeller invitó a los banqueros extranjeros y a sus esposas a pasar unos días en estas propiedades antes de que comenzaran las reuniones. Fueron trasladados en aviones pequeños desde Nairobi hasta el primer alojamiento del safari. A cada pareja se le asignaba un guardabosques privado y un Jeep. Dos veces al día salían a ver a los animales. Luego de una cena gourmet, pasaron la noche en habitaciones lujosas. Al día siguiente, Rockefeller tenía aviones esperándolos para llevarlos al segundo alojamiento. Aquí la rutina se repitió, y esta vez vieron diferentes animales. Al tercer día los llevaron de vuelta a Nairobi para las reuniones bancarias.

Paul y David Rockefeller, 1973

A mediados de los años 70, la prensa internacional estaba prestándole mucha atención a la inestabilidad política en América Latina. David Rockefeller y Chase empezaron a preocuparse por su participación en el Banco Atlántida. Para entonces a Paul le gustaba la idea de que el banco, por primera vez en su historia, perteneciera en un 100 por ciento a hondureños. No intentó disminuir las preocupaciones de Rockefeller, y discutieron la posibilidad de que Chase vendiera todos sus intereses en el banco. Paul empezó a hablar con amigos, socios comerciales y miembros de la junta directiva del Banco Atlántida sobre la compra de dichas acciones.[cvi]

Se corrió la voz de que Colombia estaba redactando una ley que reducía el porcentaje que los bancos extranjeros podían poseer de bancos locales. Honduras no había manifestado que aprobaría una ley similar, pero Chase no esperó. En abril de 1974, antes incluso de que se aprobara la ley colombiana, Chase redujo su propiedad del Banco Atlántida al 25 por ciento. Al año siguiente, Colombia aprobó la Ley Numero 55 que reducía el porcentaje de propiedad que extranjeros podían tener en los bancos locales.[cvii] En agosto de 1975, Chase Manhattan Bank vendió el 25 por ciento restante de su participación en Banco Atlántida. Su inversión en Banco Atlántida duró nueve años. El banco pasó a ser 100 por ciento propiedad hondureña.

12

EL COLECCIONISTA

Paul tenía muchos intereses personales y su naturaleza era coleccionar. El amor que sentía por su país adoptivo, Honduras, se convirtió en una pasión por su arte y cultura. Los fines de semana a menudo yo lo encontraba en su escritorio en casa, leyendo libros sobre arte, estampillas, monedas, billetes y artefactos mayas. Durante sus cuatro décadas en el Banco Atlántida, fomentó la creación de importantes colecciones en cada una de estas categorías. También armó colecciones personales en la medida que su presupuesto lo permitía.

Uno de sus mayores amores fueron las bellas artes. Gracias a sus años en Honduras adquirió un gran conocimiento sobre el arte naif y primitivista. Su camino hacia este mundo comenzó a principios de los años 50, cuando Paul conoció a José Antonio Velázquez, un pintor que se ganaba la vida como barbero en la Escuela Agrícola Panamericana Zamorano. Paul conoció a Velázquez a través del director de la escuela, Wilson Popenoe, con quien entabló amistad en su primera visita a Honduras en 1949. Popenoe hizo un gran esfuerzo por promover el arte primitivista de Velázquez entre la comunidad estadounidense e internacional en Honduras. Paul quedó impresionado por el talento de Velázquez y también se lanzó a la causa. Observó que el pintor era talentoso y apasionado, pero usaba materiales de baja calidad. Para animar a Velázquez a gastar más en pintura, pinceles y lienzos, Paul empezó a comprar sus cuadros para regalarlos. Se convirtió en uno de los creadores de mercado de Velázquez, cuando se difundió entre sus amigos y socios comerciales la noticia de que Paul consideraba a Velázquez el mejor primitivista de Honduras. Más tarde, Paul llevó al pintor a Nueva York y lo presentó a comerciantes de arte. Eventualmente, Velázquez se convirtió en el artista hondureño más aclamado por la crítica internacional, con exposiciones en todo el mundo.

El punto focal de la sala de nuestra casa en Las Lomas eran tres cuadros de Velázquez. Papá solía retarnos a Pia y a mí a buscar en las pinturas elementos comunes en las obras de Velázquez. El artista pintaba el pueblo de San Antonio de Oriente, donde vivió durante 30 años. Además de techos de tejas rojas y calles adoquinadas, se sabe que Velázquez siempre incluía a una mujer, un sacerdote, una iglesia y un perro en casi todas sus pinturas.

A medida que crecía la fama de Velázquez, también crecía la fila de pintores frente a las oficinas ejecutivas del Banco Atlántida, cada uno esperando la oportunidad de mostrarle su obra al Dr. Vinelli. Al salir de la oficina cada día, Paul pasaba frente a los artistas y señalaba lo que le gustaba, fijando el precio. Compraba en cantidad, así que no pagaba mucho. Los pintores aceptaban lo que él ofrecía por su obra porque Paul era uno de los mayores compradores de arte del país. Aunque no ganaron mucho dinero vendiéndoselo, muchas carreras de artistas se impulsaron gracias a la promoción que él hacía mediante sus adquisiciones, recomendaciones personales y en exposiciones de pintura organizadas por el Banco Atlántida.[cviii]

Entre los pintores que han acreditado a Paul como su mentor se encuentran Sergio Almendares, Maury Flores, Eduardo Galeano, Carlos Garay, Benigno Gómez, César Ordóñez, Luis H. Padilla, German Durón Lanza, Hermes Armijo Maltez, César Rendón, Arturo López Rodríguez, Manuel Rodríguez Lazaroni, Miguel Ángel Ruiz Matute y Roque Zelaya. Rodríguez Lazaroni escribió: «Don Paul fue uno de mis grandes mecenas. Hizo que el banco patrocinara una exposición de mis pinturas y, gracias a eso, pude dejar de venderlas en la calle».[cix]

A lo largo de los años, Paul acumuló una gran colección de pinturas hondureñas tanto para el Banco Atlántida como para sí mismo. La colección del banco se exhibía durante todo el año en su Salón Cultural, una gran sala de exposiciones diseñada para compartir el patrimonio cultural del país con estudiantes y el público hondureño.

A principios de los años 90, Paul hizo que el banco publicara varios libros sobre el arte hondureño. Fueron: *El Banco Atlántida en la historia de la pintura* por José Miguel Gómez, *Pintor criollo* por la historiadora Leticia de Oyuela, y *La batalla pictórica: síntesis de la historia de la pintura hondureña*, también por Oyuela.

En 1991 Paul invitó a un grupo de artistas jóvenes al banco para que le mostraran sus obras. Entre ellos estaba German Durón Lanza, un artista autodidacta de veintidós años, que acababa de empezar. Su medio era la talla en madera. Paul miró sus piezas, compró un par y le dijo: «Creo que tienes lo necesario para ser un gran artista, sugiero que intentes pintar». Durón Lanza dudaba sobre su futuro en el arte porque le parecía que los artistas hondureños no podían ganar lo suficiente para vivir. Sin embargo, aceptó el reto de Paul y regresó a su oficina unos meses después con cuadros. A Paul le gustaron, y le dijo: «Mantente con el primitivismo y serás grande». Lo llevó hasta una pared donde se exhibían cuadros de José Antonio Velázquez y le dijo a qué precio se vendían. Paul miró al artista a los ojos y añadió: «Puedes ser hasta mejor». Durón Lanza me dijo que el interés de Paul le dio por primera vez un valor real a su obra.[cx]

Años después, cuando ya había fallecido papá, fui invitada a una exposición de pintores hondureños en Houston. Mientras mi marido José y yo veíamos cuadros, me atrajo uno pequeño de un paisaje hondureño. Cuando le comenté a la coordinadora de la exposición sobre el detalle extraordinario en la pintura, me dijo que el artista pintó usando una lupa y un pelo de cola de burro. Luego me preguntó si quería conocer al pintor: German Durón Lanza. Él se acercó y, cuando empezaba a presentarme, dijo: «Sé quién es usted, su padre es la razón por la que sigo pintando». Mi marido me compró el cuadro como regalo de cumpleaños, el que hasta el día de hoy es mi preferido.

Cuando se diseñó la nueva sede del Banco Atlántida a finales de los años 70, Paul le pidió al arquitecto que encontrara un lugar para un mural. Juntos decidieron que la pared de ocho metros detrás de los cajeros en el lobby del banco era perfecta. Paul le encargó una obra maestra a Miguel Ángel Ruiz Matute, un renombrado pintor hondureño que había estudiado con los maestros Diego de Rivera y O' Gorman en México, y posteriormente se formó en Europa. Ruiz Matute trabajó en una obra de ocho paneles durante cinco años en su estudio en Roma, Italia.

El título del mural es "Exaltación a Honduras". Representa momentos importantes en la historia de Honduras: desde la civilización maya hasta la conquista española, continuando con la llegada de las compañías bananeras estadounidenses, hasta llegar a la actualidad. Mezclada con la historia cultural del país en el mural está la historia de la moneda hondureña, comenzando con el cacao que usaban los mayas, hasta la primera moneda en papel emitida por el Banco Atlántida a principios del siglo XX. La historia del Banco Atlántida también está entretejida en el mural, con los tres edificios principales del banco representados por la sede original en La Ceiba, el edificio en el centro de Tegucigalpa y la nueva sede. Como homenaje al apoyo de Paul al proyecto, Ruiz Matute pintó un sacerdote español que acompañaba a los conquistadores con el rostro de Paul.

La periodista y escritora hondureña Elvia Castañeda de Machado escribió que ningún hondureño ni extranjero de renombre merecía un lugar de tanto respeto y autoridad en el mundo del arte como Paul. Describió el altruismo y la profunda sensibilidad que lo convirtieron en un defensor de la cultura y el arte hondureño. Señaló que, antes de la llegada de Paul en 1949, el país tenía artistas, algunos en formación y otros consolidados. Pero antes de Paul no había en Honduras mecenas de las artes.[cxi]

Como Paul fue un escritor de cartas prolífico, recibió respuestas de todo el mundo y, a consecuencia, muchas estampillas. Le había fascinado la filatelia desde que su primera esposa Linda le enseñó a coleccionar estampillas. A lo largo de su vida coleccionó estampillas de todo el mundo, pero se enfocó en armar colecciones de estampillas de Honduras, Belice, Estonia, Italia, el Vaticano, Eritrea y San Marino. El expresidente Carlos Flores me contó que su padre, Oscar, también era coleccionista de estampillas y disfrutaba conversar con

Paul sobre su afición común. Oscar le contó a Carlos que en un momento, Paul tuvo el sello hondureño más raro que existe.[cxii]

Papá intentó transmitirnos este interés a Pia y a mí, comenzando con una colección de estampillas ya circuladas. Los fines de semana, sacaba los sobres de las cartas que había recibido esa semana y nos enseñó a remojarlos en el lavamanos del baño hasta que el pegamento de los sellos se soltaba del sobre. Luego secábamos los sellos y los clasificamos en álbumes. No heredé su personalidad de coleccionista y siento decir que, aunque todavía tengo las estampillas que coleccionamos juntos, nunca perseguí la afición, ni Pia tampoco.

Desde sus días en el Banco Central y durante sus décadas en el Banco Atlántida, Paul instó a ambos bancos a recopilar y exhibir billetes de la historia colonial y republicana de Honduras. Mientras estuvo en el Banco Central en los años 50, inició una colección de monedas y billetes de papel hondureños que, años después de su muerte, se convirtió en una parte importante del pabellón de exposiciones de ese banco.

En febrero de 1968, el Banco Atlántida organizó una exposición de monedas hondureñas y centroamericanas de los siglos XVIII, XIX y XX. En la inauguración de la exposición, Paul dijo: «Desde hace tiempo, el banco ha estado trabajando en la compra de todas las monedas acuñadas en Honduras que han sido de curso legal desde la época de la conquista española en 1502, en tiempos coloniales y tras la independencia en 1821. Algunas han desaparecido por su rareza, pero sentimos que hemos logrado nuestro objetivo. Tras una tarea ardua pero productiva, la recaudación pasa a formar parte de la historia monetaria de este país. A la colección solo le faltan cuatro monedas, dos de las cuales pertenecen al Banco Central».[cxiii] Una segunda exposición se inauguró en junio de 1988, en el 75º aniversario del Banco Atlántida. Ésta contenía específicamente billetes y monedas circuladas a lo largo de la historia hondureña.

Paul también tenía una colección personal de monedas y billetes, pero no tenía los recursos para que éstas fueran de mucho valor; lo hacía para su propio entretenimiento. Con frecuencia lo veía los fines de semana revisando catálogos de monedas y engrapando monedas en fundas protectoras. Tenía algunas monedas originales de peso de Centroamérica y monedas en perfecto estado de Honduras, Honduras Británica y Belice.

Paul estaba fascinado por la civilización maya que habitó el noroeste de Honduras. Era un visitante frecuente de las ruinas de la ciudad maya de Copán. El arqueólogo principal de Copán durante muchos años fue Ricardo Agurcia, hijo del amigo cercano de Paul, Jack Agurcia. Cuando Ricardo descubrió el famoso templo de Rosalila, Paul fue una de las primeras personas en hacer una visita al interior.[cxiv]

Como Honduras no tenía museo de artefactos mayas, a partir de 1960 Paul promovió que el Banco Atlántida comprara tesoros arqueológicos mayas. El banco se los compraba a excavadores y ladrones de tumbas para que no los vendieran a museos y coleccionistas extranjeros. Paul consideraba firmemente que estas piezas debían permanecer en Honduras. El banco contrató a un conservador/autenticador que filtraba las falsificaciones que la gente intentaba venderle al banco. El Banco Atlántida armó una colección arqueológica maya con calidad de museo. Muchas piezas están expuestas de forma permanente a lo largo del edificio. El banco también realizaba con frecuencia exposiciones en el Salón Cultural para el público en general y para estudiantes. Paul hizo incluir piezas especiales de cerámica maya en calendarios y carpetas de presentaciones que se distribuyeron a clientes bancarios de todo el país. Gracias al banquero italiano, muchos hondureños conocieron esta civilización, originaria de su país.[cxv] La esperanza de Paul era que el gobierno de Honduras construyera un museo adecuado para albergar la colección que el banco había acumulado.

En el libro de Acosta y Machado, *Doctor Paul Vinelli, Biografías Ilustradas*, la historiadora Leticia de Oyuela escribió sobre Paul: «Sabía también con certitud la importancia no sólo de los negocios bancarios y de la economía del país, sino también la visión del arte y de la cultura y sobre todo, de que sin cultura no hay posibilidad alguna de que los hombres conviertan a los más pobres países, en ricos abrevaderos de la identidad que hace posible que se conviertan en naciones fuertes».[cxvi]

13

MOVIMIENTO REVOLUCIONARIO IZQUIERDISTA AÑOS 1960S A 1970S

Durante las décadas de 1960 y 1970, Centroamérica experimentó un movimiento revolucionario e ideológico con tendencia a la izquierda. Fidel Castro había logrado fomentar una revolución en Cuba en 1959, y ahora las ideas marxistaleninistas que este promovía se estaban extendiendo por toda la región. La Unión Soviética brindó apoyo financiero y militar a este movimiento. Para la década de 1970, guerrilleros de izquierda y grupos paramilitares crearon condiciones similares a la guerra en muchos países.

La ideología echó raíces en terreno fértil, porque, como en gran parte del mundo, había una distribución desigual de la riqueza. Las economías de los países centroamericanos estaban controladas por un pequeño número de familias que habían desarrollado el sector de la empresa privada. Sus negocios fueron la razón por la que los países se estaban desarrollando, y ellos fueron los creadores de empleo que sacaron a muchas familias de la pobreza. Pero muchos ciudadanos aún tenían muy poco, así que veían a los exitosos como enemigos. Quienes se adherían a la ideología marxistaleninista de Castro creían que los ricos solo se preocupaban por enriquecerse a sí mismos. Capitalismo era una mala palabra.

La revolución cubana les había mostrado, a quienes querían, una forma diferente de gobierno y de lograr esto sin participar en el proceso político. La izquierda militante sabía que era poco probable que ganaran elecciones y, en cualquier caso, no querían esperar el tiempo necesario para lograr un cambio político. Decidieron que la solución era tomar el control de los gobiernos por la fuerza.

También eran necesarios aliados intelectuales. Una forma en que los izquierdistas revolucionarios ampliaron su influencia, fue adoctrinando a profesores universitarios, que luego transmitían ideas marxistaleninistas a sus estudiantes. En la Universidad Nacional Autónoma de Honduras, UNAH, donde Paul enseñaba Economía, se estaba produciendo esta radicalización. Nuevos profesores de otros países enseñaban una forma diferente de gobernar. Lo que impartían en sus cátedras chocaba directamente con lo que Paul había estado enseñando desde 1950.

Paul era un estudiante experimentado de las economías mundiales, gracias a sus años estudiando Economía en la Universidad de Michigan, posteriormente trabajando para el Fondo Monetario, e interactuando con funcionarios gubernamentales y banqueros internacionales en conferencias del Banco Mundial. Creía en la democracia, ya que esta restringe los abusos políticos, y en el capitalismo regulado, ya que reprime el abuso económico. No creía en el autoritarismo. Su opinión era que una economía prosperaba más cuando el sector privado supervisaba los negocios, porque las empresas privadas eran más eficientes, creativas y estaban más motivadas que el gobierno. Y además creía que una sociedad capitalista resultaba en una vida mejor para todos los ciudadanos, porque cuando había prosperidad, había empleos para quienes podían trabajar y dinero para programas sociales patrocinados por el gobierno para quienes necesitaban ayuda. Para equilibrar las libertades otorgadas al sector empresarial y prevenir tanto la codicia descontrolada como las tácticas empresariales agresivas, Paul sostenía que los gobiernos deberían aprobar leyes que protegieran a los consumidores. Entendía que cada país siempre tendría un segmento vulnerable de la sociedad que necesitaba protección, y creía que los servicios sociales debían ser gestionados principalmente por el sector público.

Cuando los economistas soviéticos reorganizaron la economía cubana a principios de los años setenta para instaurar un mando central, Paul se alarmó al ver que las políticas marxistaleninistas heredadas del régimen de Stalin se estaban adoptando ahora en América Latina. Conocía bien la hambruna derivada del régimen comunista centralizado en la Unión Soviética y China. Si los comunistas llegaban al poder, iban a querer cambiar la distribución de bienes y servicios y decirles a los ciudadanos lo que podían y no podían hacer. Él había vivido bajo el régimen autoritario de Mussolini durante los primeros doce años de su vida. Lo que le hizo enamorarse de los Estados Unidos, y por lo que se esforzó tanto por convertirse en ciudadano, era que la libertad en los Estados Unidos era para todos por igual. Independientemente de la riqueza o linaje, los estadounidenses podían triunfar si trabajaban duro, y él era un ejemplo perfecto de esto. No podía abrazar una ideología que asfixiara el emprendimiento y frenara la inversión empresarial que él creía firmemente que

Honduras necesitaba. No podía apoyar una ideología que pensaba que obtener beneficios era ilegal. Creía que los recursos del gobierno debían provenir de los impuestos generados por una economía creciente y competitiva, no de poseer y controlar todos los medios de producción.

Muy tarde una noche en 1973 sonó el timbre en nuestra casa. Pia y yo escuchamos a papá caminar por el pasillo pasando frente a nuestras habitaciones hacia la puerta principal. Curiosas, corrimos a una ventana de la sala donde podíamos ver lo que pasaba sin que papá supiera que estábamos allí. Porque nuestra casa quedaba en una colina, la puerta principal se encontraba en lo alto sobre el camino de entrada. Papá abrió la puerta y salió; se veía vulnerable con pantalones bermudas y la camiseta blanca de cuello en V con la que dormía. Había una fila de 20 escalones de piedra entre él y un carro al pie de las gradas. Un joven, claramente borracho, estaba junto a su auto con un arma en la mano. Había una mujer en el asiento de pasajero. Se inclinó hacia la puerta abierta del conductor, hablando suavemente pero con urgencia, intentando convencer al hombre de que se fueran. Él la ignoró y empezó a gritarle a papá los desacuerdos que tenía con la reciente clase universitaria que papá había dado sobre la economía. Pia y yo, de siete y doce años, miramos al hombre con la pistola y nos dimos cuenta de que era uno de los alumnos de papá.

Papá no hizo lo que esperábamos, que era volver a entrar a la casa y cerrar la puerta. Lo observamos, con el corazón por salirse del pecho, mientras permanecía frente al hombre enojado y armado. Escuchó en silencio mientras el tipo se desahogaba, luego respondió con calma. Después de quince minutos, el estudiante se quedó sin argumentos, sin fuerzas o quizá se le había pasado un poco la borrachera. La mujer logró finalmente convencerlo de que volviera al auto. Cuando se fueron, papá volteó para entrar a la casa y cerró la puerta; su postura era triste, derrotada. Pia y yo permanecimos escondidas mientras él caminó lentamente de vuelta a su cuarto.

El estrés por el clima político de Honduras se acumuló en Paul y comenzó a sufrir insomnio crónico. A menudo llamaba al presidente del banco, el Dr. José Mendoza, que también era médico, para pedirle soluciones sobre cómo dormir.[cxvii] Durante ese tiempo dormía solo unas pocas horas cada noche, lo que explica cómo se mantenía al día con tantas obligaciones e intereses. Se quedaba despierto leyendo, corrigiendo trabajos de estudiantes o estudiando sobre sus inversiones. Su corredor de bolsa decía que Paul nunca le pidió un consejo sobre qué acciones comprar.

Su mejor solución para aliviar el estrés siempre había sido el ejercicio, y lo hacía a diario. Cada mañana comenzaba con un entrenamiento intenso: o una caminata rápida de tres kilómetros y medio en el camino de entrada de su casa, o más frecuentemente un partido de tenis. Sus compañeros de juego habituales eran el amigo estadounidense, Rod Saubers, y el arquitecto hondureño, Marco Núñez. Cuando aparecían otros, jugaban dobles. Cuando mis hermanos u otros amigos estaban en la ciudad, Paul los invitaba a jugar, con la condición de que se despertaran a las 6:00 de la mañana para hacerlo. Su sobrino Armando jugaba con él a diario durante sus visitas anuales a Tegucigalpa. En un momento dado, Paul se lesionó el hombro derecho. En lugar de dejar el tenis mientras se recuperaba, cambió de mano y empezó a jugar con la izquierda. Fue entonces cuando su calidad de ambidiestro se hizo evidente: era casi igual de bueno con ambas.

Bob, Craig, Paul y Rick

Luego de que Paul terminaba de hacer ejercicio, se duchaba y luego veía dibujos animados en la televisión mientras se vestía. Cuando entrabamos a su habitación, lo encontrábamos viendo a Bugs Bunny o al Correcaminos. Cuando viajaba a los Estados Unidos, su programa matutino favorito no era las noticias, sino Captain Kangaroo.

Durante los dos años siguientes, el movimiento izquierdista ganó fuerza. Los estudiantes de la UNAH viajaron a Cuba, fueron adoctrinados y luego regresaron a su universidad en Tegucigalpa, donde repartieron volantes, pintaron grafitis y marcharon en manifestaciones.[cxviii] En 1975, la Facultad de Economía de la universidad se acercaba a su vigésimo quinto aniversario, que sería ese verano. Paul anticipaba celebrar este hito, dado su papel en la creación de la Facultad de Economía y por sus veinticinco años de enseñanza allí.

La universidad contaba con una junta directiva compuesta por estudiantes, profesores y representantes de cada una de las disciplinas profesionales. De los 52 miembros de la directiva, solo trece eran ideológicamente conservadores; el resto era de izquierda con diversos niveles de radicalización.[cxix] Esta mayoría no estaba de acuerdo con el currículo procapitalista de Paul y hablaron de cómo destituirlo. Encontraron una buena excusa: las obligaciones de negocios y los viajes frecuentes de Paul obligaban a la universidad a contratar a profesores sustitutos, y su apretada agenda también le hacía difícil estar disponible todo el tiempo para los estudiantes. Un día a principios de 1975, Paul entró a su aula y encontró a otro profesor enseñando. Sin previo aviso, fue expulsado solo unos meses antes de cumplir veinticinco años como profesor.[cxx] Paul se sintió profundamente herido.[22]

También le preocupaba cómo el cambio de clima político podría afectar al Banco Atlántida. Había una tendencia en toda América Latina a que los gobiernos expropiaran bancos y empresas del sector privado. Paul reconoció que el tamaño del banco, mucho mayor que cualquier otro en el país, lo ponía en riesgo de nacionalización. Desarrolló un plan para proteger los activos bancarios. Contó con Faustino Laínez, jefe del departamento legal del banco, para ayudarlo a crear entidades corporativas que agruparan los negocios financieros, inmobiliarios y de servicios del banco. La idea de Paul era que, si una parte del grupo era nacionalizada, al menos el gobierno no podría quedarse con todos los negocios del grupo.[cxxi]

---

22. La directiva universitaria que destituyó a Paul cambió ligeramente de opinión poco después. En noviembre de 1975, Paul fue homenajeado por sus "veinticinco años" de docencia y por su papel en la fundación de la Facultad de Economía. Sin embargo, no se mencionó de que regresara como profesor.

Paul había sido generador de ideas para las empresas hondureñas desde los años 50, y para entonces, dos décadas después, sus amigos y algunos miembros de la junta directiva del Banco Atlántida tenían inversiones en decenas de empresas. Este grupo de inversionistas era ahora una fuerza importante en las industrias de hotelería, seguros, bienes raíces, azúcar, embotelladora de refrescos, harina, papel, cemento e informática. En muchos casos, Paul era presidente de la junta directiva de estas empresas y también era accionario minoritario.[cxxii]

Una de las empresas que presidía Paul era Embotelladora La Reyna, la embotelladora de Pepsi Cola en Tegucigalpa. En ese momento, los sindicatos en Honduras eran muy poderosos. Menos de una década atrás, se había creado el sindicato de trabajadores de la industria de bebidas, STIBYS. El principal negociador de STIBYS era su líder apasionado y testarudo Carlos H. Reyes. Cuando Paul y Reyes se enfrentaban en los lados opuestos de la mesa de negociaciones, ambos acababan sudando.

Aunque Paul representaba a los dueños del negocio y Reyes a los trabajadores, trabajaban bien juntos. De hecho, Paul le había ayudado a Reyes a conseguir una beca para estudiar Economía en Rusia. Una vez Faustino Laínez le preguntó a Paul por qué había ayudado a un adversario, y Paul explicó: «Ayuda sentarse frente a él, porque entiende de economía».[cxxiii] La formación de Reyes en Rusia dio fruto durante las negociaciones de contratos laborales. Cuando la embotelladora de Pepsi había tenido un año difícil y no podía aumentarle los salarios a los trabajadores, Reyes sabía cómo analizar los estados financieros y explicarle la situación a los miembros del sindicato. Su formación en economía hizo único a Reyes: muy pocos miembros del movimiento laboral sabían cómo leer un estado financiero.

En el año 2018 entrevisté a Carlos Reyes sobre esas negociaciones laborales. Me pidió que fuera a la sede de STIBYS. Un guardia uniformado me hizo pasar por un portón de gruesas barras de hierro negro, y un segundo guardia me escoltó por las gradas al segundo piso, pasando frente a un gran poster del Che Guevara, el líder revolucionario marxista que ayudó a Castro a lograr la victoria en la revolución cubana. Reyes se estaba reuniendo con un grupo en la sala de conferencias cuando llegué, así que me llevó a la cocina, donde nos sentamos a conversar.

Me contó que en los años 70, cuando negoció convenios colectivos de trabajo con Paul, los contratos se negociaban en dos meses y las partes cumplían su palabra. En 2018, tardaban tres años en llegar a acuerdos, se requerían documentos legales extensos y, a menudo, los términos no se cumplían. Reyes me dijo que, a pesar de la contradicción de que Paul era un ejecutivo de empresa y Reyes un organizador sindical, había respeto mutuo y una voluntad de llegar a un acuerdo, lo que era más importante que sus diferencias. Él y Paul se reunían ocasionalmente para debatir la situación política y económica del país. Reyes me dijo: «Era uno de los hombres mejor informados de este país». Llegaron a confiar el uno en el otro. Cuando Reyes necesitó un préstamo para el pago inicial de su casa, fue Paul quien se lo dio.[cxxiv]

A medida que se intensificaban las tensiones políticas en la región, se les advirtió a los ejecutivos del banco sobre los riesgos para su seguridad. La junta directiva del Banco Atlántida decidió que Paul debía ser transportado en un auto blindado. Alguien les avisó que un militar vendía un Mercedes Benz 450 SEL azul marino blindado y lo compraron para el uso de Paul.

El conflicto político izquierda-derecha que había dominado las noticias en los países vecinos de Guatemala, El Salvador y Nicaragua se trasladó ahora con fuerza a Honduras. Los Contras, el grupo rebelde de derecha apoyado por los Estados Unidos y formado para combatir al régimen sandinista en Nicaragua, estableció una base en Honduras. Una consecuencia de esto fueron los contragolpes de grupos guerrilleros de izquierda. Estos grupos revolucionarios buscaban recaudar fondos para avanzar su causa. Colaboraron en una oleada de actividades terroristas de recaudación de fondos que incluyeron robos a bancos, asaltos y secuestros. Su actividad en el antes tranquilo país de Honduras duró una década y resultó en cientos de víctimas, muchas de ellas transeúntes inocentes.[cxxv]

Los grupos guerrilleros se enfocaron en atacar bancos y empresarios conocidos por ser capitalistas fuertes, tanto por razones ideológicas como porque allí estaba el dinero. Paul era un objetivo obvio, no solo por ser presidente del banco más grande de Honduras, sino también porque durante sus veinticinco años como profesor de Economía en la universidad, se había hecho conocido como un defensor de las economías de libre mercado. No cabía duda de que algunos de los antiguos colegas y estudiantes de Paul, que sabían esto de él, eran miembros de organizaciones de izquierda en Honduras.

La ola de terror comenzó con robos a bancos. En marzo de 1979, tres bancos, incluido el Banco Atlántida, fueron asaltados en el pueblo de Catacamas. Más tarde se supo que los ladrones usaron algunos de los fondos para comprar casas seguras y financiar la formación de miembros del FSLN (Frente Sandinista de Liberación Nacional) de Nicaragua.[cxxvi] En junio, una sucursal del Banco Atlántida en Tegucigalpa fue asaltada.

En la mañana del 5 de noviembre de 1979, tres hombres enmascarados y con ropa de civil aparecieron en la recepción del Hotel Honduras Maya con pistolas y revólveres. Exigieron que el personal de la recepción les entregara el dinero de la caja fuerte del hotel, que incluía las ganancias del casino del hotel de la noche anterior. Metieron el dinero en una bolsa negra y huyeron en un taxi que los esperaba. Grupos de guerrilla de El Salvador, Nicaragua y Honduras fueron entrevistados en una emisora de radio de El Salvador que simpatizaba con su causa, y tomaron responsabilidad por el robo.[cxxvii] En abril de 1980, comenzó una forma más personal de ataque izquierdista en Honduras. El gerente general de Texaco fue secuestrado en la ciudad norteña de San Pedro Sula.[cxxviii]

Los ejecutivos del Banco Atlántida se reunieron para discutir el riesgo de que uno de los suyos fuera secuestrado. El candidato más probable era el jefe, Paul. Para este momento, Paul y los directores sabían que el problema no iba a desaparecer. Necesitaban tomar medidas más serias para proteger la propiedad del banco y a sí mismos. El banco tenía un Departamento de Seguridad, pero el personal no estaba muy capacitado; básicamente eran porteros. Durante un viaje a Miami, Paul conoció a un exagente del FBI que trabajaba para una empresa de servicios de seguridad estadounidense/británica llamada Wakenhut. Hablaron sobre los detalles de crear un negocio de seguridad en Honduras. Solo necesitaban a alguien que lo manejara.

Juan Ramón Molina era un coronel del ejército hondureño que había estudiado en los Estados Unidos, Europa y Sudamérica, e incluso sacó su maestría en administración de empresas en España. En agosto de 1980, Paul invitó a Molina al banco y le ofreció la gerencia de una empresa de seguridad que entrenaría a guardias para sucursales bancarias y para ser guardaespaldas personales.[cxxix] El grupo bancario creó una nueva empresa llamada SISTEC (Sistemas y Tecnologías en Seguridad Industrial de Protección Preventiva).

Paul puso a mi hermano Rick en el directorio de SISTEC. Como parte de su preparación para ser miembro del directorio, el grupo del banco envió a Rick, de veintiséis años, a un curso en Virginia, a las afueras de Washington D.C. El curso era de entrenamiento de guardaespaldas y era enseñado por personal retirado de las fuerzas armadas estadounidenses. Uno de los ejercicios de entrenamiento consistía en secuestrar a un agente del FBI. Rick acompañó a sus instructores cuando condujeron hasta Washington, D.C., donde el agente estaba almorzando en un restaurante. Los instructores capturaron y esposaron al agente y lo llevaron a una finca. Durante seis horas lo amenazaron. (No se produjo daño físico). Él se enfureció y amenazó con meterlos a todos en la cárcel. Rick era la única persona en el curso que no estaba en el ejército ni era policía, y la experiencia lo aterrorizó.

Al final del día, entró el director de la academia seguido por un alto funcionario del FBI. Confrontaron al agente enojado que había sido secuestrado y reconocieron que era doloroso ser capturado por sorpresa. Pero le dijeron: «No vas a hacerles nada a estos aprendices. Esto es tanto para tu entrenamiento como para el de ellos. Tienes que aprender qué te puede pasar si te enviamos a un país como Colombia y la guerrilla te captura».

Paul también estaba siendo preparado para un posible acto de violencia. SISTEC le asignó un chofer para el pesado auto blindado, así como un guardaespaldas. Ambos hombres estaban armados y lo acompañaban cada vez que salía de la casa. Paul compró un revólver 357 Magnum y los guardias de SISTEC lo llevaban a practicar tiro los fines de semana.

14

CONVIRTIÉNDOSE EN HONDUREÑO 1977-1979

Durante los años en que Honduras pasaba por inestabilidad política dada las profundas diferencias ideológicas, Paul pasaba por inestabilidad matrimonial. Él y Fran habían tenido discusiones durante la mayor parte de su matrimonio y para 1977, luego de dieciséis años de matrimonio, la relación estaba muy tensa. Paul buscaba razones para no estar en casa.

Cuando visitaba la oficina del Banco Atlántida en La Ceiba, se quedaba más tiempo de lo necesario. En el segundo piso del edificio histórico donde quedaba la sede original del banco, estaba el antiguo apartamiento de Félix Lloveras, que Paul visitó por primera vez en 1949. El apartamento ahora era usado por los ejecutivos del banco que viajaban de Tegucigalpa a La Ceiba, así que Paul lo usaba cuando visitaba la ciudad. Diariamente esperaba con anticipación la hora del cóctel, y creía que el ancla social de cada hogar era un bar. Mandó a construir uno de caoba en el apartamento del banco. Muchas noches cuando estaba en La Ceiba visitaba a sus amigos Bishara y Mary Kawas, y pronto también les hizo llegar un bar para su casa. Algunas noches enviaba a los empleados de los Kawas a comprar ingredientes para pasta a la puttanesca y así podía cocinar para todos.[cxxx]

Cuando estaba en casa, papá no sabía cómo tratarme, la primera hija adolescente con la que pasaba mucho tiempo. Como Linda había muerto cuando los cuatro niños eran pequeños, Paul estuvo directamente involucrado en su crianza, al menos cuando vivían con él. Pero Liz fue criada por su madre y luego por sus tías. Cuando Pia y yo nacimos, él se enfocó en su vida profesional y en nuestro apoyo económico, pero no se involucraba en los detalles de nuestra crianza; era mamá quien se encargaba de nuestros permisos. A medida que su relación se deterioraba, mamá y papá no se comunicaban. Esto significaba que papá nunca sabía cuáles eran mis planes.

Una noche decidió ejercer control sobre mi vida social. Yo tenía catorce años y me habían invitado a una quinceañera. Estas fiestas eran grandes bailes formales, algo muy importante en la vida social de un adolescente en América Latina. Cuando el amigo que me invitó vino a recogerme, papá estaba en la sala con unos amigos. Con mi vestido largo puesto, fui a despedirme de él y me dijo:

—Tienes que quedarte y servir nuestros tragos.

—¡Pero papá, mamá me dio permiso para ir a esta fiesta, mi amigo está en la puerta! —le refuté.

—No vas a salir esta noche.

Hice que se fuera mi amigo y me quedé, furiosa. Cuando pasó un rato, papá parecía no darse cuenta de que yo esperaba junto al bar, así que volví a mi habitación y pasé la noche enfurecida, pensando en la diversión que me estaba perdiendo, sin otra razón que el capricho de mi padre.

Ese junio, cuando terminé noveno grado, el último nivel que ofrecía Academia Los Pinares, empaqué para mudarme de mi casa. Papá quería que siguiera el patrón de mis tres hermanos mayores y terminara la secundaria en los Estados Unidos para estar bien preparada para la universidad. Craig y Bob habían asistido al internado para hombres llamado Choate en Wallingford, Connecticut. Para el año que yo fui, Choate se había fusionado con el colegio de mujeres Rosemary Hall. Papá me había matriculado para décimo grado en Choate Rosemary Hall. La educación había cambiado las opciones de vida de papá, y quería que todos sus hijos tuvieran las mismas oportunidades que él. Su amigo Chito Kafie y él discutieron más de una vez sobre su filosofía. Chito era un padre protector que mantenía muy cerca a sus hijos, especialmente a su hija Rosemarie. Le parecía increíble que papá quisiera enviar a su hija de catorce años a otro país. Papá debatió con su amigo que la obligación de un niño era sacar buenas notas en el colegio, y que aparte de eso, debería tener bastante libertad.

Mamá me llevó a Nueva Inglaterra el mismo mes que terminé mis estudios en la Academia Los Pinares. Choate requería que asistiera a la escuela de verano antes de entrar al décimo grado porque venía de un sistema escolar internacional. Mamá me ayudó a armar mi habitación, y dos días después, se despidió. Me sentía desarraigada, casi a seis mil kilómetros de casa, en un entorno cultural muy diferente al que yo había vivido. Las llamadas internacionales eran difíciles de hacer del único teléfono público de la residencia, así que solo se llamaba en caso de emergencia extrema. Mamá prometió que me escribiría y que papá me enviaría un pasaje de avión para volver a Tegucigalpa para la Navidad, seis meses después.

La idea de que todos mis hermanos hubieran sido enviados a los Estados Unidos cuando eran niños pequeños me impedía sentir lástima por mí misma. Me consolaba el hecho de que Craig, que ahora era banquero en Nueva York, vivía a solo unas horas. Su esposa Carol prometió ayudarme a comprar ropa de invierno en cuanto cambiara el clima, porque yo no tenía ropa para un invierno en Connecticut.

Ahora solo Pia, de nueve años, vivía con mis padres, y la casa grande era muy solitaria para ella, sin que estuviéramos ni Rick ni yo. Mamá y papá no eran buena compañía, ya que estaban ocupados con sus vidas y con estar enojados el uno con el otro. Cuando Pia se despertaba por las mañanas, normalmente encontraba cerrada la puerta del dormitorio de nuestros padres, así que iba a la sala a leer, esperando a que alguien despertara. Se paseaba por los jardines y se subía al techo plano de la casa desde el nivel superior de la propiedad. Ese año, nuestra gata negra Zuzu dio a luz a gatitos en ese techo y Pia a menudo iba a buscarlos. A menos que su amiga Vicky viniera de visita, sus acompañantes eran principalmente nuestras empleadas.

Mi decimo grado en Choate Rosemary Hall estuvo lleno de primeras experiencias. El invierno de 1977-1978 fue uno de los más fríos de la historia registrada, con temperaturas de menos diecisiete grados centígrados y nevadas masivas en todo Connecticut. Nunca había visto un copo de nieve, así que las acumulaciones de dos metros y medio fuera de mi residencia me sorprendieron. La fusión de Choate y Rosemary Hall significaba que teníamos clases en ambas escuelas, y mis caminatas hasta una clase podían tomar 20 minutos bajo la nieve intensa. Aprendí que necesitaba botas adecuadas para evitar que los pies se me congelaran.

Socialmente estaba en un mundo extranjero. El típico estudiante de Choate-Rosemary Hall era muy privilegiado y había estado expuesto a mucho más que yo. Sentía un mayor vínculo con los estudiantes latinoamericanos. Nos unía la cultura y la lengua nativa que teníamos en común, y porque habíamos llevado una vida más protegida que los estudiantes estadounidenses, que tenían una sofisticación que muchos de nosotros no teníamos.

El rigor académico en Choate era abrumador. La Academia Los Pinares era una buena escuela, pero no se acercaba al nivel de una de las mejores escuelas en los Estados Unidos. Por primera vez en mi vida, mis notas no fueron buenas. Mi peor pesadilla fue la clase de Historia de los Estados Unidos, de la cual no tenía ningún conocimiento previo. Cuando terminó el primer semestre, apenas había aprobado esa clase y tenía notas decentes pero no impresionantes en las demás materias excepto en la clase de español, en la que por suerte tenía ventaja. A mi padre no le gustaron las calificaciones que traje a casa en diciembre; mi colegiatura era muy cara y él esperaba un mejor desempeño.

Me hizo muy feliz dejar la nieve y el frío y volver a Tegucigalpa para la Navidad. Fue divertido reconectar con mis amigos, aunque no con mis padres, que estaban muy tensos. Para la víspera de Año Nuevo, mamá y papá organizaron una fiesta. Mis hermanos estaban en casa y papá dijo que podíamos invitar amigos, así que invité a un amigo. Cuando la gente empezó a llegar esa noche, papá llevaba bebiendo desde temprano y estaba agresivo. Cuando mi invitado entró por la puerta principal, papá vio que no llevaba chaqueta y le dijo: «¿Por qué no te vistes decentemente y luego puedes entrar?» Mamá se avergonzó y dijo: «¡Por el amor de Dios, Paul, muchos en la fiesta están informales!» Eso desató una gran pelea delante de nuestros invitados.

Justo antes de la medianoche, todos salieron a ver el espectáculo de fuegos artificiales que mis cuatro hermanos organizaron a lo largo del camino de entrada de la casa. Papá estaba al pie de las gradas con Chito, y mamá estaba arriba con Nena, intentando ocultar sus lágrimas. A medianoche, Chito le sugirió a papá que subiera y le deseara a mamá un Feliz Año Nuevo. Él lo hizo, y ella le recordó que habían prometido llevarnos a Pia y a mí a otra fiesta de Año Nuevo organizada por nuestros amigos los Alder. Papá le informó que nadie iba a ir a ningún sitio.

Mamá, desafiante, nos metió a Pia y a mí en su auto y nos fuimos a la casa de los Alder, dejando a papá con los invitados que aún estaban en la fiesta. Cuando volvimos esa noche, en vez de subir a nuestras habitaciones, mamá nos hizo dormir en el cuarto de invitados de abajo. Las tres pasamos la noche juntas en la cama, y cerca del amanecer oímos a papá bajar las gradas para comprobar que habíamos llegado a casa. Cuando volví a Choate en enero, me quedó claro que el matrimonio de mis padres estaba cerca de su fin.

En febrero, el Dr. José Mendoza decidió jubilarse luego de una década como presidente del Banco Atlántida. Con el Chase fuera de la ecuación, ya no era necesario que los cargos de presidente de la junta directiva y de gerente general del banco los ocuparan dos personas diferentes. Paul ya era gerente general y el 7 de febrero de 1978, la junta directiva del Banco Atlántida votó que Paul también fuera su presidente. (Un año después, Paul contrató a un subgerente general, el Dr. Guillermo Bueso, que fue alumno de Paul y que recientemente había sido presidente del Banco Central.)

Liz terminó la secundaria ese junio. La celebración de graduación de la Escuela Americana era una fiesta formal. Era diferente a las fiestas de graduación en los Estados Unidos, ya que asistía toda la familia. Cada graduado desfilaba con un padre: hijas con padres, hijos con madres. Paul asistió sin Fran, ya que ella todavía no formaba parte de la vida de Liz.

Liz y Paul Vinelli, fiesta de graduación de la Escuela Americana de Tegucigalpa, 1978

Unas semanas después, regresé a Tegucigalpa al terminar mi primer año en el internado. Papá me puso a trabajar en el Hotel Honduras Maya como operadora de la central telefónica. Cada día su chofer nos llevaba juntos a trabajar: me dejaban en el hotel y papá continuaba hacia el banco. Él y yo nos sentábamos en el asiento de atrás de su auto en silencio. Papá seguía enojado conmigo por mis notas, que no mejoraron mucho durante el segundo semestre, y a mí me daba miedo hablarle. Papá tampoco le hablaba mucho a mamá, y cuando lo hacía, era desagradable. Él había empezado a referirse a ella como "la bruja". Mi madre era extremadamente emocional y volátil, su manera de ser en esos días bordeaba en la histeria. Cuando ambos estaban en casa, Pia y yo permanecíamos abajo en la sala de juegos, lejos de ellos. Ambos bebían en exceso y se comunicaban a gritos; de vez en cuando alguien tiraba un objeto pesado al suelo que escuchábamos rodar. ¡Desde donde estábamos, parecía que jugaban boliche!

A finales de julio, papá se fue a un viaje de negocios a Nueva York. Luego de que él saliera para el aeropuerto, mamá entró a mi habitación y me dijo que planeaba dejarlo y me preguntó qué pensaba. Yo solo tenía quince años, pero la respuesta me salió fácil: «Mamá, son terribles juntos. Creo que un buen divorcio sería mejor que un mal matrimonio». Me dijo que iba a ir a Kansas City, Misuri, donde vivían sus hermanas Doris y Elizabeth, y me preguntó si quería ir a vivir con ella o volver a Choate. Elegí Kansas City.

Luego llamó a Pia, de diez años, a su dormitorio. Pia se sentó en la cama de mamá mirándola mientras ella se apoyaba en la cabecera de la cama.

—Si tuvieras que elegir, ¿con quién te gustaría vivir, con tu padre o conmigo? —Mamá le preguntó.

—Contigo —Pia respondió. —¿Tú y papá se van a divorciar?

—No estoy segura, quizá —respondió mamá.

Era claro que mamá había pensado bastante sobre su plan, porque esa tarde había un camión de mudanzas escondido detrás de nuestra casa. Nos dijo que nos iríamos en dos días, y que no podíamos contárselo a nadie, ni siquiera a nuestros amigos más cercanos. Esto me entristeció, así que mamá terminó diciendo que podía dejar que mis amigos vinieran a despedirme al aeropuerto, pero que no podían saber que nos íbamos hasta la noche antes de nuestro vuelo.

Mamá fue al banco a la mañana siguiente y le pidió a la secretaria de papá, Marielos, que le diera acceso a las declaraciones de impuestos sobre la renta de papá, y también a otros documentos financieros. Mientras mamá hacía copias, un colega de papá, Cleto Álvarez, salió de su oficina. Él vio lo que ocurría pero no dijo nada.

Por la tarde, su amiga Coco Alder la sorprendió con una visita. Coco caminó de la puerta de la casa directo al dormitorio de mis padres, esperando encontrar a mamá en su salita. Al voltear hacia el pasillo del dormitorio, vio a mamá, con los ojos llenos de lágrimas, empacando una gran maleta. Coco inmediatamente entendió lo que pasaba y soltó: «¡Oh, Fran, te vas a arrepentir muchísimo!»

Por dos días los empacadores fueron de un cuarto a otro. Mamá alternaba entre la tristeza por marcharse y el terror de que alguien llamara a papá en Nueva York. Pia y yo nos mantuvimos al margen, y yo hablé de Kansas City como una gran aventura para que mi hermanita no llorara. La sobrina de papá, Diana, estaba en Tegucigalpa visitando a nuestra abuela Dora, que vivía a dos cuadras. Mamá temía que pudieran venir a la casa y encontrarla haciendo maletas, pero como papá estaba fuera de la ciudad, no vinieron. Úrsula, las empleadas y los jardineros no dijeron ni una palabra, solo nos miraban con caras tristes. Mamá nos dijo a Pia y a mí que solo podíamos llevarnos nuestras pertenencias más especiales, porque el transporte a los Estados Unidos era muy caro. En lugar de enviar álbumes de fotos pesados, mamá arrancó de ellos las fotos que quería.

El día que nos fuimos, mis amigos vinieron al aeropuerto de Toncontín para despedirse. Yo sentía diferentes tipos de miedo: miedo de que papá se enojara mucho, miedo de comenzar el décimo primer grado en una escuela de secundaria pública enorme de Kansas City, y miedo a no volver a Tegucigalpa, porque no sabía si papá nos dejaría regresar a casa después de habernos ido con mamá. La despedida con mis amigos se sentía definitiva.

Cuando aterrizamos en Kansas City, la hermana de mi madre, Doris, nos recogió en el aeropuerto. Nos llevó en auto a su casa que era muy acogedora en el vecindario de Overland Park, donde su familia había hecho sitio para que las tres viviéramos con ellos por un tiempo. Todo en la casa—paredes, alfombras, baños—era decorado de morado, igual que la tía Doris. Me gustaron mucho los detalles de la casa y el vecindario me pareció encantador. Honduras y las peleas de mis padres parecían muy lejanas.

Mamá estaba en un alboroto emocional, pero llena de energía. Durante los primeros dos días, me llevó frenéticamente de compras. Yo la seguía por las tiendas, empujando carritos de compras llenos de las necesidades de una casa. Ella quería comprar todo lo que pudiera antes de que papá cancelara su tarjeta de crédito. Finalmente, su tarjeta fue rechazada en la caja registradora de una tienda; no sabíamos si era porque papá la había cortado o si ella había excedido el límite. En ese momento, mamá perdió toda la valentía que la había impulsado hasta ese momento. Todo el fuego que observé mientras ella empacaba, organizaba y nos trasladaba a Kansas City la abandonó. Durante los meses siguientes, estuvo en estado lloroso y de zombi, aun cuando nos matriculaba a Pia y a mí en la escuela. Buscamos un apartamento para mudarnos y mamá empezó a pensar en buscar trabajo.

Alguien, no estamos seguros quién, le informó a papá sobre nuestra partida antes de que él regresara a Tegucigalpa. Desde el aeropuerto, fue directamente a la casa de Chito, quien confirmó que había escuchado un rumor de que nos habíamos ido. Paul le pidió a Chito que llamara a nuestra casa. Cuando contestó una empleada, Chito fingió no saber dónde estaba papá y preguntó: «Déjeme hablar con el Dr. Vinelli». La empleada le dijo que estaba fuera de la ciudad, así que Chito le insistió: «Bueno, déjeme hablar con Doña Frances». La respuesta de la empleada hizo que papá se pusiera rojo: «Está en los Estados Unidos». Papá se fue a casa y entró como un toro furioso. Más tarde, Úrsula nos contó que primero entró a mi habitación, luego a la de Pia, y después a la que compartía con mamá, abriendo gavetas para encontrarlas vacías, y abriendo de golpe las puertas de los armarios donde no había nada.

Al día siguiente, en el banco, Paul se enteró por Cleto de que Marielos le había dado a Fran acceso a los documentos financieros. Inmediatamente hizo que Marielos se trasladara a trabajar para otro funcionario del banco. La única otra secretaria que tenía experiencia trabajando para Paul era Mirna Gómez, que trabajaba en otro departamento del banco y sustituía a Marielos cuando ella tenía días libres. Cuando a Mirna le informaron que ahora iba a ser la secretaria de Paul, quedó petrificada; El Dr. Vinelli la aterrorizaba. Me contó cómo fueron los primeros días: «Olvidaba mi inglés. Él me hablaba y yo respondía en español. Me miraba fijamente, intentando entender qué me pasaba. Otros venían y me decían que me calmara y yo decía:

«No puedo, la presencia de ese hombre me asusta. Tiene una mirada tan intensa».[23] El estado de ánimo de Paul cuando ella empezó a trabajar no ayudó. Cuando la factura de la tarjeta de crédito de Fran llegó a Tegucigalpa unas semanas después, salieron fuegos artificiales de la oficina de papá. Salió furioso al escritorio de Mirna con la factura en la mano, gritando: «¡No necesitaba una cama tamaño matrimonial!»

Dos meses después, el 29 de agosto de 1978, Paul se convirtió en ciudadano hondureño. No fue una decisión menor, porque requería que renunciara a la ciudadanía estadounidense por la cual había luchado durante quince años, y como no nació en los Estados Unidos pero se naturalizó, una vez que renunciara a la ciudadanía estadounidense, nunca podría recuperarla. En su declaración en la Embajada de los Estados Unidos en Tegucigalpa, Paul dijo que su motivo para tomar este paso era para poder representar al gobierno hondureño en reuniones internacionales sobre el desarrollo económico de Honduras. Papá me dio otra razón. Me dijo que, como fue nombrado presidente del Banco Atlántida a principios de ese año, y dado que el Banco Atlántida ahora era 100 por ciento capital hondureño, consideraba importante que el presidente fuera también hondureño.

Alrededor de esa época, Paul decidió que la ubicación de la sede del Banco Atlántida en el centro de Tegucigalpa ya no era la adecuada, tanto porque el personal ya no cabía en ese espacio como por la congestión de tráfico. Tegucigalpa fue fundada en 1578, exactamente 400 años antes. En aquel entonces, las estrechas calles del centro de

23. Mirna trabajó con Paul el resto de su vida y se convirtió en su mayor admirador. Me dijo: «Trabajar con tu padre era como estar en el colegio. Me enseñó todo, incluso contabilidad». En 2026, sigue trabajando en el Banco Atlántida.

la ciudad estaban diseñadas para caballos y carruajes. Ahora la ciudad crecía rápidamente, y la congestión de tráfico constante en el centro dificultaba el acceso del personal y clientes bancarios.

Paul convenció a la junta directiva de que el banco debía comprar un terreno grande en el vecindario de San Ignacio, una zona que se consideraba en las afueras de Tegucigalpa, lejos de cualquier desarrollo comercial. Propuso la construcción de un nuevo edificio bancario moderno y grande. La junta directiva aceptó su sugerencia, pero hubo muchos críticos que decían que era una mala idea. A Paul no le molestaron las críticas. Comentarios parecidos se habían hecho 20 años atrás, cuando impulsó la construcción de las sedes de los dos bancos gubernamentales, el Banco Central y el Banco de Fomento (más tarde llamado BANADESA). Ambos proyectos resultaron ser buenas decisiones.[cxxxi]

La colocación de la primera piedra de la nueva sede del Banco Atlántida tuvo lugar un lluvioso día de septiembre. Paul recalcó en su discurso: «Hoy no vamos a colocar el primer ladrillo de un nuevo edificio bancario. Estamos inaugurando el nuevo centro financiero de Tegucigalpa». Los invitados observaban dudosamente la gran extensión de tierra detrás de Paul. Al lado había un terreno baldío que era un botadero donde los buitres rebuscaban entre la basura.

Paul demostró tener razón en esta y en muchas otras adquisiciones de terrenos. Eventualmente, la zona que rodea al Banco Atlántida atrajo a los otros grandes bancos y a muchas otras empresas. Como él había previsto, esta zona se convirtió en el centro financiero de Tegucigalpa, y el centro de la ciudad terminó siendo abandonado por las grandes empresas. Paul tenía tal instinto para el desarrollo inmobiliario que cada vez que el Banco Atlántida planeaba una nueva sucursal, se aseguraban de que él eligiera la ubicación.[cxxxii]

Unos meses después de llegar a Kansas City, mamá nos encontró un apartamento de dos habitaciones cerca de la casa de la tía Doris. Mamá todavía esperaba una reconciliación con papá, pero no quería seguir siendo una imposición en la casa de su hermana. Mi hermano John vino de Seattle para ayudarnos con la mudanza. Tanto papá como Craig criticaron a John por haberse involucrado, pero John le dijo a papá: «Fran es la madre que más recuerdo, siempre estaré allí para ella».

Mientras mamá estaba en Kansas City, esperando que la separación hiciera que papá deseara su regreso, una mujer a la que consideraba su amiga tenía un plan para reemplazarla. María Mastahinich Perusina vivía en San Pedro Sula, la ciudad hondureña donde se encontraba la mayor parte de la industria del país. Era dueña de una de las mayores empresas de distribución de alimentos de Honduras. Conocía a Paul porque era cliente del banco, y a través de él también conocía a mamá. El año antes de que mamá se fuera de Honduras, María se hizo amiga de ella y mamá le confesó sus problemas con papá.

María nació en la ciudad montañosa de San Marcos en Guatemala. Sus padres, Ana y Pablo Mastahinich, habían inmigrado de Dubrovnik, Croacia. María era la mayor de seis hijos. Su padre trabajó primero en una finca de café y luego estableció la suya. María se casó por primera vez en 1957. Su marido era español de apellido Granda. Poco después de su boda, él la llevó a su pequeño pueblo natal en España, donde su madre le enseñó a María exactamente cómo debía cuidar de su hijo. Aprendió cada detalle de cómo llevar bien una casa: lavandería, planchado, poner la mesa, así como sacar todas las mañanas la ropa que su marido se debía de poner.

Luego, María y Granda se mudaron a San Pedro Sula, Honduras, donde él trabajó para la empresa Nestlé. Granda siempre había soñado con montar su propio negocio, así que en 1963 fundó DIAPA. Trágicamente, menos de un año después, él murió en un accidente de avioneta. Viuda y sin hijos, María decidió hacerse cargo del manejo de DIAPA y la convirtió en una gran empresa. María tenía un gusto excelente y atendía a sus invitados de forma maravillosa. A lo largo de los años había hecho amistad con las familias más poderosas de San Pedro Sula.

Todo el país sabía que la esposa de Paul lo había dejado. Había una fila de mujeres que intentaban acercarse al presidente del banco, aunque no estaba divorciado. María era una competidora astuta y se las arreglaba para ver a Paul a través de sus amigos siempre que él estaba en San Pedro Sula por negocios. Paul se sintió atraído por sus habilidades sociales y sus contactos. Fran nunca se había sentido a gusto rodeada de personas poderosas o adineradas, por lo que ella no le fue de ayuda a medida que Paul aumentaba su prominencia social en Honduras. María también se diferenciaba de Fran en que controlaba sus emociones y siempre parecía serena y fuerte. A Paul le gustaba estar con alguien que no perdía el control. Comenzó a visitar a San Pedro Sula por motivos distintos a los asuntos bancarios.

Mamá regresó a Tegucigalpa en mayo de 1979, diez meses luego de dejar a papá. En los días previos a su viaje, estaba nerviosa pero emocionada, con esperanzas de una reconciliación. Yo pensé que estaba loca. Aunque no tenía ni idea de la relación que se estaba desarrollando entre papá y María, yo sabía que nadie podía humillar públicamente a mi padre como lo hizo mamá y luego conseguir que la aceptara de nuevo.

Mamá sorprendió a papá cuando volvió. Él la encontró sentada en la sala de la casa una tarde al regresar del banco, pero se recuperó de su sorpresa y la saludó de forma distante pero educada. Él preparó un trago para ambos, puso música y se sentaron a tomar sus tragos en un silencio casi total. Luego papá se levantó y salió por la noche, dejando a mamá sola y llorando. Úrsula entró a la sala y la consoló, insistiendo que entendiera que papá ahora tenía una relación con María y que debía aceptar que el matrimonio había terminado.

Fue así como, en lugar de la reconciliación que esperaba, Fran recibió los papeles del divorcio el 18 de mayo de 1979. Paul fue más generoso de lo que la ley hondureña de la época exigía. Aceptó pagar una indemnización considerable además de la manutención infantil para Pia y para mí, así como los gastos para nuestra educación y atenciones médicas hasta que termináramos la universidad. El acuerdo de manutención era de por vida, con tal de que Fran no se volviera a casar. Ella vivió muchos años más que él y nunca salió con nadie, por lo que él le envió un cheque mensual por el resto de su vida. Así terminó el matrimonio número cuatro.

Antes de irse de Tegucigalpa, mi madre visitó a Liz. Era la primera vez que se conocían. Fran le pidió perdón por impedir que Pia y yo tuviéramos una relación con ella. Dejó claro que nunca guardó rencor hacia ella y admitió que había manejado mal una dinámica social complicada. Liz fue extremadamente amable: le dijo a Fran que no sentía resentimiento porque su madre y sus tías le habían proporcionado un hogar maravilloso y amoroso.

Luego Fran tomó un avión, dejando su matrimonio y el país que había sido su hogar durante casi 20 años. Voló a Kansas City, llevando consigo muchos arrepentimientos. Dos meses después, el 18 de julio, Paul hizo de María su quinta esposa, en una pequeña y elegante ceremonia en el Hotel Camino Real de Ciudad de Guatemala.[24]

Paul y María Mastahinich, ciudad de Nueva York

Cuando Paul se casó con María, Úrsula temía la reacción que tendríamos Pia y yo. Sabía que planeábamos visitar a papá en Tegucigalpa en agosto, y que sería la primera vez que lo veíamos desde el verano anterior, cuando mamá nos sacó del país. Úrsula envió

24. Ninguna de las cinco ceremonias de matrimonio de Paul tuvo lugar en Honduras.

una carta a Kansas City e incluyó un recorte de periódico de la boda en Guatemala. Mi madre quedó destrozada al enterarse de lo rápido que él se volvió a casar luego de diecisiete años de matrimonio con ella. Me puse furiosa de que papá no pensara que debía contarme que se había casado antes de que yo volviera a casa, y le dije a mamá que Pia y yo no iríamos a Honduras ese año. Mamá nos sentó y nos dijo que no debíamos mantenernos alejadas de nuestro padre un año más, dado que nuestro único contacto con él eran cartas ocasionales. Dada su insistencia, a finales de agosto de 1979 Pia y yo volamos a Tegucigalpa.

Papá nos recibió en el aeropuerto con María. Él no sabía que nos habían contado sobre su matrimonio; tenía la intención de sorprendernos con la noticia. Yo sentía resentimiento, típico de una joven de dieciséis años bajo estas circunstancias. Cuando llegamos a casa, nos quedamos atónitas. María llevaba casada con papá menos de un mes, y sin embargo la casa ya estaba transformada. Había repintado todo, de beige a blanco, y estaba en proceso de tapizar o reemplazar todos los muebles. Su gusto era muy elegante pero no adecuado para una vida familiar. Parecía que tenía la intención de borrar cualquier rastro de que mi mamá había vivido allí.[25]

Cuando entré a mi dormitorio, me quedé paralizada. María había eliminado toda huella de los recuerdos de mi infancia que no pude empacar porque no tuve espacio cuando nos fuimos el año anterior. Pia y yo teníamos dormitorios uno al lado del otro con un pequeño baño compartido. Había desaparecido nuestra decoración de adolescentes del papel a rayas en la pared, y tampoco estaban nuestros libros y pósteres. En cambio, ahora teníamos habitaciones decoradas

25. En ese momento yo no tenía esta perspectiva, pero Papá debe de haber entendido la situación en que se encontraba María: 20 años antes Iris había hecho lo mismo cuando se casaron y ella cambio todos los muebles que él y Linda habían comprado.

para niñas pequeñas, con cortinas y frazadas floreadas, y peluches nuevos en las camas. Nuestros peluches originales, los que importaban, habían sido botados a la basura. Todo era bonito pero estéril.

María no tenía hijos propios, pero sabía cómo hacerse amiga de nosotros. Ese mes nos llevó a Liz, Pia y a mí a un viaje por carretera a Guatemala, y sugirió que cada una llevara a una amiga. Las seis niñas visitamos la finca de café de la familia de María, fuimos a la playa de Likín y terminamos el viaje en la Ciudad de Guatemala, donde sus sobrinos nos llevaron a las mayores a discotecas. Fue un viaje maravilloso. Algo especial fue que, por primera vez en mis dieciséis años, llegué a conocer a mi hermana mayor. Liz y yo nos quedábamos despiertas hasta tarde contándonos sobre los años de vida que cada una se había perdido de la otra.

Luego de que Pia y yo regresamos a Kansas City a finales de agosto, Paul y María se fueron a Italia para gozar de la luna de miel que habían postergado. Al regreso, volaron en el Concorde desde París hasta Washington D.C. para que Paul pudiera asistir a las reuniones del Banco Mundial y el Fondo Monetario. A Paul le encantaba volar en el jet supersónico, que hacía el viaje a través del Océano Atlántico en tres horas y media, comparado con el tiempo normal de vuelo de siete u ocho horas. El vuelo era extremadamente caro, más de 30 veces de lo que costaba un pasaje en clase económica de un vuelo normal. Era el único lujo que María no apreciaba. Los aviones la ponían nerviosa y sentía aún más miedo en el interior reducido del diseño aerodinámico del Concorde.[26]

26. Uno de los sacrificios más grandes que hacía María por Paul era viajar con él frecuentemente. Odiaba volar porque muchos de sus familiares, incluyendo su primer marido, habían muerto en accidentes de avión. Sin embargo, por Paul, voló por todo el mundo, asegurándose de tomar una pastilla para la ansiedad o una copita de whisky antes de embarcarse. Paul bromeaba que se alegraba de que María mantuviera las uñas cortas, porque le agarraba el brazo con fuerza siempre que había turbulencias.

Antes de dejar París, Paul le envió un mensaje a Rick, quien había terminado sus estudios en gerencia hotelera y ahora trabajaba como encargado de banquetes en un hotel de Washington. Paul quería que Rick los recogiera a María y a él en el aeropuerto de Dulles. Rick todavía no conocía a la nueva esposa de su padre y los sorprendió alquilando una limosina negra para llevarlos al Hotel Watergate.

A finales de 1979, la vida de Paul andaba muy bien. María era extremadamente atenta con él. La construcción de la nueva sede del banco avanzaba bien. Su preocupación era su madre. Dora se sentía triste, aún de luto por la pérdida de Angelo. Aún después de vivir en Tegucigalpa durante cuatro años, no se adaptaba bien a la cultura latinoamericana. Paul le pidió a Rick que regresara a Tegucigalpa. Valoraba el efecto que Rick tenía sobre Dora, quien se había conectado mucho con él las dos veces que vivieron juntos: en Portland, Maine, cuando tenía tres años (justo luego de que muriera su madre), y más tarde en Rochester, Nueva York, cuando vivió con ella y Angelo Bufano durante quinto y sexto grado. Todos sabían que Rick era el nieto favorito de Dora.

Nuestra prima Diana era la nieta más cercana a Dora, y ella me describió la influencia que Rick tenía en nuestra abuela: «Cuando Nononna estaba de mal humor, todos caminábamos de puntillas, preguntándonos qué pasaba. Solo hacía falta que Rick entrara, la abrazara y le besara la mejilla, y ese ceño fruncido se convertía en una gran sonrisa». En los días en que la abuela estaba especialmente gruñona, él la saludaba con un «¡Hola, sexy!», y eso le cambiaba el ánimo de inmediato.

El Hotel Honduras Maya contrató a Rick como encargado de banquetes, y en enero de 1980 se mudó a un apartamento del hotel. A Rick le encantaba organizar eventos, era un gran anfitrión y el alma de todas las fiestas. El Hotel Honduras Maya seguía siendo el mejor hotel de la ciudad y se había convertido en el punto de encuentro de periodistas, políticos y personal militar estadounidense. Esta fue la época del apoyo estadounidense a los Contras, que se oponían al régimen sandinista en Nicaragua. El corresponsal del New York Times, Clifford Krauss, escribió en su libro *Inside Central America: Its People, Politics, and History*: «El Honduras Maya, el único hotel de lujo de Tegucigalpa, es un nido de espías estadounidenses, un punto de encuentro de los Contras y una residencia para entrenadores militares estadounidenses y soldados de fortuna».[cxxxiii] Rick estaba en medio de la acción.

Rick volvió a Honduras justo antes de que Dora cumpliera 85 años. Paul invitó a familiares de Maine y California a su fiesta de cumpleaños en febrero. Cuando los mariachis llegaron para hacerle serenata a su madre, Paul se paró y bailó con ella. Era lo más feliz que se le había visto en años.

Paul y Dora bailando en la fiesta celebrando sus 85 años, febrero 1980

15

VINIERON POR ÉL

1980 – 1981

La actividad terrorista que se infiltró en Honduras en 1979 aumentó de forma constante, y a finales de 1980 los robos a bancos ocurrían casi mensualmente.[cxxxiv] El personal de SISTEC sabía que tanto los ejecutivos del Banco Atlántida como las sucursales bancarias eran objetivos. La empresa de seguridad, que tenía solo unos meses, se apuró a entrenar personal y guardaespaldas.

La seguridad era una prioridad en la mente de los ejecutivos del banco mientras se acercaba el final de la construcción de la nueva sede del Banco Atlántida. El edificio fue diseñado para impedir robos y tenía una entrada separada para proteger a los ejecutivos. Paul iba a la obra varias veces por semana para ver el progreso. El plan era mudarse en enero de 1981. Estaba orgulloso y emocionado por este edificio de primera clase. Su oficina amplia, en una esquina del tercer piso para ejecutivos, tenía un balcón exterior privado con una vista bonita del área que rodeaba el edificio.

En diciembre de 1980, las tiendas de Tegucigalpa fueron transformadas para la Navidad. La gente hacía sus compras navideñas y recibían invitados como de costumbre, intentando ignorar la tensión causada por el aumento de la delincuencia.

La sala de la casa blanca de Paul y María estaba decorada con varios pinos naturales coronados por enormes lazos de terciopelo rojo. El personal de la cocina se ocupaba de preparar comidas especiales para la gran cantidad de amigos que invitaron ese mes. El árbol de la sala de juegos de abajo tenía una montaña de regalos a su alrededor para los hijos y nietos de Paul. Los hermanos Vinelli que vivían en Honduras — Bob, Rick y Liz — planeaban reunirse en esa sala con sus familias para el día de Navidad. Pia y yo íbamos a viajar a Tegucigalpa el 19 de diciembre para reunirnos con ellos.

A las 8:30 de la mañana del jueves 18 de diciembre, exactamente una semana antes de Navidad, Paul bajó las gradas de la entrada de la casa. Su chofer mantuvo abierta la puerta trasera de un Ford Granada color plata. Nada de esa mañana era rutinario. El Mercedes 450SEL blindado de Paul estaba en el taller para su mantenimiento de rutina. Su chofer habitual, Rolando García, estaba tomando un curso de entrenamiento en seguridad. Su guardaespaldas habitual había llamado para decir que se había enfermado. Como consecuencia, esa mañana Paul salió al trabajo en otro carro, uno que no era blindado, con un conductor distinto y con un guardaespaldas sustituto.[27]

El chofer de reemplazo, Roberto Martínez, había sido conductor de ejecutivos del banco durante ocho años. En el asiento del copiloto a su lado estaba el guardaespaldas sustituto, Demetrio Cedillos. Era un novato de veintidós años contratado recientemente por SISTEC. Paul iba sentado en el asiento de atrás. Su pistola, un revólver 357

27. Posteriormente, una investigación sobre el mantenimiento del carro y los itinerarios del chofer y el guardaespaldas no encontraron nada sospechoso.

Magnum, estaba dentro de su maletín de cuero negro que estaba abierto en el suelo. Los periódicos de ese día habían sido colocados en el asiento junto a él para que pudiera leer las noticias durante el trayecto al trabajo.

El auto avanzó despacio por el largo camino de entrada. Al acercarse al par de portones, un guardia abrió uno para que pasara el auto de su jefe. Paul levantó la mano en señal de saludo a los guardias al pasar junto a ellos. A unos 200 metros, el carro volteó a la izquierda subiendo una pequeña cuesta hasta la casa de la madre de Paul. Paul estuvo con Dora durante diez minutos. Luego de desearle un buen día, volvió al auto y Martínez, Cedillos y él se dirigieron al banco en el centro de la ciudad. Paul abrió un periódico y empezó a leer.

La colonia de Las Lomas del Guijarro, situada en una colina, está llena de casas grandes y elegantes escondidas detrás de muros altos, como es necesario por razones de seguridad en la mayoría de los países de América Latina. Árboles bordean ambos lados de las calles. El Ford se salió de la calle pequeña que iba de las casas de Paul y Dora y volteó a la derecha en la calle principal. Un auto azul que estaba estacionado en el cruce salió detrás del auto de Paul. La calle volteaba alrededor de la colina y luego se enderezaba. Los dos autos bajaron la cuesta, donde al fondo comenzaba otra colonia más modesta llamada Pueblo Nuevo.

En la entrada de la colonia Pueblo Nuevo se encontraba una pequeña tienda, que los hondureños llaman pulpería. La propietaria, Doña Alma, le vendía refrescos a un pareja de jóvenes. Ambos llevaban un maletín. Había estudiantes en la parada de autobús frente a la tienda. Cerca de ellos estaba una mujer con un gran lunar en la mejilla, mirando cuesta arriba.[cxxxv] Llevaba una falda que le llegaba hasta las rodillas y un suéter largo encima.

Los jóvenes en la tienda de Doña Alma terminaron sus refrescos y salieron a la parada de autobús. Se pararon junto a la mujer con la falda larga. La van blanca en la que habían llegado estaba estacionada cerca a la tienda. El vehículo tenía matrículas gubernamentales, pertenecía a un hombre que trabajaba en el Ministerio de Trabajo. La pareja la había robado a punto de pistola una hora antes.[cxxxvi]

Al otro lado de la calle y un poco más arriba en la colina había un mercadito llamado Magar. Delante estaba otra pareja, observando el tráfico que pasaba. También llevaban maletines. La mujer tenía puesto blue jeans, zapatillas deportivas, un suéter azul y una boina del mismo color. Mientras el Ford Granada bajaba la colina pasando por el mercado Magar, el hombre y la mujer que esperaban allí salieron a la calle y comenzaron a seguir al auto. El Ford se vio obligado a avanzar lentamente debido a la multitud al pie de la colina, junto a la parada de autobús.

Antes de que el Ford llegara a la parada, el hombre frente a la pulpería de Doña Alma se metió en la van blanca y la manejó hasta atravesar la calle, donde bloqueó el paso del Ford. Martínez frenó bruscamente para evitar chocar con ese vehículo.

Las dos mujeres en la parada de autobús y la que había bajado caminando desde el mercado de Magar sacaron ametralladoras de sus maletines y abrieron fuego contra el auto de Paul. La mujer que seguía detrás del carro estaba muy cerca. Disparó una ráfaga de balas contra la ventana trasera del auto, destrozándola por completo. Paul se tiró hasta estar acostado en el asiento de atrás. Una de las balas atravesó el vidrio trasero del auto, le pasó por encima a Paul y penetró el brazo derecho del chofer.

El auto azul que los seguía se puso a la par del Ford y dos hombres saltaron por la puerta. Sacaron al chofer del auto y le dispararon dos veces en la cabeza sobre el ojo izquierdo. Cayó al suelo; le faltaba un ojo y tenía la cara completamente ensangrentada. Los atacantes pensaron que había muerto y lo dejaron tirado en el suelo.

Cedillos, el guardaespaldas, saltó desde el asiento de pasajero apuntando con su revólver .38. Disparó dos veces antes de ser disparado en el pecho y en la cara por el conductor de la van. Cayó al suelo boca arriba, sujetándose la cara con las manos. El tirador se acercó, vio que seguía respirando y le disparó de nuevo en la cara para asegurarse de que el trabajo estaba completo.

Paul nunca sacó su arma del maletín. Los agresores rodearon su auto, abrieron su puerta con un tiro y lo arrastraron violentamente del carro. Intentó resistir, pero uno de ellos lo golpeó en la cabeza con una ametralladora. Lo empujaron al suelo y sintió que una mujer le cubría el cuerpo con el suyo mientras alguien le ataba las manos a la espalda y le tapaba los ojos con una venda. Los testigos vieron que sangraba de la boca cuando lo empujaron dentro de la van. Doña Alma salió corriendo de su tienda, pensando que alguien lanzaba fuegos artificiales. Cuando vio a Cedillos muerto en la calle, se dio cuenta de lo que había en los maletines que cargaban sus clientes.

Ernesto Mendoza era el vigilante de una empresa constructora al otro lado de la calle. Cuando empezó el tiroteo, uno de sus colegas sacó instintivamente su arma, pero ésta se trabó. Entonces vio cuántas ametralladoras había en la calle y retrocedió rápidamente detrás de la puerta de entrada. Mendoza se asomó por la puerta y vio a los siete secuestradores, ninguno herido, subirse a los dos vehículos, llevándose a Paul. El incidente duró siete minutos.

Dentro de la van, alguien metió algodón en la boca y los oídos de Paul para que no pudiera hablar ni oír. Entre el algodón y la venda, no tenía noción de su entorno. Condujeron unos diez minutos. Luego sacaron a Paul de la van, lo giraron varias veces hasta marearlo y lo forzaron dentro de un vehículo más pequeño. Ésta vez condujeron por lo que pareció 40 o 50 minutos. Paul pensó que salían de la ciudad. El largo trayecto era para despistar a cualquiera que pudiera seguir su rastro.

Paul fue llevado a una casa sencilla de ladrillo rojo en un barrio residencial llamado colonia Alameda. La casa quedaba a un kilómetro y medio de su casa, y a dos cuadras de donde vivían Liz y sus tías. El auto entró por un portón de hierro negro y se estacionó detrás de la casa para que no fuera visible desde la calle. Dos hombres sacaron a Paul del asiento trasero, lo llevaron caminando por un jardín y por la puerta de atrás hasta llegar a un dormitorio. Adentro los secuestradores habían construido una celda de madera para retenerlo. Esta caja de plywood medía dos metros y medio por lado, así que era lo suficientemente alta para que Paul pudiera estar de pie. Uno de los guardias le desató las manos, abrió la puerta de madera de la celda y lo empujó dentro.

La casa en colonia Alameda donde tuvieron secuestrado a Paul

Aturdido, el rehén de 58 años se quitó la venda y se sacó el algodón de las orejas y la boca. Había un sistema de ventilación que circulaba aire dentro y fuera de la caja. Esto hacía tanto ruido que, al comienzo, apenas podía oír algo de afuera. A medida que se calmaba y escuchaba con atención, le pareció distinguir a tres personas hablando en voz baja en la habitación.

Era de mañana, pero dentro de la caja entraba muy poca luz. Una sola bombilla fluorescente colgaba del techo de la estructura. Los únicos objetos adentro eran un pequeño petate, una frazada delgada, una bacinica y un rollo de papel higiénico. En la base de la puerta de madera había una segunda puerta más pequeña. Paul se dio cuenta de que así era como los secuestradores y él iban a pasarse el plato de comida y la bacinica. Los secuestradores le dijeron que se quitara la camisa, los pantalones, el cinturón y los zapatos, y que los pasara por la apertura. Le pasaron pijamas por la pequeña puerta. Miró alrededor de su espacio y decidió que el rollo de papel higiénico sería su almohada.

Lo que Paul no podía saber era que durante la hora transcurrida desde su secuestro, se había producido un alboroto en Tegucigalpa y más allá. Esto era antes de los noticieros por internet y cable, pero Paul era muy conocido y las líneas telefónicas sonaban por todo el mundo con la noticia del asalto y el secuestro. Se instalaron puntos de control policiales por toda la ciudad; los carros que salían de Tegucigalpa fueron inspeccionados detalladamente. Helicópteros tripulados por la Fuerza Aérea Hondureña realizaron búsquedas, sobrevolando a baja altura sobre las montañas que rodean la ciudad.[cxxxvii]

Criminales manchan de sangre conciencia nacional

¡SECUESTRADO PAUL VINELLI!

• Un muerto y un herido saldo trágico del hecho. Fuerzas combinadas del ejército acordonan la capital.

A SAN FELIPE

IGLESIA LA MEDALLA MILAGROSA

PUENTE DEL BOULEVARD MORAZAN

CRONOLOGIA DEL SECUESTRO

N O E S

A LAS LOMAS DEL GUIJARRO

[illegible]

EL HERALDO

LA VERDAD EN SUS MANOS

VIERNES 19 DE DICIEMBRE DE 1980 No. 331 AÑO II - TEGUCIGALPA, D.C. HONDURAS C.A. EDITADO POR PUBLICACIONES Y NOTICIAS S.A. (PUBLYNSA)

AVISO IMPORTANTE

Publicaciones y Noticias, S.A. (PUBLYNSA), editora del diario matutino EL HERALDO, informa a sus lectores de toda la República que a partir del próximo sábado 20 de los corrientes el valor de cada ejemplar será de L.0.25.

El aumento de CINCO CENTAVOS sobre el valor actual de su precio se debe, fundamentalmente, a los constantes índices crecientes de la materia prima que debemos importar: el papel y las tintas. Rogamos la comprensión de nuestros lectores.

Microeditorial

LA ZARPA TERRORISTA

[illegible]

Portada de El Heraldo, 19 de diciembre, 1980

«¿Dónde estabas cuando escuchaste...?» es una pregunta que la gente suele hacer cuando se refieren a momentos de la historia en los que sus vidas cambiaron. Dependiendo de nuestra edad, la pregunta podría terminar con: «¿...le dispararon al presidente Kennedy?» o «¿...las torres gemelas del World Trade Center fueron atacadas?» Para la familia Vinelli, la pregunta es: «¿Dónde estabas cuando supiste que secuestraron a tu padre?»

Bob, de 28 años, fue el primero de los hijos de Paul en ser notificado. Estaba en su oficina de la empresa papelera donde trabajaba, en San Pedro Sula. Alrededor de las nueve de la mañana recibió una llamada del equipo de seguridad del banco en Tegucigalpa. Inmediatamente fue a su casa y empezó a empacar. La esposa de Bob, María José, había ido a su trabajo en una camaronera esa mañana. A las 9:30 salió a hacer un mandado para un evento navideño de la oficina. Por casualidad pasó por delante de su casa y se sorprendió al ver el carro de Bob. Eso era inusual, así que se detuvo y entró a la casa para averiguar qué ocurría. Bob le dijo: «Han secuestrado a mi padre». Justo en ese momento, Bob recibió una llamada de Boris Goldstein, su jefe y amigo cercano de Paul. Boris formaba parte de la junta directiva del Banco Atlántida y había sido convocado a Tegucigalpa para una reunión sobre el secuestro de Paul. Ofreció llevar a Bob en un avión de su empresa. María José le dijo a Bob que se encargaría del cuidado de sus tres hijas y viajaría esa misma tarde a Tegucigalpa para estar con él.

John, de 33 años, vivía en Seattle, Washington, haciendo estudios de posgrado y realizando investigaciones científicas para el gobierno de los Estados Unidos. Cuando Bob llamó con la noticia de la captura de Paul, despertó a su hermano mayor por la diferencia horaria.

Para John y su esposa Linda, el mundo de secuestros y las armas les parecía muy lejano de su tranquilo vecindario de Bainbridge Island.

Craig, de 32 años, había sido nombrado recientemente vicepresidente de Chemical Bank en Nueva York. Ya había llegado a su oficina esa mañana cuando Bob llamó. Craig hizo una reserva de vuelo para Tegucigalpa y luego tomó el tren a South Orange, Nueva Jersey. Su esposa y su hijo de dos años lo observaron mientras hacía la maleta. Su actitud era estoica. Dijo: «Este no es mi padre quien ha sido secuestrado, es un asunto de negocios que hay que manejar».

Rick tenía 27 años. Se había mudado hacía poco tiempo del Hotel Maya a un apartamento en el mismo vecindario donde vivía Paul. Esa mañana, se estaba subiendo a su auto para ir al trabajo cuando un vecino salió y le contó sobre el secuestro que había salido en las noticias. Rick condujo inmediatamente hasta la casa de Paul.

Liz tenía 20 años y estaba en su tercer año de universidad en Tegucigalpa. Esa mañana, estudiaba en la biblioteca de la universidad. La bibliotecaria se acercó corriendo y dijo: «Tu padre es el titular de las noticias en la televisión». Le prestó un teléfono para que llamara a casa y hablara con sus tías, quienes le contaron lo que habían oído en las noticias.

Yo tenía 18 años y acababa de terminar mi primer semestre de universidad en Dallas. Eran las vacaciones navideñas, así que había ido a Kansas City para ver a mamá. Pia y yo teníamos previsto viajar a Tegucigalpa al día siguiente para pasar la Navidad con papá. Esa mañana, estaba ayudando a mamá en su floristería cuando sonó el teléfono. Mamá contestó, escuchó un minuto, gritó y colgó. Corrió hacia la bodega al fondo de la tienda, llorando histéricamente y cerró la puerta con fuerza. Fui a la bodega y por fin conseguí que mamá se calmara lo suficiente para poder contarme que papá había sido secuestrado. Volvimos a casa, donde Pia, de doce años, estaba ordenando su ropa para el viaje. Pia entró al cuarto de mamá para consultar sobre lo que debía de empacar. Mamá le dijo que dejara de hacer la maleta. Entre lágrimas explicó que Pia y yo no iríamos a Honduras porque nuestro padre había sido secuestrado. Yo no había mostrado ninguna emoción hasta ese momento por no preocupar a Pia, intentando contrarrestar la reacción extrema de mamá. Esperé en la sala mientras mamá hablaba con Pia. Cuando mi hermana supo lo que había pasado, recién entonces empecé a llorar.

Mientras tanto, nuestro padre estaba sentado dentro de una caja. Dos hombres entraron a la celda de madera esa tarde. Estaban descalzos y llevaban ponchos con capuchas cubriéndoles la cabeza y la cara. Uno hizo que papá sujetara un periódico y le advirtió que no lo mirara. El otro le indicó que mirara directamente a su cámara. Tomaron una foto con prisa y se marcharon.[28]

Se convocó a los ejecutivos del banco para una reunión urgente con la familia Vinelli. Los que no estaban en Tegucigalpa se enteraron por los noticieros y regresaron de inmediato. María le pidió a Faustino Laínez, que en ese momento era jefe del departamento legal del banco, que redactara una carta a los secuestradores. La carta indicaba que Paul tomaba medicación para el corazón y que las consecuencias de dejar esos medicamentos podrían ser un infarto, un derrame o insuficiencia renal. Esa comunicación se transmitió por televisión la noche del secuestro y se publicó en los periódicos al día

28. Siempre me he preguntado dónde los secuestradores revelaron las fotos que le tomaban a Papá, dado que esto fue antes de la era de la fotografía digital y las impresoras de fotos domésticas. O tenían su propio cuarto oscuro, o le estaban pagando a un laboratorio fotográfico para que mantuvieran silencio.

siguiente.[cxxxviii] Más tarde supimos que los secuestradores obtuvieron la medicina.

La noticia del secuestro fue reportada por la United Press International al día siguiente, 19 de diciembre, y se publicó en muchos periódicos internacionales. En los Estados Unidos, la noticia salió en el *Washington Post*, *Chicago Tribune*, *San Francisco Chronicle* y el *Miami Herald*, entre otros.

Ese día se entregaron dos cartas a la casa del padre de Faustino. Una carta estaba dirigida a Faustino, la otra a Robert Vinelli y su familia.

Faustino abrió la carta dirigida a él, y en ella se leía:

Honduras, 19 de diciembre de 1980

Sr. Faustino Laínez hijo

Presente.

La organización que tiene en su poder al Sr. Paul Vinelli le envía esta primera comunicación para que entregue esta carta, en sus manos, al Sr. Roberto Vinelli.

Es urgente que le lleve la correspondencia inmediatamente. Le recordamos que usted y su familia están en peligro. No se comunique con nadie más que con la familia Vinelli sobre esto.

La organización que tiene en su poder al Sr. Paul Vinelli.

Faustino se sentía demasiado nervioso para conducir y pidió que alguien lo llevara a la casa de los Vinelli, donde le mostró ambas cartas a la familia.[29] La foto de Paul sosteniendo el periódico del día anterior estaba incluida en la carta familiar.[cxxxix] Esa carta decía:

29. Faustino acabó teniendo dos úlceras después del secuestro de Paul.

Honduras, 19 de diciembre dc 1980

El Sr. Robert Vinelli y familia

Presente.

Por este medio se dirigen a ustedes las Fuerzas Populares de Liberación – FPL – "Farabundo Martí", de El Salvador.

En estos momentos nuestro pueblo libra una decisiva batalla por su liberación. Somos todo un pueblo con un espíritu inquebrantable de lucha, que se encamina victoriosamente al triunfo definitivo. Actualmente, el imperialismo estadounidense, las burguesías centroamericanas, y los gobiernos títeres de Centro América están apoyando al criminal gobierno militar-democristiano para tratar de ahogar la lucha de nuestro pueblo. En estos momentos, la burguesía y el gobierno títere de Honduras se han prestado como puente de apoyo del imperialismo estadounidense, y las tropas hondureñas intervienen militarmente en la represión en toda la franja fronteriza con El Salvador. Este es un crimen que no puede quedar impune y la justicia revolucionaria llegará a donde sea necesario en su debido momento.

El señor Paul Vinelli, burgués explotador y pilar del imperialismo estadounidense en Honduras, es participe en este crimen.

Por lo tanto, les comunicamos lo siguiente:

1° - Nuestra Organización tiene en su Poder al señor Paul Vinelli

2° - El señor Vinelli se encuentra gozando de buena salud y se le da un buen trato, no como el que el enemigo le da a los presos políticos.

3° - Para la seguridad del señor Paul Vinelli, es necesario que se cumplan los siguientes requisitos:

a) La familia NO DEBE BUSCAR la asesoría del DNI, FUSEP, Ejército, ni ninguna otra entidad de seguridad.

b) Debe mantenerse ESTRICTO SECRETO sobre qué organización tiene en su poder al señor Vinelli.

c) La persona que se utilice como intermediaria tampoco debe conocer nuestra identidad.

d) La familia DEBE ABSTENERSE de buscar al señor Vinelli y de hacer indagaciones sobre el lugar donde se encuentra.

e) La familia y todas las amistades que tengan deben CORTAR TODAS LAS INVESTIGACIONES que puedan estar realizando las fuerzas de seguridad.

f) Los distintos medios de comunicación DEBEN IGNORAR TOTALMENTE el curso de las negociaciones y de todo lo referente a nuestra Organización y al señor Vinelli.

g) DEL CUMPLIMIENTO EXACTO DE ESTAS INDICACIONES depende nuestra seguridad y LA DEL SEÑOR VINELLI.

4º - Para liberar al señor Vinelli, exigimos el pago de un impuesto de guerra cuyo monto les será dado a conocer posteriormente.

5º - Si la familia está dispuesta a negociar bajo estas condiciones, deberá comunicarse con nuestra Organización de la siguiente manera:

En la segunda página de los ANUNCIOS CLASIFICADOS, sección VARIOS, del periódico *Diario La Tribuna*, entre los días 23 y 27 de diciembre de 1980, deberá aparecer el anuncio que se redacta en la página "anexa".

EL ANUNCIO NO DEBE SUFRIR NINGUNA ALTERACIÓN, NI EN SU CONTENIDO NI EN SU REDACCIÓN.

6º - Reiteramos que la seguridad del señor Vinelli depende del cumplimiento exacto de las indicaciones anteriormente expuestas.

¡Revolución o Muerte!
¡El Pueblo Armado Vencerá!
El Comando Central de las Fuerzas Populares de Liberación – FPL –
"Farabundo Martí"

Paul había sido secuestrado por un grupo que no se conocía en ese momento. Las Fuerzas Populares de Liberación "FPL" se habían formado solo dos meses antes, en octubre de 1980, como consecuencia de la fusión de cinco grupos salvadoreños de guerrilla izquierdistas. Eran la facción salvadoreña del Frente Democrático Revolucionario, una coalición de grupos disidentes de izquierda respaldados por Cuba.

El Farabundo Martí era un ala paramilitar de la FPL. Adoptaron el nombre de un antiguo líder del Partido Comunista en El Salvador, que en 1932 lideró un levantamiento campesino que resultó en la masacre de miles de indígenas por parte del ejército salvadoreño. Con el tiempo crecieron hasta convertirse en el Frente Farabundo Martí para la Liberación Nacional - FMLN. Su ideología era marxistaleninista. Cabe destacar que su lema, "¡Revolución o muerte! ¡El Pueblo Armado conquistará!" era sorprendentemente similar al lema de Cuba: "¡Patria o muerte, venceremos!"[cxl] El FMLN se convertiría en una fuerza importante en la guerra civil que se extendió por todo

El Salvador en los años 80. Eventualmente se convirtieron en un partido político exitoso. De 2009 a 2018, todos los presidentes de El Salvador fueron miembros del partido FMLN.[cxli]

Tenía sentido que Paul le hubiera indicado a sus captores que dirigieran sus cartas a Bob; él era el mayor de los hijos de Paul que vivían en Honduras. A los 28 años, Bob se convirtió en el principal negociador de la familia para la liberación de su padre. Al día siguiente, Bob puso un anuncio en el periódico tal y como le indicaron, aceptando todas las condiciones de los secuestradores.

El personal de seguridad del banco les pidió a Bob, Rick y Liz que vivieran en la casa de Paul con María durante el secuestro. Esto era para poder monitorearlos a todos juntos. Rick y Liz se mudaron a vivir a la casa. Bob vivió allí la mayor parte del tiempo y de vez en cuando iba a San Pedro Sula para estar con su familia. Craig iba y venía de Nueva York. John no fue a Honduras hasta más tarde, y Pia y yo obedecimos el pedido de nuestros hermanos de no ir en absoluto a Honduras porque el equipo de seguridad no quería tener que proteger a más familiares. Me quedé en Kansas City con mamá y Pia durante esas vacaciones de Navidad.

Uno pensaría que habría alineación política entre el FMLN y los sindicatos hondureños, que ciertamente compartían la misma ideología. Muchos se sorprendieron cuando, el 20 de diciembre, el sindicato de trabajadores de la industria de bebidas "STIBYS", en un comunicado de prensa, condenó públicamente el acto violento contra Paul. Le dieron crédito a Paul por años de trato justo al negociar con el sindicato de la embotelladora de Pepsi. Esto tiene que haber sido iniciativa de Carlos H. Reyes, el líder sindical con quien Paul había negociado durante años.[cxlii]

Luego del secuestro del 18 de diciembre, el departamento de policía tenía a varios equipos de cinco agentes cada uno, patrullando todas las zonas de la ciudad.[cxliii] Las distintas fuerzas de seguridad gubernamentales querían información sobre el caso. Sentían presión del público, que estaba alimentada por la cobertura constante de los medios de comunicación. Bob siguió las instrucciones de los secuestradores y le pidió a la policía que no interviniera. A cambio, le hicieron acordar que compartiría cualquier comunicación entre el FMLN y la familia.

Pocos días después de que Paul fuera secuestrado, dos hombres aparecieron en el hospital donde se estaba recuperando de una cirugía ocular el conductor, Roberto Martínez. Los periódicos habían informado incorrectamente que Martínez había muerto, por lo que era sospechoso que alguien lo estuviera buscando.[cxliv] Aún más raro era que los hombres preguntaban por «el conductor del Dr. Vinelli» sin saber su nombre. Un empleado del hospital llamó a la policía. En menos de quince minutos, veinticinco agentes irrumpieron en el hospital, aterrorizando a los pacientes cuando entraron a sus cuartos apuntándoles con armas. La búsqueda duró horas, la policía buscó debajo de las camas de los pacientes y en los baños, pero los dos hombres se habían ido.[cxlv] Ejecutivos del Banco Atlántida trasladaron a Martínez a otro hospital por su seguridad.[cxlvi] Más tarde lo enviaron a Houston para una cirugía ocular más extensa, seguida por cirugía plástica para reparar su rostro dañado. Terminó perdiendo el ojo izquierdo y solo tenía un cinco por ciento de su vista en el derecho.[cxlvii]

El 23 de diciembre, quinto día de cautiverio, dos hombres entraron a la caja donde habían encerrado a Paul. De nuevo llevaban capuchas sobre la cabeza, ponchos y estaban descalzos. Trajeron papel y un bolígrafo para que Paul escribiera una carta a su familia. Le dijeron exactamente qué escribir.

Ese día María recibió una llamada telefónica. La persona le dijo que sabía dónde estaba retenido Paul y que le darían esa información a cambio de quinientos lempiras. Esta fue la primera de muchas llamadas de este tipo a la familia. Las personas que llamaban decían que tenían detalles sobre el caso y, por supuesto, querían que se les pagara por la información. Algunos decían que habían visto que a Paul lo maltrataban, o que estaba enfermo o en grave angustia. La familia ignoró a estos "informantes".

Los ejecutivos del banco también recibían llamadas en sus casas. Dr. Guillermo Bueso, subgerente general, recibió una llamada diciendo que Paul fue encontrado muerto en el pueblo de Valle de Ángeles. Hubo llamadas simultáneas al banco y a la policía comunicando que el Dr. Vinelli estaba retenido por nicaragüenses y estudiantes universitarios hondureños en la colonia Laguna.

Las emisoras internacionales de tendencia izquierdista dieron sus versiones. Los informes del 23 de diciembre de Radio La Habana en Cuba declararon que Paul había muerto. Radio Sandino en Nicaragua informó algo más cercano a la verdad: que los secuestradores eran revolucionarios de izquierda, pidiendo más de cinco millones de lempiras, de los cuales cuatro millones eran para la causa revolucionaria.

Los periódicos sabían que tenían entre manos la noticia más importante en años, pero no contaban con información más allá de los testimonios de quienes habían visto el secuestro. Nuestra familia nunca le dio ninguna información a los periodistas. Para llenar espacio en sus páginas, la prensa publicaba información obtenida de fuentes poco fiables. Se informó que Paul se encontraba en los Estados Unidos o en Europa. Un periódico escribió que el mismo Paul había planeado su secuestro. Otro escribió que fue capturado por empresarios locales como venganza por negarles crédito bancario. Un tercero especuló que Anastasio Somoza, el entonces dictador de Nicaragua, había contratado a guatemaltecos para secuestrarlo.

El 23 de diciembre, *La Prensa* sugirió que los secuestradores no podían ser hondureños, porque el secuestro seguía el estilo de los terroristas guatemaltecos. En el mismo artículo también se sugirió que los secuestradores debían estar reteniendo a Paul dentro de la ciudad, ya que se habían instalado controles policiales con mucha rapidez.[cxlviii] En esto, acertaron.

El 24 de diciembre, *El Heraldo* informó que Paul estaba siendo trasladado a San Pedro Sula, la segunda ciudad más grande de Honduras, tres horas al norte de Tegucigalpa. La policía instaló puestos de control en las afueras de esa ciudad y revisó el baúl de muchos vehículos.[cxlix] Ese mismo día, *La Prensa* informó que una "fuente interna" afirmó que los secuestradores exigieron veinticinco millones de dólares por la liberación de Paul.[cl] Esto habría sido unos 49 millones de dólares en el 2025. Unos días después, El Tiempo se burló de ese informe en un artículo titulado "Aún no hay rastro del banquero Vinelli", afirmando que la noticia sobre la demanda de rescate era totalmente falsa y que no se sabía nada de los secuestradores.[cli]

Ese día, el abogado Gautama Fonseca almorzaba en casa con su familia. Hablaban de la celebración de Nochebuena planeada para esa noche. Sonó el timbre y su empleada fue a abrir la puerta. Un hombre le entregó un sobre blanco grande dirigido a Fonseca. Cuando ella lo llevó a la mesa, Fonseca supuso que era correspondencia de su oficina y le pidió que lo pusiera en su despacho para revisarlo después de las vacaciones.

Cuando pasaron unos minutos le comentó a su esposa que esta entrega lo desconcertaba, porque el personal de su oficina no trabajaba ese día. Ella lo instó a que viera qué había llegado. Entraron a su despacho y él miró dentro del sobre. Vio tres cartas, una dirigida a Robert Vinelli. Le dijo a su esposa: «Eso era todo lo que necesitaba, que me involucraran en este asunto». Abrió la carta dirigida a él, en la que se le instruía entregar de inmediato las demás cartas a la familia Vinelli. Por un momento dudó, preguntándose si la correspondencia era legítima. Decidió que no era su decisión y condujo hacia la casa Vinelli.[clii]

Gautama le entregó a Bob las tres cartas y se fue. María, Rick y Liz se pararon alrededor de Bob mientras él leía las dos dirigidas a ellos. La nota escrita a mano de Paul decía:

23 Dic.

María, Mamá e Hijos,

Yo estoy muy bien. Deseo que pon (*sic*) alto a las investigaciones del DNI, Ejercito y FUSEP, así como a la campaña desatada por los medios de comunicación.

Amor, Paul

También incluyeron la solicitud formal de rescate, en una carta escrita a máquina como la enviada el 19 de diciembre. El FMLN confirmó haber visto el anuncio de Bob aceptando las condiciones iniciales de los secuestradores. La cantidad que el FMLN pidió a cambio de la liberación de Paul era de veinticinco millones de dólares. La respuesta debía enviarse mediante un anuncio en el periódico en tres días. Advirtieron que la vida de Paul corría peligro debido a la publicidad sobre el caso en los periódicos y por los esfuerzos en buscarlo de las "fuerzas de seguridad". También advirtieron que no estaban dispuestos a prolongar las negociaciones y que, si eso ocurría, la familia pondría en riesgo la vida de Paul. Adjunto había una fotografía de Paul sosteniendo el periódico del día anterior.

La familia se dio cuenta de que los secuestradores no sabían cuál era la situación financiera de Paul. Desafortunadamente para el FMLN y para Paul, no habían capturado a un hombre rico. Paul era prominente y poderoso, pero los ingresos que obtenía como banquero y miembro de directorios no eran suficientes para acumular grandes ahorros. Los viajes y las fiestas lujosas de las cuales el público leía en los periódicos eran pagados principalmente por el banco, porque sus viajes de negocio y sus interacciones sociales hacían crecer el negocio del banco. El equipo de seguridad y el carro antibalas también eran pagados por el banco. El divorcio reciente con Fran había causado un revés financiero. El mantener a sus siete hijos cuyas edades abarcaban una diferencia de veintiún años le había costado mucho, especialmente porque algunos de ellos habían estudiado en los Estados Unidos en escuelas caras.

La carta de rescate estaba dirigida a Robert Vinelli, a la junta directiva del Banco Atlántida, y al Chase Manhattan Bank. Esto le informó a la familia de que los secuestradores pensaban que habían secuestrado a un empleado de Chase, y que esperaban que el banco internacional ayudara a pagar el rescate. El FMLN no sabía que Chase había vendido su participación en Banco Atlántida cinco años atrás.

La familia tenía que convencer a los secuestradores de que nunca verían veinticinco millones de dólares. Esto sería difícil de lograr, dado que los secuestradores insistían en que la comunicación solo fuera a través de anuncios en periódicos, cuyos textos dictaban ellos mismos.

El día de Navidad cayó exactamente una semana después del secuestro. El banquete navideño de Paul consistió en una sardina, un poco de arroz, un vasito de Koolaid y dos galletas. Se imaginaba cuál sería la escena en su casa. La respuesta: la decoración era alegre, pero no el ambiente.

Paul se estaba volviendo loco por el confinamiento y la falta de estimulación dentro de la caja. Le pidió a los guardias material para leer. Los primeros libros que le dieron, algunos en español y otros en inglés, estaban relacionados con la ideología de sus captores. Había libros de Lenin, Marx y Engels. *La Madre* de Maxim Gorki. También leyó *La Revolución Desconocida*, sobre la revolución etíope de Raúl Vita Vidas, un autor cubano. Incluyeron algunos folletos revolucionarios editados en la universidad hondureña que hacía cinco años lo había destituido como profesor. Le dieron *Soldier of Fortune* en inglés. Paul solía leer de pie para estar cerca del único foco que tenía como iluminación. Nunca le dieron un periódico porque no querían que supiera lo que pasaba en el mundo, y porque a menudo él era la noticia titular.

Desarrolló una rutina de ejercicios. Su hábito de toda la vida de hacer ejercicio siempre le había ayudado a calmar su mente acelerada. Paul necesitaba esa calma ahora más que nunca. Sin embargo, dentro de ese pequeño espacio, solo podía caminar dos metros y medio en una dirección. La rutina diaria que adoptó comenzaba con 30 minutos de calistenia, y luego caminaba en círculos por dos o tres horas. Calculó que caminaba entre seis y diez kilómetros al día.

Cada día, los secuestradores pasaban un balde de agua tibia y una toallita por la pequeña puerta para que Paul pudiera darse un baño de esponja. Se aseguraban cada vez de que devolviera la toallita con el balde. En el décimo día de cautiverio, los secuestradores añadieron una rasuradora para que pudiera afeitarse durante su baño de esponja, y exigían que la devolviera al terminar. Las pijamas en que vivía eran reemplazadas por otras limpias cada semana.

Las comidas que pasaban por la puerta eran insípidas, pero estaba bien alimentado dadas sus circunstancias. Comía sopa, arroz, fideos, cerdo, pollo, tortillas y frijoles. Las ensaladas no tenían aderezo. Su desayuno casi siempre era de Corn Flakes, aunque a veces le daban Corn Flakes para las tres comidas; creía que era para que perdiera la noción del tiempo. El cereal siempre se lo servían con leche caliente, que era una costumbre hondureña. Una vez preguntó si podía tomar leche fría y rechazaron su petición. Cuando pidió más verduras, ese pedido sí fue concedido. Siempre había agua disponible, y a veces té. Nunca le ofrecieron café porque podía subirle la presión arterial.

No pude encontrar el anuncio del 27 de diciembre con la respuesta de la familia a la carta de rescate, pero sé que no les agradó a los secuestradores debido a su reacción. El 29 de diciembre le escribieron a Bob y a los bancos que no se podía modificar la redacción de los anuncios. Aparentemente, la familia había dado un número de teléfono o dirección para una comunicación más completa, y los secuestradores rechazaron la idea. Reiteraron su exigencia de un rescate de veinticinco millones de dólares y advirtieron que la vida de Paul estaba en peligro. La familia tenía hasta el 31 de diciembre para responder.

Una carta escrita a mano de Paul decía (aquí reproducida tal como él la escribió):

Querida María, Mamá, Bob, Rick y familia,

Nuevamente me dirijo a Uds. Para informarles que estoy completamente bien de salud y que estoy recibiendo buen trato. No estoy herido ni golpeado, ni enfermo. Aparentemente ha habido dilatorias en las negociaciones. Les ruego ser lo más expedito posible ya que tendré solo que perder. Favor no mencionar número telefónico ni nombres o lugares sino que atiendan las instrucciones que reciben a la letra. Sean específicos con respecto a cifras de oferta o contraoferta. Como saben lo más valioso que tenemos es la casa y esta debe hipotecarse al máximo para poder atender cualquier petición. Les ruego no recurrir a malos consejeros y definitivamente mantenerse apartados de las autoridades que pueden echar a perder todo.

La separación me llena de tristeza y pongo toda mi esperanza en que este último esfuerzo será el exitoso para que pronto estemos reunidos.

Los quiero mucho a ustedes y me siento deprimido y desconsolado sin poder estar al lado suyo. Han sido tristes días navideños pero abrigo la esperanza que todo saldrá bien. María te amo mucho y te necesito y Uds. muchachos son la esperanza del mañana. Cumplan lo anterior dicho y nos podremos reunir en un corto plazo.

Afectísimo, Paul

Si hubieran otras cosas vendibles también realizarlas.

Al terminar 1980, Paul no podía hacer propósitos de Año Nuevo. A cambio, reflexionó sobre los 58 años que había vivido. Más tarde dijo que no estaba lo suficientemente deprimido como para pensar en el suicidio. Concluyó: «Si este es el final, he tenido muchas cosas satisfactorias en mi vida. Tener siete hijos ha sido muy importante: me han dado mucho placer».[cliii]

El FMLN proporcionaba el lenguaje exacto que la familia debía usar en los anuncios de periódicos, que eran para la venta de autos, propiedades o cachorros de pastor alemán. Los Vinelli sintieron que tenían que modificar ligeramente el lenguaje para explicar la situación financiera de Paul y que el banco Chase ya no estaba involucrado en el Banco Atlántida. En la víspera del Año Nuevo publicaron un anuncio con la redacción requerida y añadieron una línea pidiendo una comunicación más directa.

Al día siguiente, los secuestradores enviaron una carta acusando a la familia de tácticas de demora. Enfatizaron que solo el FMLN dictaría cómo se realizaría la comunicación. Insinuaron que Paul podría ser asesinado y que, si eso ocurría, informarían al público de que era porque la familia y los bancos valoraban tan poco su vida. Enviaron otra foto de Paul y una nota escrita a mano por él en la que suplicaba a su familia que cooperara con los secuestradores.

El 3 de enero la familia puso un anuncio con su primera contraoferta, pero siempre solicitando una comunicación más directa. El 5 de enero, los secuestradores reiteraron su demanda del rescate de veinticinco millones de dólares, pero dijeron que considerarían otras ofertas si se les hacía de forma clara. También afirmaron crípticamente: «Somos conscientes de la presencia del enemigo interfiriendo en la negociación. Esto pone aún más en peligro la situación del señor

Paul Vinelli». No está claro a qué se referían con esto. Probablemente el FMLN tenía espías dentro de las Fuerzas Armadas hondureñas que les dijeron que el gobierno estaba desesperado por obtener información sobre el caso, aunque la familia intentaba mantenerlos al margen de la situación.

Los artículos de periódico empezaron a mencionar que la familia sabía que Paul estaba vivo, pero que los secuestradores les prohibían hablar sobre el caso.[cliv] El 7 de enero, el jefe de la policía hondureña, el coronel Gustavo Álvarez, le confirmó a la prensa que la familia Vinelli estaba en contacto con los secuestradores y que estaban negociando para el retorno de Paul. Aseguró al público de que la policía seguía activamente en el caso, pero se mantenía al margen de las negociaciones de rescate para proteger la vida de Paul. Álvarez explicó el silencio de nuestra familia sobre el caso con la frase: «Tienen derecho a intentar salvarle».[clv]

Paul había estado cautivo por tres semanas cuando los secuestradores mejoraron sus condiciones. Le trajeron una pequeña cama plegable con un colchón. Interpretó esto como su reconocimiento de que las negociaciones iban a durar más de lo anticipado.

A principios de enero se completó el nuevo edificio del Banco Atlántida. Los ejecutivos debatieron si era correcto mudarse mientras estaba secuestrado su presidente. Decidieron hacerlo porque el mensaje para sus clientes debía ser que la actividad bancaria no se interrumpía.[clvi]

Volví a mi universidad, SMU, en la ciudad de Dallas, luego de las vacaciones de Navidad. Para John, Pia y yo, que nos quedamos en los Estados Unidos durante el secuestro, fue estresante estar lejos de Honduras y de la familia. Esto era antes de los teléfonos celulares y del correo electrónico. No podíamos llamar al teléfono fijo de nuestra casa en Tegucigalpa porque nos advirtieron que las llamadas podían estar intervenidas. Pasábamos los días preguntándonos si papá estaba a salvo. Dos veces al mes, Bob hacía que alguien que había viajado de Honduras a los Estados Unidos —a menudo era Craig, quien iba y venía entre Nueva York y Tegucigalpa— nos llamara para actualizarnos.

Durante todo enero, la familia Vinelli intentó comunicarles a los secuestradores la situación financiera de Paul. El FMLN siguió contestando con frustración. En un momento dado, amenazaron con "aplicar justicia revolucionaria" a Paul. Los guardias le dijeron a Paul un día: «Tu familia no está haciendo nada por ti. Vamos a tener que acabar matándote».

Paul escuchó hasta diez "juicios por el pueblo", donde los secuestradores debatían si él debía ser asesinado o no. Un día estalló una discusión entre sus captores. De repente se disparó un tiro. Entonces escuchó un movimiento amortiguado. Imaginó que habían matado y enterrado a uno de ellos en el jardín. Aún no estaban preparados para matar a su víctima, afortunadamente, pero sí usaron métodos de desorientación sonora con Paul. Música fuerte, a menudo de Cat Stevens[30], se tocaba de manera repetitiva en su celda. Como resultado, perdió la audición en un oído.

Los amigos de Paul y María se mantenían en contacto con ella. La familia no divulgaba el progreso de las negociaciones, pero permitía visitas para apoyo moral. Alice Goldstein y su marido Gilbert (hijo de Boris) eran muy cercanos a Paul y María, y también eran

30. El cantante famoso se había convertido al islam tres años antes y en ese momento era conocido como Yusuf Islam. Había dejado de grabar música. No sé si tenía alguna ideología política que se alineara con el FMLN, o si simplemente les gustaba su música

sus vecinos. Alice me dijo que Paul estaba constantemente en su mente. Recordaba que ese año el invierno era especialmente frío en Tegucigalpa. Ella miraba por la ventana al cielo gris y se preguntaba si Paul estaría lo suficientemente abrigado dondequiera que lo tuvieran retenido.[clvii]

El 20 de enero Paul llevaba más de un mes en cautiverio. Ese día, *La Prensa* informó que María estaba intentando recaudar los fondos para el rescate, solicitando un préstamo al banco y poniendo nuestra casa como garantía, y también pidiendo pequeños préstamos a amigos. El periódico informó que el monto del rescate oscilaba entre dos y tres millones de lempiras, lo que equivalía a entre un millón y un millón quinientos mil dólares.[clviii] Desde el principio del caso hubo filtraciones como esta. Las autoridades exigieron que la familia Vinelli los mantuviera informados y prometieron a cambio que no pondrían en peligro la vida de Paul buscándolo. La familia dio la mínima información posible. Está claro que alguien en el gobierno no estaba cumpliendo con el acuerdo.

El ventilador en la caja donde estaba retenido Paul hacía tanto ruido que apenas podía oír a sus captores, pero de vez en cuando captaba algo. El español se hablaba con varios acentos, revelando

que sus captores eran de diferentes países latinoamericanos. Creyó oír ruso, lo cual era plausible porque se sabía que los rusos estaban detrás de la actividad insurgente en Centroamérica. Las conversaciones eran educadas y políticas. El objetivo del grupo terrorista era crear un sistema de vida diferente para los pobres de Centroamérica sin tener que navegar por el proceso electoral.[clix] Otras veces los captores de Paul le hablaban a través de la caja de madera. Le dieron la impresión de ser inteligentes y cultos. Tuvieron conversaciones sobre política, economía, historia y literatura.[clx]

El 26 de enero, el *San Francisco Chronicle* publicó un informe de la United Press International en el que afirmaba que Chase Manhattan Bank no pagaría el rescate, porque ya no estaba afiliado con el Banco Atlántida. El banco de Nueva York enfatizó que el secuestro de Paul era estrictamente un asunto hondureño. El artículo mencionaba que la suma original solicitada por los secuestradores era "exorbitante" porque creían que Paul era un funcionario de Chase.[clxi]

El 30 de enero, el Banco Atlántida emitió un comunicado de prensa asegurando a sus clientes que el banco no pagaría el rescate. El anuncio también confirmó que Chase Manhattan Bank tampoco ayudaría a pagar el rescate. A partir de ese momento, los secuestradores solo dirigieron sus cartas a Bob. A medida que las cartas y anuncios iban y venían a principios de febrero, la cantidad del rescate empezó a bajar a un rango más asequible para la familia.

Justo cuando las negociaciones empezaban a dar frutos, Paul sufrió una crisis de salud. A los secuestradores se les acabó su medicación para la presión arterial y, por alguna razón, no pudieron conseguir más de inmediato. Paul empezó a sentir síntomas de hipertensión: dolor de cabeza, mareos y una sensación general de malestar. Seguramente la ansiedad que debía de estar sintiendo no ayudó.

Los secuestradores trajeron a un médico y a una enfermera, ambos con capuchas, para examinarlo. El médico le recetó Valium, y Paul perdió la noción del tiempo por varios días. Eventualmente consiguieron la medicación para su presión arterial y, cuando se le despejó la cabeza, los secuestradores fueron mucho más amables con él. Le instaron a mantener la calma, asegurándole que las negociaciones avanzaban bien. Debían de haberse preocupado de que, luego de haber invertido tanto tiempo y esfuerzo en su captura, Paul no sobreviviera antes de que se pagara el rescate. Luego del episodio de mala salud, los guardias le entregaron material de lectura no político, incluyendo ediciones de *Selecciones*, la versión de *Reader's Digest* publicada en español. En una edición, leyó una historia sobre Elizabeth Blackwell, una médica británica que fue la primera mujer en obtener un título de medicina en los Estados Unidos. Paul leyó el artículo repetidamente, pensando en su hija Elizabeth, que quería seguir una carrera en medicina. También le dieron una revista sensacionalista española y *Arms and Ammunition* y *Soldier of Fortune* en inglés.

El 10 de febrero de 1981, 55 días después de que Paul fuera capturado, el FMLN le envió una carta a la familia aceptando su oferta de rescate de $1,350,000 dólares.[31] Los secuestradores les dieron a mis hermanos diez días para entregar el dinero en billetes sin marcar en cantidades específicas de 100, 50 y 20 dólares.

La familia sintió un momento de alivio al saber que la fase de negociación del secuestro había terminado. Sin embargo, diez días era un plazo muy limitado para reunir el dinero del rescate en dólares. En aquellos días previos al Internet, las transacciones bancarias se hacían en persona. Obtener esa cantidad de dinero requería vender activos en Honduras, y luego convertir lempiras a dólares. No era posible obtener una cantidad tan grande de dólares en Honduras, tendrían que obtenerse en los Estados Unidos y ser transportados a Honduras. Craig estaba en Tegucigalpa cuando se alcanzó el acuerdo, así que voló inmediatamente a Nueva York para comenzar el proceso de la obtención del dinero.

31. Esto equivale a aproximadamente cinco millones de dólares en 2026.

La familia seguía sin decir nada sobre el caso del secuestro. Era comprensible, entonces, que el público ignorara los avances que se estaban logrando. El 12 de febrero, los dirigentes del sindicato de Banco Atlántida emitieron un comunicado de prensa declarando que querían ver a Paul liberado "sano y salvo", y protestaron por el acto de violencia que representaba su secuestro. Su ideología estaba alineada con la de los secuestradores, pero les rogaron: «El Sindicato de Trabajadores del Banco Atlántida hace un llamado humanitario a los captores del Doctor Vinelli para que respeten su vida y lo entreguen a sus familiares sano y salvo. Los sindicalistas se ponen a la orden para servir de intermediarios en todo lo que esté a su alcance para lograr su liberación». Dijeron: «En Honduras deben evitarse todos aquellos actos de violencia, provengan de donde provengan, y por el contrario deben buscarse alternativas de solución a sus problemas económicos, políticos, culturales y sociales, por la vía civilizada. Si bien es cierto que en algunas ocasiones se han presentado discrepancias de tipo laboral entre el sindicato y el banco, el Doctor Vinelli en su condición de alto funcionario siempre ha escuchado los reclamos que le hemos planteado, que han sido resueltos en forma armónica». [clxii]

Ahora que se había alcanzado un acuerdo sobre el monto del rescate, los secuestradores le pidieron a Paul que seleccionara a tres posibles personas para la entrega del dinero. Estos candidatos debían ser de confianza para ambas partes, debían de ser de una integridad demostrada e incuestionable, y no podían tener una fuerte afiliación con ningún partido político.[clxiii] A Paul le costó mucho escoger los nombres. Era un favor enorme pedirle a alguien que arriesgara su vida por él. Finalmente, eligió a Carlos H Reyes (el líder sindical de embotelladoras), Gautama Fonseca (el abogado al que los secuestradores enviaron las cartas en Nochebuena) y Arturo Medrano, director del banco y el abogado personal de Paul. Los secuestradores eligieron a Gautama Fonseca. Paul conocía a Fonseca desde los años 50. Era un líder político muy inteligente y de tendencia izquierdista.[clxiv] Era yerno de Marco Batres, el ministro de finanzas con el que Paul trabajó cuando llegó a Honduras. Fonseca fue ministro de trabajo de Honduras en los años 70. El cuñado de Fonseca, César Batres, era actualmente director del Banco Atlántida.

A mediados de febrero Paul llevaba casi dos meses cautivo. La junta directiva del Banco Atlántida anunció en la prensa que planeaba nombrar un nuevo presidente del directorio. La elección estaba programada para la sesión de la junta directiva del 18 de marzo.[clxv]

Craig estaba en Nueva York moviéndose tan rápido como podía, consiguiendo el dinero en las denominaciones que los secuestradores habían pedido. Terminó el trabajo en seis días y el 16 de febrero llamó a Bob en Tegucigalpa para decirle que tenía el dinero listo. Esa tarde, Bob publicó un anuncio en *La Prensa*, usando el lenguaje críptico requerido por el FMLN, informando a los secuestradores de que la familia tenía el dinero y estaba lista para hacer el intercambio.

TENDREMOS LISTO
Para cambio, lechos de café de primera calidad.
Listos para sembrar.
Necesitamos garantías de que
las negociaciones se están concluyendo
totalmente y definitivamente.
Lo que ofrecen debe de estar en buen estado
ahora y en la hora de intercambio

y prueba de esto será requerido en ambas ocasiones.
Información: Granja Las Cumbres,
carretera KM 448 hacia Santa Rosa de Copán.

El miércoles 18 de febrero, Craig voló desde Nueva York pasando por Miami hasta Tegucigalpa. Se habían hecho arreglos especiales para la llegada de Craig. El banco había enviado un carro blindado para recibir el dinero que él traía, y lo esperaba en la pista de aterrizaje. Mientras el vuelo aterrizaba, se había cerrado el aeropuerto para tráfico vehicular. Se cambió a los empleados del aeropuerto de sus puestos habituales, presumiblemente para evitar que tuvieran contacto con alguien que estaba por llegar. La noticia sobre estas medidas inusuales se difundió, y la prensa no tardó en especular que era Paul quien llegaba. Cuando Craig apareció en la puerta del avión, circularon rumores. Se parecía tanto a su padre que algunos viajeros, emisoras de radio y periódicos informaron haber visto a Paul llegar desde Miami.

Craig bajó las escaleras que habían puesto en la puerta del avión y se paró en la pista cargando dos maletas pequeñas y pesadas. Una negra estaba llena de libros. Había metido el dinero en la otra, una maleta de color azul brillante que pertenecía a su esposa. Craig entregó la maleta negra con libros al conductor del carro blindado. Esto era para que cualquiera que lo pudiera estar observando pensara que el dinero de rescate estaba bajo la protección del banco.

Sin embargo, la familia no quería que el dinero se almacenara en el banco porque abría un número limitado de horas al día, y no sabían a qué hora pedirían los secuestradores la entrega del rescate. Craig se subió con la maleta azul, que parecía contener sus cosas personales, a un auto con los guardias de Paul. Cuando llegó a casa, Bob y él guardaron el dinero en la caja fuerte grande que Paul y María tenían en un closet de su dormitorio.

El 20 de febrero, Faustino recibió una carta para Bob de parte de los secuestradores. Le instruyeron a la familia Vinelli que llenara 135 bolsas de plástico con 10,000 dólares cada una. Las bolsas debían colocarse dentro de tres bolsas de tela de manta. Craig, Bob y Rick sacaron los 1.35 millones de dólares de la caja fuerte de Paul. Se sentaron en la alfombra de su dormitorio y contaron el dinero, amarrando los billetes con hules y luego metiendo cada fajo en una bolsa de plástico. Poco después, Craig regresó a Nueva York. Necesitaba regresar donde su esposa, su hijo de dos años y su trabajo en el Chemical Bank. Se llevó la maleta azul de vuelta a casa.

John voló a Tegucigalpa unos días después, para apoyar a Bob y Rick en la fase de entrega del rescate. Se quedaron en Seattle con su esposa, que estaba embarazada de su segundo hijo, y su hijo mayor.

El 25 de febrero, Gautama Fonseca recibió otra carta de los secuestradores dirigida a Bob que decía:

Sr. Roberto Vinelli y familia

Presente.

Carta No. 11

Las Fuerzas Populares de Liberación – FPL – "Farabundo Martí" les comunican:

1. Hemos decidido que sea el Sr. Gautama Fonseca el que nos entregue el dinero.

2. El Sr. Gautama Fonseca deberá conducirse en el vehículo HONDA ACCORD, color beige, placas 53534.

3. El dinero deberá ir en tres bolsas de manta en el asiento trasero del vehículo.
4. El vehículo no debe llevar radiotransmisor, transmisor de señales ni ningún dispositivo electrónico que emita señales.
5. El vehículo no debe llevar ninguna marca especial puesta.
6. El vehículo debe estar en óptimas condiciones y con el tanque de gasolina lleno para evitar "accidentes" previstos o imprevistos.
7. El vehículo deberá llevar como única señal una caja de Corn Flakes de Kellog's (*sic*) tamaño grande, colocada en la parte derecha del vidrio delantero (sobre el tablero, arriba de la guantera).
8. En la guantera del vehículo deberán poner las cartas y sus anexos y cada nota que reciban, las cuales están numeradas. No aceptamos escusas de que fueron destruidas o que se "perdieron".
9. Respecto al Sr. Gautama Fonseca:
   a) Deberá ir vestido con un traje color café (pantalón y saco), camisa manga larga color amarillo claro, corbata color café claro, zapatos estilo mocasín color café.
   b) No debe portar ningún tipo de arma.
   c) DEBE IR SOLO Y ABSOLUTAMENTE NADIE DEBE SEGUIRLO.
10. La familia Vinelli debe estar concentrada en su casa de habitación, ubicada en la Calle Falso Pimiento de la Colonia Lomas del Guijarro, los días jueves **26**, viernes **27**, y sábado **28** de febrero.
11. El Sr. Gautama Fonseca debe estar concentrado en su casa de habitación, ubicada en la Col. Maradiaga No. 218 de Comayaguela, los días jueves **26**, viernes **27**, y sábado **28** de febrero. El vehículo antes mencionado deberá permanecer en la casa del Sr. Fonseca esos tres días y deberá tener lista la ropa señalada.
12. Esperarán instrucciones de parte nuestra.

¡Revolución o muerte!
¡El Pueblo Armado Vencerá!
Fuerzas Populares de Liberación
-FPL-
"Farabundo Martí"

La familia Vinelli tenía un día para preparar todo por si los llamaban a actuar el día 26. Fonseca no tenía un traje marrón, así que la familia le pidió que comprara uno, prometiendo reembolsarlo. Encontraron una corbata marrón claro en el closet de papá y se la dieron cuando salía para la tienda.

A primera hora de la mañana siguiente, los secuestradores le enviaron a Fonseca instrucciones precisas sobre la entrega del rescate, que debía tener lugar ese mismo día. Él llevó las cartas a la casa de los Vinelli y luego regresó a su casa para prepararse para la tarea que tenía por delante. A las cuatro de la tarde volvió a la casa de los Vinelli, vestido con la ropa requerida por los secuestradores. Bob, John y Rick tenían todo listo. Como se les indicó, pusieron un sobre que contenía todas las notas de rescate, así como las fotos de Paul sosteniendo periódicos, en la guantera. Colocaron los fajos de dinero, divididos en las tres bolsas de tela de muselina, en el asiento trasero del Honda. La familia agradeció a Fonseca y le deseó lo mejor. A las cinco, condujo a lo largo de la entrada y salió por los portones principales.

Fonseca siguió las instrucciones al pie de la letra. Condujo a los 40 kilómetros por hora preestablecidos, bajando la cuesta de Las Lomas, pasando por donde Paul había sido secuestrado, y luego bajo el puente hacia la avenida Morazán. Manejó hasta el estadio de la ciudad, le dio la vuelta, y luego se dirigió a la colonia El Prado hasta llegar al restaurante Los Fierritos. Se bajó del carro.[32] Sus instrucciones eran encontrar una mesa marcada con un asterisco. La encontró en la zona exterior del restaurante. Se sentó y pidió un café.

Cinco minutos después fue al baño de hombres, donde encontró una nota detrás del espejo. Lo leyó, volvió a su mesa, pagó la cuenta y se fue. Al salir, notó que un hombre y una mujer estaban sentados en un auto delante del restaurante. La nota en el baño le había indicado que condujera hasta el restaurante de mariscos Bocas del Mar, en la carretera hacia el aeropuerto. Una vez allí, pidió una cerveza y de nuevo esperó cinco minutos antes de entrar al baño de hombres. En el basurero encontró otra nota. Fonseca volvió a su mesa y terminó su cerveza. Cuando se alejaba del restaurante en su auto, notó que lo seguía una pareja. Probablemente eran las mismas personas que estaban en Los Fierritos, pero sus nervios no le permitían mirar de cerca y confirmar su sospecha.

Luego de un camino largo con muchas vueltas, llegó al supermercado La Colonia y entró al restaurante Chick's. Como se le había indicado, se sentó en una mesa frente a un poster de Sierra Nevada, de espaldas a la ventana que daba a su carro estacionado. En la mesa detrás de él había un joven sentado frente a un plato de pollo que no había tocado. Fonseca pidió pollo, papas fritas y una gaseosa, y empezó a comer. Según lo planeado, un hombre se le acercó y le dijo: «Hoy es día 31. La transacción va bien».[clxvi]

---

32. Tuve que comprobar esto, porque nadie en América Latina dejaría algo visible en el asiento trasero de un carro estacionado, mucho menos bolsas con más de un millón de dólares en efectivo. Mi hermano John, que estuvo allí cuando se preparó el carro, me aseguró que esas eran las instrucciones. Su teoría era que los secuestradores vigilaban el carro de Gautama desde el momento en que salió de la casa de papá. Cualquiera que intentara robar el carro se habría arrepentido de la idea.

Fonseca le entregó al hombre las llaves de su auto y le preguntó si necesitaba los papeles de matrícula que llevaba en el bolsillo. Esto no formaba parte de la comunicación esperada, y el hombre respondió nervioso: «No». Eran las 6:17 p.m. Cuando el hombre que le habló salió del restaurante con sus llaves, Fonseca escuchó que el hombre sentado detrás de él se levantó y lo acompañó. Fonseca giró ligeramente la cabeza para ver qué pasaba. Se sentía muy nervioso, se imaginaba que si lo veían observarlos, regresarían para dispararle en el cuello.[clxvii]

Los dos hombres se subieron al Honda pero el auto no arrancaba. Una mesera corrió a decirle a Fonseca que alguien le estaba robando el carro. Él tuvo que inventar un cuento rápidamente. Le dijo que todo estaba bien, que era su chofer a quien le había dado las llaves. Luego los hombres lograron que el carro arrancara y se fueron. Fonseca había sentido cierto arrepentimiento cuando se dio cuenta de que los secuestradores planeaban llevarse su carro con el dinero dentro. Pero cuando la familia Vinelli le aseguró que reemplazarían el carro si algo le pasaba, se relajó. Mientras estaba sentado en la mesa de Chick's, una parte de él esperaba que no encontraran el Honda.[clxviii]

Los secuestradores le habían dicho a Fonseca que esperara 30 minutos antes de irse, pero él había atraído la atención de los empleados en el restaurante. No dejaban de mirarlo, probablemente pensando que era raro que su chofer se fuera sin él. Luego de quince minutos de sentirse incómodo, pidió la cuenta, pagó y se fue. Tomó un taxi hasta la casa Vinelli y reportó haber finalizado la entrega. Lo mandaron a casa con uno de los choferes. Su alivio al haber terminado la tarea fue enorme.

La familia Vinelli entró en un periodo de estrés insoportable. El rescate ya estaba pagado; ya no podían hacer nada. ¿Cumplirían los secuestradores su acuerdo o se quedarían con el dinero y matarían a Paul? ¿Llegaría otra carta diciendo que los 1.35 millones de dólares eran solo un pago inicial y que las negociaciones se reabrirían?

Al día siguiente, un amigo del hijo de Fonseca llamó para decirle que había visto el Honda estacionado frente al supermercado Prisa, a una cuadra del restaurante. Cuando Fonseca fue a recuperarlo, encontró en el baúl los tres sacos blancos de tela de manta vacíos, y todos los hules y las bolsas de plástico que los hermanos Vinelli habían preparado con tanto cuidado para organizar el dinero.

En su baño, María había encendido varias velas a la Virgen de Suyapa, patrona católica de Honduras. Para calmar sus nervios, John quemaba energía paseando por la amplia sala, e iba dejando sus huellas en las alfombras blancas de María. Las empleadas entraban desapercibidas varias veces al día para barrer las huellas y así dejar impecables las alfombras. En un momento dado, John volteó hacia sus hermanos y les dijo: «Todos tendrán que irse de este país y no volver jamás». Liz pensó: «Estoy matriculada en la universidad aquí, ¿qué haría?»

Transcurrió un día largo, luego dos, luego tres. El domingo 1 de marzo, Bob regresó a San Pedro Sula para estar con su familia. El lunes 2 de marzo era el día número 75 de cautiverio de Paul. Esa tarde, los secuestradores le indicaron que se afeitara el bigote. No sabía que el rescate había sido pagado, pero notaba que algo pasaba. Poco antes de las 8:00 p.m., sus captores le devolvieron su ropa, cinturón y zapatos por la pequeña puerta. Se quitó la pijama y se vistió con ropa de calle por primera vez en meses. Sus pantalones le quedaban tan sueltos que se le caían hasta las caderas incluso con el cinturón abrochado en el agujero más apretado. Los captores no devolvieron su reloj ni los 400 lempiras (200 dólares) que llevaba cuando fue capturado.

Unos hombres con ponchos y capuchas que les cubrían la cara entraron en la celda. Le pusieron una venda en los ojos y algodón en los oídos. Le ataron las manos a la espalda y también ataron sus tobillos. Por alguna razón no le taparon la boca. Los captores lo sacaron de la caja que había sido su hogar por dos meses y medio y lo acompañaron afuera a un carro estacionado detrás de la casa. Lo hicieron acostarse en el suelo del asiento trasero. Condujeron durante 30 minutos, lo que le recordó a Paul el día en que lo capturaron. Manejaron hasta la colonia Miramonte y se estacionaron detrás de una ferretería llamada Larach y Compañía. Los secuestradores quitaron las sogas que sujetaban los brazos y piernas de Paul, lo sacaron del carro y lo hicieron arrodillarse en el pasto ya crecido. Le metieron diez lempiras (cinco dólares) en el bolsillo de la camisa y le dijeron: «Para tu taxi».

Le indicaron a Paul que mantuviera la venda puesta durante quince minutos y que no fuera directamente a casa. Se quedó paralizado mientras oía que el auto se alejaba. Justo cuando calculaba cuánto duraban quince minutos, se sorprendió al oír la voz de un hombre a su lado, exigiendo saber qué hacía ahí. Se arrancó la venda y se asustó al ver al vigilante nocturno de Larach y Compañía parado sobre él, alzando un machete.

Se levantó de un salto, se arrancó el algodón de las orejas y corrió torpemente hacia la calle y subió la colina hacia la avenida Suyapa, donde sabía que encontraría un taxi. Era la primera vez en 75 días que caminaba en línea recta por más de dos metros. Tantas horas de haber caminado en círculos habían cambiado su manera de andar. Al llegar a la avenida junto al Hospital Escuela, levantó el brazo. Paul tenía un aspecto terrible, pero por suerte un taxista se detuvo y lo recogió.

Una exempleada del Banco Atlántida llamada Carmen Neda de Ayón conducía con su marido cerca del Hospital Escuela cuando reconoció al presidente del banco, tambaleándose y desorientado. Le pidió a su marido que se diera la vuelta y lo siguiera. Cuando regresaron adonde estaba Paul, él se estaba subiendo a un taxi destartalado. Lo siguieron hasta ver que el taxi se dirigía hacia el vecindario de Las Lomas, donde sabían que vivía Paul. En ese momento, su marido se puso nervioso de estar siguiéndolo, y la pareja se dio la vuelta y se marchó en dirección contraria.[clxix]

Paul siguió las instrucciones y no volvió a su casa. Hizo que el taxista condujera hasta la casa de su madre, que no estaba vigilada por guardias. Subió las gradas hasta la puerta de Dora y tocó el timbre. La empleada miró por la mirilla, no lo reconoció y se rehusó a abrir la puerta. Paul volvió a tocar el timbre. Dora se acercó a la puerta y miró. El hombre en la puerta no parecía su hijo. Paul pesaba veintitrés kilos menos y le habían afeitado el bigote. Pero cuando le habló en italiano, a pesar de su voz débil, ella lo reconoció. Temblando de emoción, abrió la puerta y abrazó a su hijo con fuerza. Luego llamó a su casa.

María, John, Rick y Liz cenaban. Sonó el teléfono y John fue a la cocina a contestar. Un momento después, entró corriendo por la puerta del comedor y le dijo a Rick: «¡Vámonos!» Cogieron sus pistolas y, sin avisar a los guardias que estaban afuera, se subieron a un carro y se dirigieron a la casa de Dora. Cuando entraron por la puerta de la abuela, encontraron a Paul dando vueltas como un puma enjaulado. Se sentía ansioso y desorientado, incapaz de creer que estaba libre, y aún acostumbrado a caminar en círculos como llevaba meses haciéndolo.

Lo llevaron a casa. Los guardias conocían su carro, así que cuando se acercó, abrieron el portón y les permitieron pasar a toda velocidad. Como era de noche, no vieron a Paul detrás de los vidrios polarizados. John retrocedió el carro dentro del garaje abierto debajo de la casa, y él y Rick metieron a Paul a la casa sin que nadie lo viera. Mientras ayudaban a su padre a subir las gradas hasta el piso principal, María y Liz los esperaban arriba. Paul dijo más tarde que creía estar en un sueño al entrar a la casa, porque lo había soñado tantas veces durante su cautiverio. Luego de abrazarlo entre lágrimas, lo único que quería María era meterlo a una ducha y ponerle ropa limpia. Al principio se resistió; le costaba adaptarse a su nueva realidad.

El teléfono de la casa se mantuvo ocupado con llamadas, primero a la familia y luego a amigos. Los más cercanos vinieron esa noche para darle la bienvenida a casa. Paul parecía nervioso. Se movía constantemente con pasos cortos, como lo hacía en su celda pequeña. Hablaba muy poco. Su voz había cambiado—sonaba mucho más débil—hasta el punto de que amigos y familiares que lo llamaban por teléfono no podían reconocerlo. María, John, Rick y Liz no se durmieron hasta muy tarde, y Paul no durmió nada.

A la mañana siguiente, María y Paul decidieron que deberían ir a Houston para que él pudiera hacerse un chequeo médico. Nada de la ropa de Paul le quedaba, así que sus amigos se pusieron en marcha. Alice y Gilbert Goldstein salieron y le compraron unos buzos para que los usara hasta que le pudieran arreglar su ropa.[clxx] Chito Kafie envió a su sastre para que tomara nuevas medidas, y se llevó la ropa para arreglársela ese mismo día.

Bob llegó en el primer vuelo desde San Pedro Sula, y el reencuentro con su padre fue emotivo. Paul sabía la carga que le había impuesto a su tercer hijo al pedirle que se encargara de las negociaciones. Ese día llegó un desfile de amigos a visitarlo, y observaron que Paul era un hombre diferente: muy delgado, con los ojos hundidos, nervioso y sin su bigote característico.

Paul y Jack Agurcia en casa de Paul el día después de su liberación, 3 de marzo, 1981

Paul pidió que Gautama Fonseca fuera a visitarlo. Cuando llegó, Paul abrazó al hombre que había sacrificado su propia seguridad por la libertad de Paul. Fonseca ofreció devolverle la corbata que la familia le había prestado. Paul se rio y le pidió que se la quedara, momento en el que Fonseca le pidió que se la autografiara. Periodistas de radio y prensa abarrotaron los portones de la casa con esperanzas de entrar, pero cualquiera que no fuera un amigo cercano fue rechazado por guardias armados.[clxxi]

El miércoles 4 de marzo, antes de su vuelo a Houston, llevaron a Paul al nuevo edificio del banco donde Faustino y otros ejecutivos le hicieron una visita guiada. Entró en su espaciosa y elegante oficina, intentando procesar cuál sería su nueva realidad si regresaba a Honduras.

Paul y su familia fueron transportados al aeropuerto en una van blanca blindada, seguidos por su Mercedes Benz marrón también blindado, ambos vehículos con guardaespaldas. Como el equipo de seguridad de Paul tenía autorización especial, la van y el carro entraron directamente a la pista de aterrizaje, hasta llegar a las empinadas escaleras situadas en la puerta del avión de SAHSA. Al salir de la van, John se quitó de su hombro la sobaquera junto con el arma que había cargado durante todo su tiempo en Tegucigalpa, y se los entregó a uno de los guardaespaldas de Paul. Luego él, Paul y María abordaron el avión. Al día siguiente, los periódicos identificaron a John como un guardaespaldas estadounidense.

Un par de días después de que Paul dejara Honduras, Fonseca recibió una caja de whisky, una caja de champán y una caja de vino, con una nota que decía: «Gautama, no tengo palabras cómo agradecerle, espero que podamos pronto celebrar la experiencia como una memoria inolvidable. Paul».

Junto con la carta había una foto de Paul y Fonseca tomada el día después de la liberación de Paul. En la parte de atrás de la foto Paul escribió: «Gautama, a veces en la vida ocurre el fenómeno que la verdadera amistad se concreta en pocos momentos de intercambio, aunque separados por largo plazo de contacto. La admiración por Ud. me obligó de abusar de ese vínculo formado por esos pocos intercambios. Mis agradecimientos son del alma y de una vida que perdura porque amigos como Ud. dieron todo. Afectísimo, Paul».[clxxii]

Cuando llegaron a Houston, Paul, María y John se alojaron en una suite de dos habitaciones en el Warwick Hotel. Al día siguiente, Paul ingresó al Hospital Metodista para hacerse un chequeo. Los médicos lo encontraron en bastante buen estado de salud teniendo en cuenta su largo cautiverio. Su insistencia en mantener su fuerza física en el espacio reducido había ayudado. Además de la pérdida de peso, tenía anemia y una pérdida auditiva significativa en un oído, causada por la música alta que sus secuestradores ponían fuera de su caja. De estos problemas físicos, solo la pérdida auditiva fue irreversible. Tomaría tiempo ver las consecuencias psicológicas y emocionales que había provocado su cautiverio.

John se quedó en Houston un día más hasta que Paul salió del hospital, y luego voló de regreso a Seattle. Yo viajé a Houston desde Dallas (donde estudiaba en la universidad) y me quedé en el segundo dormitorio de la suite que papá tenía en el Warwick. Lo notaba extremadamente delgado y débil. Una noche cuando entré a la sala muy tarde, vi la luz encendida en la habitación que él y María ocupaban, y me di cuenta de que él tenía problemas para dormir.

La única conversación que papá tuvo conmigo sobre el secuestro fue durante esa visita. Me dijo que, una vez que los médicos de Houston le dieran la luz verde para viajar, planeaba ir a Europa un tiempo para comer bien y recuperar fuerzas. Luego planeaba volver a Honduras y trabajar duro; necesitaba pagar el dinero que sus amigos le habían prestado para conseguir su liberación, así como volver a juntar los ahorros personales que se usaron para su rescate. Yo tenía miedo por su seguridad y le pregunté por qué iba a volver a Honduras. Dijo: «En primer lugar, he pasado más de 30 años construyendo mi vida profesional en Honduras. ¿Qué podría hacer en otro lado que se aproxime a los ingresos que puedo ganar allí? Segundo, si me quedo lejos, "ellos" habrán ganado». Nunca volvimos a tocar el tema.

Después de Houston, Paul y María se fueron a Europa. Su primera parada fue Nápoles, Italia, la ciudad donde nació Paul. Pasaron tres semanas allí alojados en su hotel favorito, el Hotel Excelsior, que está al frente de la bahía de Nápoles y el monte Vesubio. Esta era la vista que Paul disfrutaba cuando era un niño pequeño viviendo en la cima de la colina en el distrito del Vomero.

A la vuelta de la esquina del hotel se encontraba el famoso Caffè Gambrinus, fundado en 1860. El café es especialmente conocido por un tipo de milhojas llamado *sfogliatella*, una masa hojaldrada rellena de ricota cremosa y con sabores de almendra y limón. A Paul le encantaban. Como los *sfogliatelle* no existían ni en Honduras ni en los Estados Unidos, con frecuencia en esos países pedía lo más parecido, un *napoleón*. Yo nunca había entendido el origen de su amor por los dulces hojaldrados hasta que escribí este libro.

En 2018, José y yo fuimos a Nápoles. Fue mi primera visita al lugar de nacimiento de papá. Elsa, hija de Pasquale Faldo, y su marido Lino nos hicieron un recorrido por la ciudad para ver el edificio donde nació papá y la iglesia donde fue bautizado. Luego fuimos a comer a su club con vistas de la Bahía de Nápoles. A la hora del postre, José preguntó si podíamos probar una sfogliatella, que habíamos oído solo se preparaba bien en Nápoles. Elsa y Lino dijeron que el mejor sitio para probarla era el Caffè Gambrinus, y decidimos ir. Mientras caminábamos, pasamos por el Hotel Excelsior, y nos señalaron que papá siempre se alojaba allí cuando visitaba la ciudad. Cuando vimos la cercanía entre el hotel y el café, supuse que fue allí donde papá recuperó parte del peso que había perdido durante el secuestro.

Mientras estaban en Nápoles, Paul y María pasaron mucho tiempo con Pasquale, el padre de Elsa, antiguo vecino de Paul en Tegucigalpa. Pasquale se había jubilado en Nápoles. Él los llevaba a pasear en auto por la Costa Amalfitana hasta Salerno, donde Paul había vivido de los cinco hasta los doce años.[clxxiii] Durante esa visita a Nápoles, Paul investigó la posibilidad de recuperar la ciudadanía italiana a la que había renunciado al convertirse en ciudadano estadounidense. Aunque me había hablado valientemente sobre volver a Honduras, estaba considerando la opción de mudarse a Italia si fuera necesario.[clxxiv] [33]

El 19 de marzo, *La Prensa* lanzó una noticia bomba. Ese día y el siguiente, publicaron copias de todas las cartas que el FMLN le había escrito a Bob, Gautama Fonseca y Faustino Laínez. También publicaron varios anuncios que nuestra familia había puesto en el periódico para negociar el rescate de Paul, y algunas fotografías de Paul sosteniendo periódicos que acompañaban las cartas.[clxxv] Alguien del gobierno había publicado estos documentos que la familia había entregado bajo la condición de que se mantuvieran confidenciales. La familia temía que esto enojara a los secuestradores.

Los periódicos hondureños publicaban muchas especulaciones sobre si Paul volvería o no. El presidente de la Corte Suprema de Honduras, José Pineda, declaró que todas las partes afectadas,

33. Posteriormente abandonó sus esfuerzos por recuperar la ciudadanía italiana.

incluidos Paul y Fonseca, debían comparecer para testificar.[clxxvi] Se habían cometido varios crímenes: el asesinato del guardaespaldas Demetrio Cedillos, la grave lesión del conductor Roberto Martínez y el secuestro de Paul. Estos debían ser investigados y los responsables encontrados y juzgados. Tres testigos principales estaban fuera del país, así que sus testimonios fueron atrasados. Mientras Paul estaba en Europa, Fonseca estaba en Washington, D.C. asistiendo a una conferencia de reforma agraria.[clxxvii] Roberto Martínez, el conductor herido, había sido enviado por el Banco Atlántida a los Estados Unidos para una cirugía ocular.[clxxviii]

Paul y María estuvieron de viaje durante unas seis semanas. Coordinaron su regreso con cuidado, sabiendo la atención que este atraería. María llegó primero a Tegucigalpa el 21 de abril. Ese mismo día compareció ante la corte para darle su declaración al juez. Contestó preguntas durante dos horas. Solo ella y el juez de la corte penal Víctor Manuel Ancheta estuvieron presentes, ya que ella llegó a la corte sin aviso. Esto impidió que la prensa se diera cuenta y tuviera contacto con ella.[clxxix] Bob también testificó ese día.

Al día siguiente, el 22 de abril, Paul voló a Tegucigalpa en la aerolínea TAN. Fue recibido en la base de las escaleras del avión por su nuevo equipo de seguridad: seis guardaespaldas altamente entrenados, en dos autos, uno de ellos su Mercedes blindado. Los guardaespaldas ya habían arreglado previamente sus formularios de inmigración y aduanas, así que lo metieron rápidamente en su auto y se marcharon a toda velocidad.

A la mañana siguiente, Paul hizo una aparición sorpresa ante el juez Ancheta, frustrando las esperanzas de la prensa de entrevistarlo en el juzgado. El interrogatorio del juez duró tres horas y media.[clxxx]

El viernes 24 de abril, Paul tuvo una conferencia de prensa en el Banco Atlántida. El evento tuvo lugar en el piso ejecutivo del nuevo edificio del banco. Sentado a su lado estaba Cleto Ramón Álvarez, abogado, primer vicepresidente del banco y uno de sus asesores más cercanos. Paul había recuperado casi la mitad del peso perdido, y su bigote seguía creciendo.

Comenzó agradeciendo a la prensa por su interés y asistencia, y por la oportunidad de aclarar varias cosas que habían sido reportadas incorrectamente. Su manera de ser era menos segura de lo que la gente recordaba y dijo: «De este caso he salido con mucha más modestia de la que tenía cuando entré». Comentó que la experiencia le dejó algo positivo: «Siento que el hecho de volver a renacer me crea una obligación de mayor contribución a la sociedad y de mayor sacrificio para con ella. Tendré más dedicación para con los míos, principalmente con mi esposa».[clxxxi]

Paul le confirmó a la audiencia que las cartas de rescate publicadas en los periódicos eran las verdaderas que recibió la familia. Indicó que la familia se había visto obligada a compartirlas con las autoridades y lo había hecho bajo la condición de confidencialidad; desafortunadamente, las autoridades no cumplieron con el acuerdo. Y continuó: «Estoy seguro de que los individuos que me secuestraron no perseguían tan solo objetivos monetarios, sino también políticos. No son criminales comunes sino personas que saben en lo que están y que han tenido experiencia en estos actos». Terminó con la nota positiva por la que era conocido: «Honduras es un país en el que los hondureños deben tener confianza y por eso deben invertir dejando de lado sus temores porque solo con la contribución de todos podrá engrandecerse esta nación». Paul también indicó que estaba comprometido a retomar su trabajo como presidente del Banco Atlántida y a prestar su ayuda para resolver los problemas de Honduras.[clxxxii]

Ese mismo mes, abril de 1981, la batalla ideológica en Centroamérica llamó la atención mundial cuando el presidente de los Estados Unidos Ronald Reagan detuvo un paquete de ayuda multimillonario a Nicaragua, para evitar que los sandinistas enviaran armas a guerrilleros izquierdistas en El Salvador. La acción de Reagan inició un enfrentamiento de ocho años entre derecha e izquierda y entre los Estados Unidos y Nicaragua, usando a Honduras como intermediario, y terminó con el notorio escándalo Irán-Contra y audiencias en el Congreso de los Estados Unidos.[clxxxiii]

La prioridad de Paul al regresar a Honduras era la de agradecer a las personas que lo ayudaron durante el secuestro. Uno de ellos fue Carlos H. Reyes, el líder sindical a quien Paul había propuesto para entregar el dinero del rescate. Paul lo invitó a almorzar al banco, donde le contó los detalles de su captura y las condiciones bajo las que estuvo detenido. Esta fue una circunstancia inusual, porque Reyes posiblemente conocía a algunas de las personas implicadas en su secuestro. Sin embargo, Paul mantuvo la puerta abierta con él. Reyes me dijo después que valoraba mucho el nivel de confianza que papá había depositado en él.[clxxxiv]

Luego del regreso de Paul a Honduras, su libertad se vio restringida. De allí en adelante, y durante el resto de su vida, nunca salió a ningún sitio en el país sin seis guardaespaldas, dos en su auto y cuatro en un auto que lo seguía. Los guardias eran un recordatorio constante de que su vida estaba en peligro.

Paul fue diferente tras su secuestro. El bon vivant que disfrutaba entreteniendo a amigos y clientes con buena comida y vinos desapareció durante un tiempo. El secuestro lo había apagado; había tristeza en sus ojos y en su actitud. Sus amigos también sentían tristeza, por Paul y por la libertad que todos habían perdido. A partir de ese momento, hubo un miedo colectivo en su grupo social y la mayoría de sus amigos aumentaron sus medidas de seguridad.[clxxxv]

16

LA NUEVA NORMALIDAD
1982 - 1986

Paul se sentía sofocado por la seguridad que el banco exigía que tuviera luego de su secuestro. Los seis guardias en dos autos estaban asignados para estar con él en cualquier parte de Honduras. Empezó a viajar más, asistiendo a conferencias bancarias en los Estados Unidos y Europa para que él y María pudieran descansar de los guardias. En lugar de ir de vacaciones a Roatán, la isla hondureña que tanto disfrutaba, iban a Ambergris Caye, en Belice.

La segunda esposa de Paul, Iris, era dueña de varios apartamentos en Coral Gables, un barrio exclusivo de Miami, Florida. Paul hizo que el banco alquilara uno de esos apartamentos para el uso de sus ejecutivos cuando estuvieran en Miami. María decoró el apartamento con su característica tapicería blanca y con mesas y bar de Lucite. Era precioso, pero ponía nerviosos a todos los que usaban el apartamento por miedo a manchar los muebles.

A Paul le encantaba la libertad de moverse de forma independiente en la ciudad tropical, que quedaba a solo dos horas de vuelo de Tegucigalpa. Sus lugares favoritos para ir eran el supermercado Publix o Woolworth, la tienda de variedades a precios accesibles en

Miracle Mile. Compraba grandes cantidades de provisiones básicas como calcetines o pasta de dientes para llevar a Honduras, ya que le encantaba lo barato que era todo en Woolworth. En particular le entusiasmaba conducir, porque no se le permitía hacerlo en Honduras, donde por años había tenido choferes profesionales. No había conducido un auto en los Estados Unidos por más de 30 años, y desafortunadamente, no visitaba Miami lo suficiente como para convertirse en un buen conductor. Cada vez que yo iba a verlo, cruzaba los dedos de que él no sugiriera manejar a algún sitio.

María e Iris comenzaron a desarrollar una amistad cercana. Cuando ambas estaban en Miami, Iris le enseñaba a María dónde quedaban las mejores tiendas de la ciudad, y se pasaban días enteros en las tiendas elegantes de Bal Harbour, donde Iris presentó a María a sus compradores personales en Neiman Marcus; María era una alumna rápida y agradecida.[clxxxvi] María continuó el trabajo que Dora había hecho para reparar las relaciones que Paul había perdido al casarse con Fran. Además de hacerse amiga de Iris en Miami, María también llegó a conocer a la antigua vecina de Paul, Eva Bahr. Se llevaban tan bien que Iris invitó a Paul, María y Eva a viajar juntos en un crucero.

Una vez, cuando visité a papá y a María en Miami, papá decidió que estaba cansado de comer fuera (María no cocinaba, y como papá había tenido un buen cocinero durante tantos años, él rara vez lo hacía). Me pidió que hiciera *pasta a la vongole* (espaguetis con almejas). Cuando admití que casi no tenía experiencia en la cocina, se molestó y me dijo que calentara una lata de almejas y la mezclara con pasta, ¿qué tan difícil podía ser? Empecé salteando ajo en aceite, porque sabía que le gustaba el ajo en su pasta. Hasta que no te conviertes en cocinero, hay cosas que no son obvias, por ejemplo, el aceite caliente y el líquido de una lata de almejas a temperatura ambiente no se mezclan. Cuando eché las almejas y su jugo a la sartén, la explosión fue tremenda. Las almejas explotaron por toda la cocina: techo, gabinetes, superficies, pisos, y yo. Papá y María vinieron corriendo, vieron que estaba con vida, recogieron las llaves del auto y salieron a cenar. Me pasé el resto de la noche limpiando.

El tiempo que papá y María pasaban en Miami fue un respiro del estrés que sentían en Honduras. La batalla ideológica continuó en Honduras durante toda la década del 80. El presidente Suazo Córdova, que asumió el cargo en 1982, estaba indignado por los crímenes cometidos contra el sector empresarial. Le pidió al gobierno estadounidense que lo ayudara a combatir a las facciones revolucionarias.

El embajador de los Estados Unidos en Honduras en ese momento era John Negroponte. Fue nombrado en 1981 y se mudó a Honduras meses después de que terminara el secuestro de Paul. Ambos llegaron a conocerse bien, y Negroponte solía pedirle consejos a Paul sobre los complejos problemas que enfrentaba Honduras. En una entrevista en 2018, Negroponte me dijo: «No había muchos sabios en Honduras, así que si querías una opinión seria, Paul era una de las pocas personas a las que llamarías para reunirte para unos tragos o un café».[clxxxvii]

El 19 de septiembre de 1982, una docena de guerrilleros secuestraron toda la Cámara de Comercio de San Pedro Sula, aproximadamente cien personas. Solicitaron la liberación de otros miembros de la guerrilla, a quienes consideraban presos políticos. Entre los secuestrados se encontraban el ministro de Economía de Honduras, el ministro de Hacienda y el presidente del Banco Central.[clxxxviii] Las negociaciones duraron una semana, con algunos rehenes liberados durante ese tiempo. El 26 de septiembre, el gobierno de Suazo Córdova permitió que los secuestradores fueran evacuados del país a cambio de la liberación de los rehenes. Los captores, los 34 rehenes restantes y los mediadores fueron llevados en avión a Panamá. Los guerrilleros abordaron entonces un avión de la fuerza aérea panameña con destino a La Habana, Cuba, mientras que los rehenes y mediadores hondureños se regresaron a San Pedro Sula.[clxxxix]

El gobierno de Suazo Córdova se esforzó para frenar la actividad guerrillera. Ese año, la policía hondureña arrestó a Carlos H. Reyes durante una manifestación callejera, y fue interrogado bajo circunstancias violentas. Paul intervino ante el gobierno para conseguir su liberación. Reyes me contó la historia en el 2018, 36 años después de que esto ocurrió. Era claro que todavía tenía fresco el recuerdo del trato que recibió por parte de sus interrogadores, me dijo que cuando lo liberaron salió escupiendo sangre. Pero se sentía muy agradecido de que Paul, que tenía una buena relación con los gobiernos hondureños y estadounidenses (a quienes Reyes culpaba por su experiencia), interviniera en su nombre.

Paul continuó siendo considerado el experto principal sobre la economía hondureña y sirvió como asesor no oficial del gobierno de Honduras. Todos los años, el Departamento de Estudios Económicos del Banco Atlántida preparaba un análisis de la economía hondureña, que incluía las estadísticas actuales del Banco Mundial.[cxc] Paul fue invitado a presentar este informe a grupos empresariales, al congreso hondureño y al consejo de ministros del presidente. En aquel entonces, Carlos Flores (quien más tarde sería presidente de Honduras) era congresista.

El expresidente Flores me describió estas presentaciones cuando lo entrevisté en el 2018; me contó que el análisis económico que preparaba el equipo del banco era de muy alto nivel. La perspectiva de Paul era generalmente optimista, diferente a la de la mayoría de los hondureños, cuya actitud era quejarse de todo en el país; Flores observó que Paul era una persona "con perspectiva de vaso medio lleno". Sus presentaciones eran especialmente equilibradas, porque hablaba desde el punto de vista del jefe del banco más grande del país y como presidente de empresas en diferentes sectores.[cxci]

Paul socializaba en los círculos empresariales más importantes de Honduras debido a su posición como presidente del Banco Atlántida. María trabajaba para transformar estas relaciones profesionales en amistades personales. Era una sofisticada creadora de contactos y una excelente anfitriona. En poco tiempo personas poderosas, incluyendo el presidente del país y su esposa, acudían a su casa para comer. La casa completamente blanca de Paul y María fue escenario de muchos eventos hermosos. Paul bromeaba que cualquier cosa que no se moviera en la casa recibiría una capa de pintura blanca. Cada comida era perfecta, ya fuera en la mesa de vidrio del comedor o en alguna de las varias terrazas del jardín. María enviaba a su chofer David por toda la ciudad para encontrarle las flores perfectas que combinaran con el tema que había organizado para un evento.

En lugar de organizar fiestas navideñas nocturnas como hacían Paul y Fran en los años 60 y 70, Paul y María empezaron a organizar almuerzos navideños. Estos eventos, cuidados hasta el último detalle, se celebraban en los jardines de su casa. Comenzaban a la una de la tarde y duraban hasta la cena, con invitados aun bailando después de medianoche.

Paul tenía casi sesenta años y María era la esposa indicada para esta etapa de su vida. Era una mujer de carácter fuerte que muchas veces se salía con la suya, pero era también estratégica. Ella dejó que Paul fuera el jefe en su relación y lo mimaba. Fran, mi madre, era demasiado "americana", quería ser una pareja igualitaria. Aunque Paul pudo haber disfrutado de ese tipo de relación con su primer amor Linda, en su quinto matrimonio, lo que más deseaba de una esposa era apoyo incondicional. La formación que le dio su primera suegra española a María funcionó bien; ella se aseguraba de que todas las necesidades de Paul estuvieran cubiertas. En las mañanas ella corría tras él cuando salía de su dormitorio, agitando un peine y diciendo: «¡Paul, Paul, no te has peinado!» Él volteaba los ojos, pero todos sabían que le gustaba la atención que ella le daba.

En nuestra familia siempre habíamos hablado inglés entre nosotros, porque eso era lo que papá hablaba primero con Linda y luego con Fran. María no hablaba inglés, así que cambiamos al español cuando estábamos con ella. Ocasionalmente ella intentaba usar una palabra en inglés, y los resultados con frecuencia eran muy graciosos. Una vez sugirió que lleváramos la "Surumba" (la Suburban) a un paseo al campo. Durante una discusión sobre la bolsa de valores, preguntó cómo iba el "Mazda" (NASDAQ).

En septiembre de 1982, la madre de Paul, Dora, se enfermó. Nunca había sido una mujer alegre, pero en su octogésimo séptimo año de vida había sido muy infeliz, y les decía a amigos y familiares que quería morir. Aparentemente dejó de tomar la medicación que le habían recetado para el corazón porque su salud empeoró repentinamente. Un día, su empleada la encontró en estado crítico con mucha dificultad para respirar, y llamó a Paul. Él llamó de inmediato a su cardiólogo, el Dr. Álvarez. Cuando no pudo localizarlo, le pidió a Liz que buscara un médico. Liz estudiaba en la Facultad de Medicina en ese momento y le pidió a uno de sus profesores, el Dr. Velázquez, que fuera a casa de la abuela. Cuando él le tomó los signos vitales, llamó inmediatamente a una ambulancia. Dora protestó que no quería ir al hospital, pero el Dr. Velázquez entonces sugirió que Liz fuera en la ambulancia con su abuela.

Dora llegó en muy mal estado al Hospital Viera, donde Paul les dio el alcance. Cuando entró al cuarto de su madre, su corazón se había detenido y los médicos trataban de resucitarla. Paul salió del cuarto, y en el pasillo se encontró con el Dr. Álvarez, que había corrido al hospital cuando se enteró de la noticia. El doctor hizo que Paul volviera al cuarto con él para que estuviera con su madre durante la última media hora de vida, hasta que su corazón se detuvo. Luego de su muerte, Paul le escribió a su sobrino Armando: «Seguimos sufriendo el impacto por la muerte de tu abuela. Una buena vida significa estar cerca de tus seres queridos. Ni la geografía ni el clima pueden compensar ese hecho único de la vida».

A principios de 1983, el amigo cercano de Paul, Arturo Medrano, fue diagnosticado con cáncer de páncreas. Medrano, que durante muchos años había sido el abogado personal de Paul y también director del banco, rechazó un tratamiento que, en aquellos días, hubiera prolongado su vida a lo más unos meses. Declaró que quería pasar sus últimos días en paz con su familia. Nadie podía visitarlo salvo su familia más cercana, ni siquiera Paul. Murió en un par de meses. Pia acompañó a Paul a la iglesia de La Medalla Milagrosa para el funeral de Medrano. Como de costumbre, él no quiso asistir a la misa, así que esperaron afuera en el auto hasta que terminara, y luego Paul entró a la iglesia para darle el pésame a la viuda de Medrano, Orfilia. Cuando volvió al carro, estaba llorando.

Más tarde ese año, su amigo íntimo, Chito Kafie, también fue diagnosticado con cáncer de páncreas. Chito aceptó recibir tratamiento, pero como Medrano, el resultado fue desalentador. Se fue en seis meses. Unos días antes de su muerte, llamó a su familia para ofrecerles unos últimos consejos. Alguien los grabó. Al final de su charla, les recomendó:

«Si alguna vez tienen alguna duda, hablen con Paul».[cxcii]

Ese noviembre de 1984 viajé a Tegucigalpa para asistir a la boda de Liz. Ella y su prometido José Luis Rivera habían estado saliendo desde que tenían dieciséis años. Cuando Liz le informó a papá que se había comprometido para casarse, él respondió: «Es tu decisión. Si no funciona, no te quedes más de lo necesario». Liz probablemente esperaba que la felicitara, pero papá iba por su quinto matrimonio y eso era todo lo que se le ocurrió decir. Ese fin de semana me hospedé en su casa. Cuando llegó la hora de irnos a la iglesia, entré a su dormitorio y lo encontré sentado al pie de la cama, vestido con su traje negro formal y corbatín, con cara de tristeza. —¿Qué te pasa? — le pregunté. —No quiero entrar en la iglesia. —Tienes que hacerlo, Papá. Es para Liz, no estás haciendo una declaración religiosa —le respondí.

Cuando Pia y yo nos casamos años después, él también nos llevó al altar. Parecía un deber que papá afrontaba con dificultad. Aunque algunos probablemente pensaron que sentía tristeza porque sus hijas habían crecido, yo creo que era más por su resistencia a la ceremonia religiosa.

Paul se involucraba cada día menos en el manejo del banco. Como viajaba con tanta frecuencia, dejaba las operaciones diarias al Dr.

Guillermo Bueso y los demás ejecutivos. Su estilo como jefe se volvió más autoritario. Algunos miembros de la junta directiva criticaron que ya no permitía mucha discusión en las sesiones. Yo entiendo esa impaciencia. Paul tenía 62 años, con muchos menos años por delante que detrás. No quería pasar horas en una sala de junta directiva, dándole tiempo a todos para debatir los temas interminablemente, cuando sabía por experiencia cuál sería el resultado.

Lo que aún le interesaba era mejorar la vida de los hondureños. Su preocupación por sus empleados lo convirtió en un líder popular, y se ganó la lealtad de todos, desde los ejecutivos hasta el grupo de choferes en el estacionamiento del banco. Paul animó a los ejecutivos del banco a que desarrollaran dos proyectos en terrenos vecinos a la sede principal. Uno era un club deportivo con canchas de tenis y una piscina, para uso de los empleados bancarios, y el otro fue una urbanización cerrada que se llegó a llamar Residencial Casavola en honor a su madre, Dora Casavola. Él quería que fuera un vecindario de casas cuyos jardines delanteros daban a la calle al estilo americano, algo inaudito en Honduras. A pesar de que años después los dueños de las casas construyeron muros alrededor de sus propiedades, sigue siendo hasta hoy un vecindario único. Debido al acceso restringido y a la ausencia de tráfico, los niños pueden jugar en la calle.

El instinto de Paul era ayudar donde creyera que fuera necesario. Sus guardaespaldas nos contaron la siguiente historia sobre su jefe: una mañana muy temprano, llevaban a Paul a San Pedro Sula por carreteras montañosas, y al voltear en una curva, vieron a una mujer desnuda caminando por el borde de la carretera. Probablemente era una paciente de salud mental que se había escapado del cercano Hospital Santa Rosita. Paul le pidió a su chofer que se detuviera, y el carro de guardias que los seguía también se detuvo. Muy lentamente ambos autos retrocedieron en el arcén estrecho, cuidando de no atropellar a la mujer, que apenas notaba su presencia. Paul salió del auto y, mientras se quitaba la chaqueta gris de terciopelo, le dijo: «¡Eh! Cúbrete un poco». Luego de ponerle la chaqueta sobre los hombros, se metió la mano en el bolsillo y le entregó dinero.

Un día estaba parado en el patio afuera de su oficina en el Banco Atlántida, y vio a una mujer sin hogar bañándose en la fuente que había en frente del edificio. Inmediatamente envió a empleados del banco a darle ropa, comida y dinero. A lo largo de los años, la mujer volvió muchas veces a bañarse en la fuente, y cuando él la veía, enviaba gente para ayudarla.

17

SIEMPRE PUEDE SER PEOR 1986

El lunes 31 de marzo de 1986, el segundo hijo de Paul, Craig, viajaba desde su casa en South Orange, Nueva Jersey, hasta su oficina en Chemical Bank en la ciudad de Nueva York. El banquero de 37 años estaba parado en la plataforma del tren leyendo el periódico dándole la espalda a las vías. Unos testigos dijeron que un tren expreso entró por la vía interior, lo cual iba en contra de las normas porque viajaba demasiado rápido; solo los trenes que paraban debían entrar por esa vía. Se cree que la succión creada por el tren a toda velocidad hizo que Craig perdiera el equilibrio y cayera entre dos vagones.

Yo estaba en mi oficina en el Banco Mercantil de Dallas, cuando Bob me llamó desde Tegucigalpa. Yo no entendía lo que me decía. Mi pobre hermano, hice que repitiera tres veces: «Craig murió».

Toda la familia, excepto Liz, que estaba embarazada y con instrucciones de guardar reposo absoluto, así como varios amigos cercanos, viajamos a Nueva Jersey para su funeral en South Orange. Esta fue la segunda y última vez que vi llorar a papá, y una vez más fue por Craig (la primera fue cuando Craig se fue a Vietnam). A pesar del daño que el tren había causado al cuerpo de Craig, la funeraria pudo prepararlo para un ataúd abierto. Yo estaba en la funeraria al lado del ataúd, con mi mano sobre el pecho rígido de mi hermano, cuando papá entró acompañado de María y otro de mis hermanos. A mitad del pasillo, cuando vio el cuerpo de Craig dentro del ataúd, papá se detuvo y se puso a llorar.

Craig había sido una réplica más joven de papá: en apariencia, personalidad, elección de carrera y en su tendencia a calmar su mente activa con el alcohol. Pasquale Faldo me dijo más tarde: «Paolo había creado un hijo que "ERA" él».[cxciii] La pérdida también fue devastadora para la viuda de Craig, para su hijo de siete años y para todos nosotros.

Luego del entierro fuimos a Nueva York por unos días. Paul pagó para que la familia se alojara en el Hotel Helmsley Palace. Muchos en el grupo afrontaron la pérdida de Craig bebiendo alcohol. Rick tomó tanto que una noche el personal del hotel lo encontró dormido en el lobby, sentado en el suelo apoyado en un elegante banco redondo tapizado. María afrontó la tristeza a su manera, comprando. Ella anunció que iba a "Berguman" (Bergdorf Goodman). Recuerdo estar en mi cuarto y oír un golpe en la puerta. Abrí y encontré a María con los brazos llenos de bolsas de Bergdorf Goodman y Saks Fifth Avenue. Tiró todas las bolsas menos una en mi habitación, y se fue por el pasillo a la de ellos. Yo entendí que tenía que esconder esas bolsas en mi closet hasta que papá saliera del hotel, momento en el que María vendría a recogerlas. Era una maestra para empacar: luego de cada viaje regresaba a Honduras con el doble de las prendas con que había salido, pero rara vez equipaje adicional. Su truco era que, cuando se iba de casa, toda su ropa estaba empacada en plástico y papel de seda de la tintorería, también para que su ropa no se arrugara. A medida que el viaje avanzaba y usaba la ropa, el plástico y el papel eran reemplazados por compras.

Al regresar a Honduras, Paul creó una beca en honor a Craig en la Facultad de Economía de la UNAH en Tegucigalpa. Se llama Fundación Craig Vinelli y cubre el costo de la matrícula universitaria y los libros para estudiantes de bajos ingresos que califiquen para estudiar Economía, Contabilidad o Administración de Empresas. La viuda de Craig fundó una segunda beca, donde Craig estudió, la Escuela de Negocios Wharton de la Universidad de Pensilvania.

Craig Douglas Vinelli - 1985

Ese octubre, en su chequeo médico anual en Houston, los doctores le informaron a Paul que tenía tres arterias bloqueadas en el corazón. Esa misma semana, los médicos del Hospital Metodista le hicieron una cirugía de bypass triple. Yo viajé de Dallas para visitarlo luego de la operación. Estaba acostado en la cama del hospital con una bata azul delgada. No parecía él, se veía vulnerable. Su cuerpo robusto estaba cortado por una cicatriz grande y roja que recorría desde la parte superior del pecho hasta el abdomen. Otra cicatriz recorría su muslo derecho. Cuando se refirió a la cicatriz, era claro de que se sentía violado.

Luego de esa operación, Paul era un hombre cambiado. No soportaba pensar en lo que los médicos le habían hecho, pero no podía ignorar la realidad porque sus cicatrices se lo recordaban constantemente. Tenía una expresión de: «Recuerdo quién era yo, ¿dónde se fue esa persona?» La tristeza hizo que los músculos de su boca se curvaran hacia abajo y le dieran un aspecto de enojado durante meses.

Tres semanas después de la operación le quitaron los puntos, y Paul regresó a Honduras a tiempo para el nacimiento de la primera hija de Liz, María Esther. Cuando la visitó en el hospital, Liz se sorprendió de que papá inmediatamente le mostrara su cicatriz. Parecía que esto definía quien era él en ese momento, y lo definía de un manera negativa. Por suerte, el nacimiento de una nieta fue el mejor antídoto para ese año horrible, y para cuando llegó la Navidad volvió a disfrutar de su familia.

18

EL GASTRÓNOMO

Paul sabía muy bien que la enorme cirugía que acababa de soportar era consecuencia de una dieta poco saludable. Aunque su cardiólogo insistía en que cambiara sus hábitos alimenticios, la comida siempre había sido tal fuente de placer y consuelo para él que rompía las reglas frecuentemente. Su apetito estaba ligado a su amor por los viajes, que comenzó en los años 50 y que aumentó a medida que podía permitirse ir a mejores restaurantes y hoteles. Por décadas llevaba consigo una pequeña libreta de direcciones y notas detalladas que tomaba de sus hoteles y restaurantes favoritos alrededor del mundo. Antes del internet, sus amigos sabían que él era a quien se le consultaba sobre los mejores sitios para ir en cualquier ciudad.

Ahora cuesta imaginar, en esta época de chefs famosos y programas gastronómicos populares en la televisión, cómo era el mundo culinario en los años 60. En Tegucigalpa, había muy pocos lugares para comer fuera y ninguno se consideraba de alta cocina. Los supermercados y el mercado central vendían frutas y vegetales de aspecto triste en cantidades muy limitadas. No había comida gourmet a la venta, y los productos importados de cualquier tipo eran escasos. Recuerdo la emoción que yo sentía cuando visitaba las casas de amigos cuyos padres trabajaban en la embajada de los Estados Unidos, porque tenían acceso al comisariato y podían comprar productos americanos como papitas y chocolates.

La comida gourmet tampoco era un gran atractivo en los Estados Unidos en esa época, y pocas personas se atrevían a probar comidas desconocidas. Paul fue una excepción. Era un hombre que se adelantó a su tiempo en el mundo culinario y siempre estaba planeando su próxima comida. Probaba todo alimento exótico del cual le hablaran. Cuando viajaba, iba a los mejores restaurantes que podía. Si algún plato le gustaba en especial, veía la manera de que lo invitaran a la cocina para preguntarle al chef cómo lo preparaba. Traía notas a Tegucigalpa para que su cocinero aprendiera a prepararlo.

Papá trajo a casa semillas de todo el mundo para que los jardineros las sembraran en el huerto del nivel superior de nuestra propiedad. Nuestro jardín contenía cosas que a mucha gente le parecía extraña, como rúcula y flores de calabaza. La gente no podía creer que comíamos perejil frito como aperitivo. Estos gustos tienen sus raíces en la educación culinaria de sus abuelos en el sur de Italia, donde consumían lo que encontraban, como hierbas silvestres.

Su actividad favorita cuando viajaba era ir a mercados y a los supermercados. Volvía de sus viajes con la maleta llena de cosas misteriosas. A menudo traía caracoles enlatados que se servían en las comidas familiares de fin de semana. A los cinco años yo ya sabía usar las pinzas especiales para sujetar las conchas de los caracoles, y usar el tenedor pequeño para sacar al bicho —papá habría dicho delicadeza —que tenía dentro. Esperábamos con ansia terminar este plato (¿porque a quién le encantan realmente los caracoles?) para empapar el pan crujiente en la mantequilla derretida cargada de ajo y perejil donde habían estado los caracoles.

Una vez, cuando yo tenía unos siete años, papá regresó de un viaje a Japón y, con gran emoción, sacó de su maletín un 'caqui' de color naranja brillante. El caqui es una fruta dulce en forma parecida al tomate, pero anaranjada. Papá había tenido mucho cuidado de proteger la fruta delicada durante muchas horas de viaje. Fue toda una revelación probarlo: todavía recuerdo lo cremosa y gelatinosa que era la pulpa de esta fruta.

Nos dio a conocer a las angulas (anguilas bebés). Papá las descubrió en España, donde son una exquisitez. Por años, Pia y yo pensábamos que estábamos comiendo linguini con pimienta negra. Cuando fuimos mayores, nos dimos cuenta de que los puntos de "pimienta" eran los ojos. Para entonces nos gustaba tanto el plato que no nos importaba que las anguilas fueran como serpientes pequeñas.

Luego de perder a nuestra cocinera Úrsula debido al cáncer, papá contrató a un chef para nuestra casa y otro para el comedor ejecutivo del banco. Le dedicó bastante tiempo a su entrenamiento, enseñándoles comidas que nunca habían conocido en Honduras. Sus colegas esperaban con ilusión ser invitados a almorzar al comedor del banco porque, aparte de nuestra casa, era uno de los mejores sitios para comer en Tegucigalpa. Las comidas se acompañaban de vinos especiales, normalmente italianos. Los gustos aventureros de papá hacían que nada fuera demasiado extraño para formar parte del menú. Una de sus comidas favoritas era la iguana, que pedía cada vez que visitaba pueblos de la costa hondureña. Una vez, un amigo le envió una iguana de gran tamaño a Tegucigalpa. Papá organizó un almuerzo en el banco e invitó a ejecutivos y antiguos estudiantes suyos de

Economía. Cuando anunciaron que se iba a ofrecer iguana, algunos invitados parecían aprensivos ante la idea. La iguana es en realidad muy parecida al pollo, y deliciosa cocinada en leche de coco sobre arroz. Papá, molesto, les informó que también había pollo preparado para cualquiera que fuera cobarde.

Cuando la gente se entera de que soy de Honduras y me encanta cocinar, me preguntan cuál es mi comida hondureña favorita. Me cuesta mucho contestar. A papá no le gustaba la comida hondureña, así que de niña la única vez que la comía era con nuestras empleadas, y más tarde en las ocasiones en que a María le apetecía. Mi comida hondureña favorita son tortillas de maíz rellenas de queso blanco derretido, y frijoles rojos refritos servidos con crema rala.

Papá nos abrió los ojos a una experiencia gastronómica mucho más amplia. Le habría encantado el mundo en el que vivimos hoy, donde las historias culinarias de todo el mundo son accesibles a través de nuestros televisores gracias al Food Network y el programa *Chef's Table*. Tendría la misma meta que yo: visitar todos los restaurantes de la lista de los 50 mejores restaurantes del mundo. En especial, lo que están haciendo los italianos en el mundo culinario lo emocionaría: Massimo Bottura en Osteria Francescana y Corrado Assenza en Caffé Sicilia. Querría conocerlos, escuchar sus historias e intentar que sus recetas se copiaran en casa.

Sus hijos y nietos heredaron su amor por la comida. A todos nos interesa profundamente de dónde vendrá nuestra próxima comida, la mayoría somos cocineros y algunos profesionales de la industria culinaria.

19

LEGADO
1986-1996

En el otoño de 1986, mi hermana Liz se convirtió en madre y doctora. Tras terminar la carrera de medicina, quiso enfocarse en ser madre y decidió que no asistiría a su graduación programada para el mes de junio siguiente. Le pidió a la universidad que le enviara el diploma por correo. No podía haber previsto que la universidad elegiría honrar a Paul en esa ceremonia de graduación de junio de 1987. Liz acabó asistiendo como invitada de Paul y vio a su padre entregarles los diplomas a sus colegas de la Facultad de Medicina. La foto tomada de Paul en esa ceremonia es una de mis favoritas.

Padrino de la graduación de la UNAH, 11 de junio, 1987

Paul sentía mucho orgullo de que Liz fuera doctora. Él valoraba la educación por encima de todo, y ella había estudiado una carrera más larga que la de él. El título de doctora lo desconcertó un poco;

ella era experta en un ámbito del que él no sabía nada. Con el tiempo, él se apoyó en ella para pedir consejos médicos, y ella empezó a acompañarlo a muchas de sus citas médicas.

El 10 de febrero de 1988, el Banco Atlántida celebró su septuagésimo quinto aniversario. Como parte de las celebraciones, el jefe de relaciones públicas del banco, Marcial Cerrato, sugirió que los altos ejecutivos sirvieran de cajeros en el lobby del banco por unas horas. Los clientes que entraron ese día se sorprendieron al encontrar a Paul y al equipo ejecutivo en las ventanillas de la caja. Todos se rieron cuando las gavetas de efectivo no conciliaron al final del día. Aparentemente, los ejecutivos eran mejores en el trabajo que hacían en el tercer piso.[cxciv]

Este es el año en que se terminó la construcción de la Residencial Casavola cerca del banco. Los cuatro hijos de Paul que vivían en Tegucigalpa estuvieron con él para la inauguración.

Paul, Pia, Rick, Liz y Bob – Inauguración Residencial Casavola - Febrero 1988

Un fin de semana de cada mes, Paul y María invitaban a la familia a un almuerzo en su casa. Para entonces Paul ya tenía nietos, así que los recibían en la sala de juegos de abajo, que era más apta para niños. Las empleadas con uniformes almidonados pasaban mazapán y yuca frita. Mientras los adultos conversaban, las hijas de Bob, que eran las nietas mayores, se paseaban por la propiedad igual que lo habíamos hecho Pia y yo décadas atrás.

Afuera de la sala de juegos había un jardín grande donde, en años anteriores, mis hermanos habían jugado fútbol americano cuando regresaban a Tegucigalpa en sus vacaciones. En la grama había un espectacular árbol de amate que Fran había sembrado cuando se construyó la casa. Lo había sembrado boca abajo, de modo que sus raíces formaran un amplio dosel, como un paraguas. Paul había retirado la caja de arena que Pia y yo usábamos de niñas y la había reemplazado con dos enormes cabezas de mármol blanco, réplicas de obras del escultor italiano Modigliani.

Paul en la terraza de su casa en Las Lomas, con vistas sobre Tegucigalpa

Un nivel más arriba, la terraza de mármol blanco afuera del comedor estaba bordeada por una reja de hierro blanco cubierta de enredaderas en flor. En la pared de la terraza cubierta de hiedra había una réplica de mármol de la estatua de las Tres Gracias. Paul había visto esta pieza en el Museo Metropolitano de Arte de Nueva York y una marmolería local se la fabricó. María de broma la llamaba "Las Tres Marías".

Las niñas subían ocasionalmente al nivel superior de la propiedad, donde un grupo de gansos blancos como la nieve, vivía en un gran corral. Hacían un ruido fuertísimo cuando uno se les acercaba. Los gansos eran para seguridad: como la propiedad era tan grande, los guardias no podían cubrir todo el perímetro al mismo tiempo. Los gansos se soltaban por la noche, y así cualquiera que intentaba escalar el cerco de la casa se encontraba con fuertes cuacos y un ejército de gansos corriendo hacia ellos. Pocos intrusos tendrían el valor de plantarse y enfrentarse a ellos con fuerza, que es lo que hay que hacer para que los gansos dejen de atacar.

Después de más o menos una hora, llamaban a todos para comer. Los adultos se sentaban en la mesa de vidrio en el comedor. Si no había espacio suficiente en esa mesa, que tenía diez sitios, los nietos se sentaban en una mesa en el patio de afuera. Paul y María no pasaban mucho tiempo hablando con los niños, pero Paul claramente disfrutaba de tener a la familia unida. Siempre le había encantado crear recuerdos, y desde su secuestro se había vuelto meticuloso documentando las reuniones familiares con su cámara de fotos, que siempre tenía a la mano.

Una nieta recordó sobre su abuelo: «Cada vez que ibas a la casa de Papá Paul, salías con un regalo, no importaba si lo sorprendías con una visita o si te estaba esperando». Paul guardaba estos regalos en el armario de mi antiguo dormitorio. Había gavetas etiquetados con regalos para niños, niñas y adultos. No sabemos lo involucrado que estaba en la compra de esos regalos, pero conocía lo que había en cada gaveta. Las hijas de Bob dijeron que era igual cuando visitaban a su padre en el banco. Bob trabajaba en el piso ejecutivo con Paul, así que cuando iban a verlo, también pasaban por la oficina de su abuelo para saludarlo. Paul sacaba de su gaveta un chocolate, o si no tenía, podía regalarles una pulsera de jade maya, que en realidad era una pieza falsa que alguien había intentado vender al banco como auténtica. Paul compraba estas falsificaciones para regalarlas. A Paul también le encantaba regalar peluches. Su favorito era un pequeño oso polar blanco que compraba en cantidades.

En un almuerzo familiar en la casa de Paul, las nietas estaban sentadas con los adultos en la mesa del comedor. Paul estaba sentado a la cabecera, y detrás de él había una pared totalmente cubierta por un espejo. María, en el extremo opuesto de la mesa, abrió el tema del secuestro de Paul. Este tema nunca se había discutido delante de las niñas, que habían sido muy pequeñas cuando ocurrió. Bob y Rick intentaron cambiar de tema, porque veían que le incomodaba a Paul pero María insistió, pidiéndole a Paul que contara de los amigos que habían contribuido al pago de su rescate. Paul finalmente respondió, y de repente su rostro se desmoronó y empezó a llorar. Las niñas, que solo conocían a un abuelo estoico, se quedaron impactadas. Cuando Paul se recuperó, se disculpó con todos por haberse descontrolado.

Las nietas de Paul lo veían como alguien serio y algo distante, pero a medida que crecían, las sorprendió con su interés en sus actividades. Cuando escuchaba que a una le gustaba la animación o a otra la equitación, les enviaba un regalo o un libro sobre esa actividad. Así era con todos los que le importaban; se tomaba el tiempo para familia y amigos cercanos. Si alguien le decía que tenía curiosidad sobre algo, esa persona acababa recibiendo de Paul un artículo de revista o periódico sobre el tema.

Una vez expresé interés en escribir un libro sobre la cocina centroamericana. Unos meses después, recibí una caja con 20 libros de cocina centroamericana que papá había pedido a sus conocidos que reunieran para que yo pudiera conocer sobre el tema. A María le encantaba visitar iglesias durante sus viajes, así que Paul comenzó una colección para ella de pequeñas réplicas de iglesias de todo el mundo. Rick quería abrir un restaurante, así que papá le trajo menús de restaurantes que visitaba en muchos países, normalmente firmados por el chef.

A mi marido José le gustaba fumar puros, y papá a menudo le regalaba puros hondureños. Un día llegó un paquete de papá a nuestra casa en Houston. José estaba de viaje por trabajo, así que la abrí. En el interior había una caja de puros hondureños con una nota que decía: «Espero que a José le gusten estos». Era obvio que papá la había empaquetado él mismo en su apartamento de Miami y había usado papel toalla para envolver la caja. Boté las toallas de papel. Semanas después, papá me preguntó si le gustaron los puros a José. Le dije que le gustaron mucho, y le pregunté por qué parecía estar haciendo un punto especial sobre esos puros, ya que eran los mismos que le había dado a mi marido muchas otras veces. Papá reveló que, envueltos en las toallas de papel que yo pensaba eran relleno, había puros de la colección personal de Fidel Castro. El embajador hondureño en Cuba los había traído de una visita a La Habana y se los había regalado a papá. Y yo los había botado. Ni mi padre ni mi marido estuvieron muy contentos conmigo ese día.

Incluso las personas con las que no era cercano se beneficiaron de lo considerado que era mi padre. A Paul le encantaba aprender, y por eso se hizo amigo de personas inteligentes que tenían ideologías diferentes a las suyas. Una de esas personas era el historiador social Rodolfo Pastor Fasquelle. Rodolfo simpatizaba con la izquierda y criticaba a Paul por ser «una personificación del capitalismo». Escribió que Paul le hizo el mejor regalo de Navidad que había recibido en su vida: un libro antiguo para ayudar con algunas investigaciones que estaba realizando.[cxcv]

Paul celebraba todos los feriados, incluso Halloween, que no era un feriado importante en Honduras. Cada año invitaba a sus nietos a su casa para que recogieran confites. Los sorprendía abriendo la puerta con una peluca negra rizada y cuernos rojos de diablo. Se reían al ver a su abuelo, serio y casi intimidante, con cuernos parpadeantes y pensaron que quizá él no se tomaba a si mismo tan en serio. El día de Navidad pidió que la familia fuera a su casa vestida con la ropa navideña más llamativa que podía encontrar. Cuando éramos pequeños, siempre hacía que un amigo italiano se disfrazara de Santa Claus para repartir regalos. Más tarde, fue Paul quien se sentó junto al árbol, vestido con una camisa roja y un gorro de Santa Claus, y llamaba nuestros nombres para que nos acercáramos a recibir nuestros regalos.

Navidad en la casa de papá, 1994

Paul quería que la familia estuviera unida incluso en la muerte. Desde que Craig murió, Paul había estado pensando en el lugar de descanso final de la familia Vinelli. A finales de los años 80, Paul empezó a reunirse con Jaime Lacayo, dueño de la funeraria La Auxiliadora. Paul quería invertir en la construcción de nichos para urnas de cremación en el cementerio local. Desde que Linda murió, él había pensado que la cremación era preferible a enterrar un cuerpo. Intentó que María entendiera por qué quería ser cremado. Encontró un artículo de revista sobre lo que ocurre cuando un cuerpo se descompone y le pidió a Mirna que lo tradujera al español para su esposa. Ambas mujeres se estremecieron al leer cómo, poco tiempo luego de la muerte, los gusanos empiezan a consumir un cuerpo.[cxcvi] Pero la cremación no era común en Honduras; el único crematorio del país quedaba en San Pedro Sula. Los hondureños, que eran casi todos católicos, no se sentían cómodos con el proceso a pesar de que la Iglesia Católica había levantado la prohibición de la cremación en 1963.[cxcvii]

Paul quería asegurarse de que hubiera un lugar para enterrar una urna con sus cenizas cuando llegara su momento. Lacayo pensó que la idea era buena y comenzó a estudiarla. El proceso de obtención de permisos gubernamentales fue complejo y lento. Primero, la Iglesia Católica hondureña tenía que permitir sepulturas que no fueran en la tierra. Luego el Ministerio de Salud puso obstáculos y pasaron varios años para que se aprobara. Finalmente, se inauguró una sección de pequeños nichos funerarios para urnas en el cementerio Jardines de Paz Suyapa. Paul fue uno de los primeros compradores. También compró nichos más grandes para ataúdes. Esto se parecía a lo que su padre había hecho en 1918, cuando Angelo compró ocho parcelas en el cementerio Calvary de Maine para la familia Casavola.

Paul hizo que Rick y su secretaria Mirna organizaran que el ataúd de Dora fuera trasladado de su tumba a un nicho. De ahí Paul le pidió a John que coordinara el traslado de las cenizas de Linda desde Michigan, ya que ella ya no tenía familiares vivos en Grand Rapids. John voló a Michigan y organizó con el cementerio que las cenizas de su madre, en la caja cuadrada original de bronce, se enviaran a Florida. Más tarde, Paul se encontró con John en Miami y llevó la caja a Tegucigalpa. Invitó a Bob y Rick a acompañarlo en una pequeña ceremonia. Paul les dijo a sus hijos que le gustaría que sus cenizas fueran enterradas junto a su madre. Ellos sabían que esto era poco probable si María le sobrevivía; ella ya se había molestado porque él había traído las cenizas de Linda a Tegucigalpa. Dudaban que María permitiera que su lugar de descanso final fuera junto a su primera esposa.

En febrero de 1992, Pia se casó con Alex Mayr. Papá reservó la suite presidencial del Hotel Honduras Maya para su noche de bodas. Ella se registró en el hotel antes de la ceremonia, y mamá y yo, que habíamos viajado a Tegucigalpa para la boda, la ayudamos a vestirse en la suite.

Paul y Pia Vinelli, Iglesia San Juan Bosco, 1992

Cuando estuvo lista, Pia bajó en el ascensor hasta el lobby. Papá la esperaba cuando se abrieron las puertas. Salieron hasta la entrada del hotel donde su Mercedes Benz, el chofer y los guardaespaldas los esperaban. Los ojos de Pia se llenaron de lágrimas por la importancia de la ocasión. Papá la vio secarse las lágrimas con cuidado para no arruinar su maquillaje. Le tomó la mano y la sostuvo hasta llegar a la iglesia de San Juan Bosco.

Ese mismo año, en noviembre, nuestra familia se reunió para celebrar que papá cumplía 70 años. Un amigo nos prestó una magnifico complejo de casas en la costa suroeste de Honduras. La propiedad quedaba frente al Golfo de Fonseca y tenía suficientes bungalós para alojar a toda la familia. Todos los hijos de papá, sus cónyuges y muchos de sus nietos fueron. El sobrino mayor de papá, Armando, vino de California con su esposa. María supervisó la fantástica fiesta que duró tres días.

Una tarde la familia estaba sentada junto a la piscina, escuchando una cinta que Armando había traído del comediante italoamericano Pasquale Caputo "Pat Cooper". La rutina de Pat trataba sobre haber crecido en la comunidad italoamericana de Brooklyn. A papá sus cuentos le recordaban a su familia cuando era pequeño, y se reía tanto que se le escapaban lágrimas. Cuando terminó la cinta, se puso serio y nos dijo que la vida era como un árbol, donde los amigos eran las hojas. Cuando uno alcanzaba su edad, se habían caído demasiadas hojas y el árbol se sentía desnudo. Esto le pesaba mucho porque ese fin de semana su querido amigo Jack Agurcia estaba gravemente enfermo; murió una semana después.

Papá quería mucho a sus nietos, pero tenía una presencia intimidante y era torpe expresando afecto, así que no todos los niños se sentían cómodos con él. Una de las hijas de Bob, Linda, sí lo era y le gustaba acariciar su cabeza calva cuando se sentaba a su lado. Eso lo hacía sonreír. Ya a los 70 años tenía más tiempo para los nietos y se esforzaba por verlos. Cuando Pia lo visitaba con su hija Anya, de dos años, papá hacía que Anya se sentara en su regazo mientras él hacía sonidos graciosos que la hacían reír.

A mí me veía menos porque no vivía en Tegucigalpa, así que se aseguraba de que tuviéramos algunos días juntos durante sus chequeos médicos anuales en Houston. Cuando nuestra hija mayor, Claire, tenía un año, él y ella tuvieron un momento de cercanía.

Paul and Claire Valera, 1994

Cuando nació nuestra hija menor, Alina, en 1995, papá me sorprendió con una llamada para avisar que viajaba a Houston para conocerla. Vino sin María, así que por primera vez se quedó en nuestra casa en vez de en un hotel. Durante esa visita aproveché para entrevistar a papá sobre su vida. Grabé esa entrevista, que fue una gran fuente de información para este libro. Me reveló que, dos meses antes, a los 72 años, había dejado de ser gerente general del Banco Atlántida, y el cargo lo había asumido el Dr. Guillermo Bueso. Paul permanecía como presidente de la junta directiva.

Uno de sus colegas más cercanos puso fin a su carrera en el banco ese mismo año. En noviembre, Paul salía de una sesión de la junta directiva con el asesor legal del banco, Cleto Álvarez, cuando de repente Cleto colapsó sobre el escritorio de Mirna, la secretaria de Paul. Cleto pidió que se llamara a su chofer para que lo llevara a casa. Paul insistió en que lo llevaran al hospital.[cxcviii] Un tiempo después, supieron que el cáncer de próstata de Cleto había hecho metástasis en el cerebro y los pulmones. Paul estuvo muy afectado por la noticia: Cleto había sido su amigo cercano durante años. Unas semanas después, otra hoja se cayó del árbol de Paul.

Pia vivía en una finca a las afueras de Tegucigalpa con su marido e hija. Observó lo difícil que era para los trabajadores de la finca comprar comida y ropa. Tenían que caminar largas distancias hasta el pueblo más cercano donde había un mercado. Pia se lo mencionó a Paul, y él le construyó una pulpería en la finca. Cada viernes Pia manejaba 40 minutos desde la finca hasta Tegucigalpa para comprar víveres y suministros para la pequeña tienda.

Paul empezó a preocuparse por el viejo auto Land Cruiser que le había comprado a Pia años atrás. Cuando Pia iba a Tegucigalpa a buscar provisiones, normalmente volvía a la finca el mismo día, lo que implicaba manejar por caminos peligrosos a través de las montañas después del anochecer. Anya, de dos años, iba sentada atrás en un asiento de niños. Hubiera sido muy peligroso que a una mujer sola con una niña se le descompusiera el carro en el camino. Un día, Mirna llamó a Pia para pedirle que fuera al banco. Cuando llegó, Paul no estaba, pero le había dejado un regalo en el estacionamiento: un Subaru Legacy blanco usado, decorado con un gran lazo rojo.

Habían pasado quince años desde su secuestro, pero aún continuaban las preocupaciones por su seguridad. Un domingo, después de un almuerzo en casa de Paul, la familia estaba sentada en la terraza en mesas de hierro forjado blanco. Frente a ellos se veía Tegucigalpa, la ciudad que ahora se extendía hasta subir la montaña. En los 45 años que Paul había vivido ahí, la población se había multiplicado por nueve hasta llegar a 650,000 personas.[cxcix]

Mientras se quedaban conversando y tomando unos tragos luego de comer, una empleada salió para decirle a Paul que tenía una llamada. Tras atender la llamada, volvió a la terraza, su ánimo melancólico. Volvió a sentarse junto a Pia y le confesó que la llamada era para advertirle que no fuera a un viaje que había planeado a El Salvador, porque lo habían amenazado. Se le pusieron los ojos llorosos cuando lo dijo, y Pia también se emocionó. Otros en la mesa les preguntaron: «¿Están bien los dos?» Paul respondió: «Oh, solo es amor».

Paul tuvo su chequeo médico anual en Houston en junio de 1996. Le informaron que tenía un aneurisma aórtico de siete centímetros de diámetro. Lo operaron de inmediato. La reparación del aneurisma fue exitosa, pero durante la cirugía los médicos encontraron una aterosclerosis significativa en todas sus arterias; años de una dieta sabrosa pero no saludable se las habían endurecido severamente. Luego de una semana en el hospital, Paul regresó a Tegucigalpa, preocupado por el estado de sus arterias.

Pia y su marido hablaban de mudarse de la finca en las afueras a Tegucigalpa. Paul quería que Pia fuera dueña de una casa. Una vez le dijo a Liz: «Una mujer debe tener su propia casa, así que siempre tendrá un techo sobre su cabeza pase lo que pase. Un hombre puede establecerse en cualquier lugar, pero una mujer, especialmente con niños, debe tener una casa». En esa época, dos mujeres cercanas a Paul sufrieron robos en sus casas: Mirna, su secretaria, y Rita, la responsable de eventos especiales del banco. Paul quería que Pia tuviera casa, y quería que Mirna y Rita vivieran en un lugar seguro. Pensó en una forma de resolver sus tres preocupaciones a la vez. Poseía un terreno adyacente a la Residencial Casavola que el banco había desarrollado ocho años antes. Contrató a un arquitecto para diseñar un edificio que tendría un apartamento de tres dormitorios para la familia de Pia en el piso superior, y dos apartamentos para que ella se los alquilara a Mirna y a Rita.

Estuvo involucrado en cada detalle de la construcción. Cuando el edificio comenzó a tomar forma, Paul hizo que el arquitecto le diera un recorrido. Cuando Paul señaló una zona adyacente al dormitorio principal, el arquitecto le dijo que sería un balcón. Paul insistió en que se convirtiera en un closet amplio; había aprendido de María lo importante que era el almacenaje de ropa para una mujer. Cuando Pia se mudó, agradeció su intervención, porque utilizó cada rincón de ese espacio.

Mirna y Rita no estaban seguras de querer mudarse porque les gustaban sus casas a pesar de los robos. Paul intentó convencerlas, señalando que el alquiler que le pagarían a Pia era mucho menor de lo que podían recibir en alquiler por sus casas. La diferencia podría usarse para ayudar a pagar la educación y los gastos de salud de sus hijas (ambas eran madres solteras). Añadió que su recorrido diario al trabajo sería corto, porque los apartamentos quedaban a poca distancia del banco. Lo que no dijo, pero ellas sabían, era que quería que estuvieran allí para apoyar a Pia. Ella se mudaría a la ciudad desde la finca con su marido e hija, y a Paul le gustaba la idea de que hubiera alguien de confianza viviendo cerca por si su familia tenía algún problema. Mirna y Rita seguían dudando, pero le dijeron que lo pensarían. A medida que avanzaba la construcción, les sacaba el tema repetidamente.[cc]

En septiembre de 1996, Paul y María viajaron a la ciudad de Nueva York luego de que Paul asistió a las reuniones del Fondo Monetario y el Banco Mundial en Washington. Paul llamó a las hijas menores de Bob, Linda y María José "Pepina", que asistían a universidades en la región. Él y María las llevaron a su restaurante italiano favorito, Grotta Azzura, donde muchos meseros lo conocían. Esa noche Paul estaba jovial y relajado, y parecía más joven de lo que recordaban.

Paul había sido nombrado recientemente embajador de Honduras ante la FAO, la Organización de las Naciones Unidas para la Alimentación y la Agricultura. Esta agencia de la ONU lidera los esfuerzos internacionales para combatir el hambre mundial. Estuvo feliz de aceptar el nombramiento del presidente hondureño Carlos Roberto Reina porque la misión le interesaba y porque el puesto implicaba viajar a Roma, una ciudad que él y María disfrutaban de visitar. Su primera misión era asistir a la Cumbre Mundial de Alimentos en la sede de la FAO en Roma, que se llevaría a cabo del 13 al 17 de noviembre de 1996.

El 4 de noviembre, Paul y María viajaron de Miami a Roma. Para comenzar la cena en la cabina de primera clase les ofrecieron caviar beluga y champán. El alto contenido de sodio del caviar combinado con el alcohol no era bueno para un paciente cardíaco, pero Paul nunca rechazaba una comida especial.

Al día siguiente, Paul presentó formalmente sus credenciales a Jacques Diouf, director general de la FAO. Él y María se dirigieron entonces a la hermosa ciudad toscana de Montecatini Terme, conocida mundialmente por sus balnearios termales. Su plan era pasar unos días celebrando los 74 años de Paul, que cumpliría el 7 de noviembre. Luego regresarían a Roma para la cumbre que comenzaba el 13 de noviembre.

No sabemos qué baños terapéuticos tomó Paul durante sus días en Montecatini, pero sí sabemos que las aguas son sulfatadas.[cci] Presumiblemente también bebió el agua mineral que ofrecían en el spa, lo que habría aumentado su consumo de sodio. El 10 de noviembre, Paul repentinamente no podía respirar. El personal del hotel llamó a una ambulancia que lo llevó a un hospital cercano en Pescia. Cuando llegó a la sala de emergencia, su presión arterial estaba extremadamente alta, 220/110. Le diagnosticaron edema pulmonar (líquido en los pulmones). Varios de sus exámenes cardíacos no resultaron normales. Los médicos se demoraron cuatro días en estabilizarlo en el hospital. Paul los presionó para que le dieran de alta porque estaba ansioso por asistir a la Cumbre Mundial de la Alimentación.

El día 14, Paul y María salieron de Toscana y regresaron a Roma para el segundo día de la cumbre. Paul se había perdido el discurso de apertura del Papa Juan Pablo II, que probablemente habría sido la parte menos interesante para él. En ese momento, 186 países eran miembros de la FAO, y 41 estaban representados en la reunión por su jefe de Estado, incluido Oscar Luigi Scalfaro, presidente de la República Italiana. Paul se sintió honrado de representar a Honduras en una reunión de tan alto nivel en el país donde nació. La experiencia valió lo cansado que se sentía.

Al terminar la cumbre, Paul y María regresaron a Honduras, y Paul empezó a programar citas médicas en Houston. Liz tradujo el informe del hospital italiano para que pudiera llevárselo a sus médicos estadounidenses. Tanto el internista como el cardiólogo de Paul en Houston se habían hecho amigos de Paul a lo largo de los años. Cuando lo vieron a finales de noviembre, se preocuparon profesional y personalmente por el deterioro de su salud en los cinco meses desde la operación del aneurisma aórtico. Octubre había marcado el décimo aniversario de su cirugía de bypass cardiaco, y en aquellos tiempos, esas intervenciones normalmente duraban diez años. Cuando se lo mencionaron, bromeó diciendo que «vivía de tiempo prestado».

Terminada una serie de pruebas, su cardiólogo le dijo a Paul que tenía estenosis de la válvula aórtica. Necesitaba que le cambiaran esa válvula, además de otra cirugía de bypass. Paul preguntó si la cirugía, que sabía era importante, podía esperar hasta después de la época navideña. Los médicos le dijeron que no habría problema, por lo que Paul programó la cirugía para febrero de 1997, tres meses después. Cuando nos despedimos antes de que se fuera de Houston, me ocultó que ya tenía programada una cirugía. Me dijo que los médicos habían descubierto una arritmia leve en su corazón y le habían recetado medicación para aliviarla. Comentó que volvería en febrero para un chequeo.

20

EL ÚLTIMO CAPÍTULO 1996-1997

Cuando regresó a Honduras, Paul le contó a pocas personas lo que habían dicho los médicos en Houston. Puso a su secretaria Mirna a organizar sus papeles personales. Colocó etiquetas con el nombre de cada uno de sus hijos en los álbumes que contenían sus colecciones de estampillas y monedas. Paul había mantenido archivos organizados con cada carta que le escribimos, todas nuestras notas escolares e incluso registros del dinero que nos envió a lo largo de los años, como por ejemplo para las matrículas de nuestros colegios. Le indicó a Mirna que nos entregara los archivos si no volvía luego de la operación.

Ese diciembre viajó por todo Honduras asistiendo a las sesiones de las juntas directivas y las fiestas navideñas de las diecisiete empresas de las que era presidente. Estaba decidido a cumplir con el exigente itinerario, pero todos podían ver que se sentía mal. Siempre había sido puntual, aunque pocas personas en el país lo consideraban una prioridad. Esto no cambió a pesar del deterioro de su salud.

Para la Navidad, él y María organizaron la celebración familiar de costumbre. Había regalos de Paul y María y de Santa Claus, incluso para los nietos adultos. Mientras estaban sentados juntos, le preguntó a Liz cómo moriría alguien con estenosis de la válvula aórtica. Ella respondió: «Sería una muerte repentina». Se quedó pensativo.

Cuando llegó enero, Paul seguía ocultando que iba a someterse a una operación de corazón a mediados de febrero. María por supuesto lo sabía, y se lo contó a algunos de sus amigos más cercanos, y cuando Paul ese mes se propuso visitarlos, ellos se alarmaron. Su actitud sombría hacía que sus visitas parecieran despedidas, y quienes sabían que se iba a operar temían que los médicos de Houston le habían dado pocas probabilidades de sobrevivir.[ccii] En realidad, tanto su cirujano como su cardiólogo le habían dado altas probabilidades —casi el 80 por ciento— de que la cirugía fuera exitosa. Pero el comportamiento de Paul mostraba que él sentía lo contrario.

Le había contado a Liz de su operación porque quería que ella lo acompañara a Houston para el procedimiento. Incluso consiguió permiso del cirujano cardíaco de Houston para que Liz estuviera presente durante la operación. Le pidió a Liz que no se lo contara a sus hermanos porque no quería que nos preocupáramos por él. En preparación para la cirugía, Paul tuvo que hacerse un ecocardiograma. Liz fue con él a ver a su cardiólogo hondureño, el Dr. Zacapa, y al terminar su prueba Paul se reunió con él. Cuando salió de su consultorio, Paul le dijo a Liz: «Estoy muy triste. Le pregunté al médico si podía evitar la cirugía. Dijo que podía, pero que no querría que jugara tenis, y que solo debería trabajar medio día. Soy el jefe de diecisiete empresas. ¿Cómo elijo?»

Pidió que Adriana Yu Shan fuera a verlo. Habían sido amigos durante casi 50 años, ya que ella estuvo en su primera clase de Economía en la universidad en 1950 y también fue una de las primeras funcionarias del Banco Central cuando se creó. Tras jubilarse luego de diecisiete años como jefa del Departamento de Estudios Económicos del Banco Atlántida, Adriana ayudaba a Paul con su interés en la promoción del arte y la cultura hondureña. Ese día de enero de 1997, él le pidió que trabajara en la publicación de un libro bilingüe sobre la colección de arte del banco. Quería especialmente que se incluyeran pintores más jóvenes, para así promover su talento.[cciii] [34]

Ese mes también visitó a María Isabel Martel, otra exalumna de su primera clase de Economía. Le llevó un libro sobre diez personas que habían recibido el Premio Nobel de Ciencias Económicas. Cuando vio de qué se trataba, ella le preguntó: —¿Me lo prestas o es un regalo? —Quiero que lo leas, es un gran libro, me ha gustado mucho y estoy seguro de que a ti también te gustará —le respondió con mucha emoción. Ella sintió que ese momento era una despedida, y que el libro era un regalo para que se acordara de él.[cciv]

El 23 de enero, Liz organizó una fiesta por el cumpleaños de su marido José Luis. Prepararon pato Peking, uno de los platos favoritos de Paul. Él vino, pero comió muy poco. Se veía abatido y demasiado cansado.

Paul estaba presionando mucho para que los apartamentos de Pia se terminaran de construir. Por las mañanas pasaba por la obra camino al banco. Subía al apartamento de Pia y miraba por sus ventanas las montañas de Tegucigalpa. Hizo que su secretaria Mirna llamara a Pia para que viniera a Tegucigalpa y escogiera la pintura, los electrodomésticos y las camas. Pia y Alex no planeaban mudarse con su

34. El libro, *Catalogo de Pintores: Colección Banco Atlántida*, fue publicado ese año y dedicado a Paul.

hija Anya hasta ese verano, pero Paul no quería irse a Houston sin ver terminada la casa de Pia. Para comienzos de febrero, la construcción estaba casi terminada.

Nunca se le había visto tan débil a Paul. Sus guardaespaldas le cargaban su pesado maletín y a veces incluso tenían que empujarlo en silla de ruedas por el largo pasillo hasta su oficina.

El hijo del abogado y amigo de toda la vida de Paul, Arturo Medrano, había sucedido a su padre como abogado personal de Paul. Arturo Medrano hijo fue quien actualizó el testamento de Paul, y el 5 de febrero se reunieron para que Paul firmara. Cuando Paul salía de la oficina, Arturo dijo: «¡Espero que todo vaya bien!» Paul volteó y lo miró, molesto: «¿Qué quieres decir, que las cosas podrían no salir bien?»[ccv]

Paul tenía previsto ir a Houston el sábado 15 de febrero. Una semana antes, alguien tocó la puerta de la casa de su secretaria Mirna. Un camión de la empresa de María, DIAPA, estaba afuera, enviado por Paul para mudar a Mirna a uno de los apartamentos de Pia. Mirna aún no se había comprometido del todo con el plan ni había empacado. Corrió por su casa, tirando ropa en bolsas de basura, mientras los de la compañía de mudanzas recogían sus muebles y los subían al camión. Paul hizo lo mismo con Rita.[ccvi]

La semana antes de ir a Houston, Liz no soportaba ser la única de los hijos de Paul que sabía que se iba a operar. Decidió contárselo a todos menos a Pia, que temía que se enojaría y enfrentaría a Paul. Rick y su esposa decidieron viajar también a Houston, y como José y yo vivíamos allí, hicimos planes para recibirlos a todos.

Paul le había pedido a Rita que organizara una fiesta de inauguración para los nuevos apartamentos de Pia, donde Rita y Mirna se habían mudado como inquilinas. Rita organizó el evento para el jueves antes de la partida de Paul.[ccvii] La fiesta se celebró afuera en el patio. Paul le regaló a Pia una mesa hecha de un tronco enorme de árbol, apoyada sobre una base de hierro. Su segundo regalo fue una pintura de Haití. Paul vio a Faustino junto a la mesa de comida, con un chicharrón envuelto en una tortilla. Se acercó, le puso el brazo sobre sus hombros y le preguntó: —¿Qué tienes allí? —Estoy comiendo un taco de chicharrón —respondió Faustino. —No te comas eso, dámelo. Faustino lo miró con duda, conociendo el estado del corazón de Paul. Paul le quitó el taco de la mano y dijo:

—Dámelo y no dejes que nadie me vea comiéndolo.

Más temprano ese día, Liz había recibido la noticia de que había aprobado los exámenes de medicina transfusional que había dado recientemente en el Royal College of Physicians de Edimburgo, Escocia. Ella le había enviado el informe por fax a Paul, a su oficina. Por la tarde, Liz fue a la fiesta de inauguración de la casa de Pia. Cuando entró por el portón, todos en el patio empezaron a aplaudir. Estaba confundida hasta que vio que Paul lideraba los aplausos y se dio cuenta de que la felicitaban por aprobar el examen.

El viernes por la noche fue la víspera del viaje de Paul a Houston y la fiesta de compromiso de la hija mayor de Bob, Muriel, con Fernando Medina. Paul y María asistieron. En un momento, Paul le preguntó a la pareja si pensaban tener hijos y ellos respondieron: «Papá Paul, acabamos de comprometernos, aún no lo hemos pensado». Paul les dijo: «Tengan muchos».

El sábado 15 de febrero, Paul se despertó sabiendo que tenía que hacer varias visitas antes de su vuelo del mediodía a Houston. María ya había hecho las maletas. Mientras se vestía, una empleada tocó la puerta de su cuarto para informarle que María José, la esposa de Bob, estaba allí con Muriel, su hija recién comprometida. Esto era inusual, porque nunca habían venido a despedirse cuando Paul se iba de viaje. Las recibió en la puerta de su habitación. Mientras los tres caminaron juntos por el pasillo, Paul caminaba despacio, fijándose en cada detalle. La primera habitación a la derecha era el cuarto de Pia cuando era niña. Las dos mujeres observaron cómo Paul se detuvo y miró dentro. Luego se fue a mi antiguo dormitorio, mirando por la puerta. Al final del pasillo, volteó y se detuvo en la entrada de la sala enorme para mirar a su alrededor. Las mujeres se dieron cuenta de que se estaba despidiendo de su casa. Esperaron junto a la puerta principal mientras él caminaba, solo, por el comedor hasta entrar a la cocina. Volvió a la puerta principal y se despidió de ellas. En ese momento, María José tuvo una premonición de que no iba a volver.

Los guardias lo llevaron al banco. Le había pedido a Faustino que se reuniera con él en su oficina. Paul le dijo:

—Esto es lo que me dijo el cardiólogo. Si no me opero: nada de tenis, nada de vino, nada de esfuerzo. Esa no es vida.

Cuando se estaba yendo, Paul le dijo «Adiós» a Faustino de una manera muy significativa. Faustino le dijo:

—Doctor, ¿cree que no volverá?

—Eso es, no creo que vuelva.

—Y si piensa eso, ¿por qué se va? Aquí tiene mucha vida.

—Me gusta la calidad de vida, no solo la vida.[ccviii]

Ese día era el cuarto cumpleaños de su nieta Anya. La siguiente parada de Paul fue el club del banco donde Pia estaba preparando la fiesta de cumpleaños en los jardines. Como era el día después de

San Valentín, Pia había encargado una piñata enorme en forma de corazón. Fran, que había regresado a Tegucigalpa unos años antes para estar cerca de Pia, también estaba allí ayudando.

El Mercedes Benz blindado llegó al club del banco, con el segundo auto detrás. Los seis guardaespaldas saltaron fuera de los carros, uno para abrir la puerta de Paul, y los cinco restantes para cubrirlo. Pia y Anya se acercaron para abrazarlo y señalaron al otro lado del jardín hacia la piñata. Paul les pidió a dos de sus guardaespaldas que fueran a recogerla y que la trajeran donde él estaba. Cuando vio el gran corazón de cerca, volteó hacia Anya y preguntó: «¿Es ese el tamaño de tu corazón?»

Fran colgaba globos en el jardín. Cuando vio a Paul, se acercó a la acera donde él estaba. Él saludó a su exmujer de diecisiete años con un beso rápido en la mejilla.

Pia había oído rumores de que Paul iba a Houston para una operación, y mientras caminaba con él hacia su auto, le preguntó: «¿Papá, te van a operar?» Él le respondió: «No, no, no, solo voy para un chequeo». La abrazó para despedirse, y Pia se quedó observándolo mientras caminaba despacio hacia su carro, sus zapatos blancos y cómodos crujiendo sobre la grava. Los guardaespaldas abrieron la pesada puerta trasera y él entró al carro. Pia siguió mirando hasta que el carro partió para el aeropuerto.

Cuando llegó a Houston, papá me llamó. Se le oía cansado, pero me pidió que reservara un cuarto privado en el restaurante del Ritz Carlton para un brunch al día siguiente. También nos invitó a José y a mí a que lleváramos a nuestras hijas a verlo a su hotel esa tarde. Claire tenía tres años y Alina uno. Estuvimos allí durante aproximadamente una hora. Había traído peluches para ambas niñas. En la mesa del comedor de su suite había una fuente con fruta fresca. Se rio cuando Alina intentó meter una fresa enorme en su boca. Esa noche, cuando volví a casa, llamé a Pia. Me parecía justo que ella supiera lo que realmente ocurría.

El domingo, José y yo nos encontramos con papá y María para el brunch. Papá, siempre el anfitrión, también invitó a la hija de un amigo que era enfermera en Houston. Era obvio que no se sentía bien, pero comió con gusto y no rechazó la mimosa.

El lunes, el día antes de la operación, Liz fue con él mientras ingresaba al hospital para las pruebas preoperatorias. Los médicos tenían que hacerle un cateterismo para evaluar el estado de sus arterias. Al prepararlo para el procedimiento, la enfermera no pudo encontrar la vena para la vía intravenosa. Liz vio que le dolía y se encargó ella misma de ponerle la vía. Durante el procedimiento de cateterismo, la presión arterial de Paul se disparó a niveles críticos. Cuando el médico vio la preocupación de Liz, dijo: «No dejes que esto te preocupe, tenemos muchas formas de bajar la hipertensión. Puedes preocuparte si la presión baja demasiado».

Esa noche, José y yo llevamos la cena a la habitación del hospital de papá. Pidió fetuccini Alfredo de Prego, un restaurante italiano que quedaba cerca. No era una decisión saludable para el corazón, pero no íbamos a discutir.

El día de la cirugía, martes 18 de febrero, también coincidió con el cumpleaños de María. Esa mañana, la familia se sentía nerviosa pero llena de esperanza. Paul había superado perfectamente la reparación de su aneurisma aórtica siete meses antes. Sus médicos estaban convencidos de que esta vez también le iría bien.

Rick se paró cerca de la cama de hospital de papá mientras una enfermera le afeitaba el grueso vello negro del pecho, el estómago y el muslo. La cicatriz de su cirugía de bypass de diez años atrás seguía siendo muy visible. Pronto otra seguiría el mismo camino por su pecho y estómago, pero esta vez por el muslo izquierdo; el cirujano usaría venas de esta otra pierna para el bypass. Rick miró a su padre, antes tan fuerte y dominante, y creyó ver lágrimas en sus pestañas. Rick me dijo que imaginaba que las lágrimas eran de arrepentimiento, por cosas que papá no le había dicho. Hubo muchas ocasiones a lo largo de su vida en las que papá supo que Ricky tenía problemas y no se involucró.

Un asistente del hospital vino a llevar a papá al quirófano. María, Rick, Verónica, Liz, José y yo caminamos junto a la camilla mientras rodaba por los pasillos del hospital. En la puerta de la zona de cirugía, el encargado se detuvo para que pudiéramos desearle lo mejor a papá. María se inclinó sobre la cama y papá le dio un beso en la frente. Levantó la mano a medias para saludarnos al resto y dijo: «Adiós». El asistente le dijo alegremente: «¡No es un adiós! Diga: ¡Hasta luego!» Papá dijo entonces, sin convicción: «Hasta luego».

Liz pasó por el proceso de limpieza preoperatoria y, justo cuando iba a entrar en el quirófano, vio a Paul desnudo en la mesa de operaciones, lo estaban preparando para la cirugía. Se contuvo y esperó. Oyó que él le preguntaba a las enfermeras del quirófano: «¿Está aquí mi hija?» Se veían confundidas, no sabían que ella iba a estar presente y quizás pensaron que Paul tenía un problema mental además que el del corazón. Liz las saludó desde la puerta. Cuando se dieron cuenta de que ella era a quien Paul buscaba, la señalaron y le dijeron: «¡Está aquí, está aquí!» Paul miró hacia la puerta y levantó el brazo para que Liz supiera que la había visto.

Los cirujanos, el anestesista y las enfermeras entraron al quirófano. La cirugía comenzó alrededor de las nueve de la mañana. Liz se apartó a un lado mientras le cortaban el esternón a su padre. Separaron las mitades cortadas hasta que el corazón quedó al alcance. El anestesista llamó a Liz para que se pusiera a su lado cerca de la cabeza de Paul, y así pudiera ver el reemplazo de la válvula. Ella se sorprendió de la cantidad de hilos quirúrgicos que se usaron para conectar la nueva válvula. Una vez terminada esa parte de la cirugía, Liz se apartó y volvió a pararse a un lado.

Tras el reemplazo de la válvula, se realizaron las dos derivaciones cardíacas, con buenos resultados. Quirúrgicamente la operación fue un éxito, pero cuando los médicos le quitaron a Paul la bomba cardiopulmonar, su corazón latía muy débilmente y luego se detuvo. Lo reanimaron y le reconectaron la bomba. Cada vez que le quitaban la bomba, su corazón se detenía, y necesitaba una descarga eléctrica para reactivarlo. El cirujano llamó al cardiólogo de Paul, que corrió al quirófano desde la torre médica adyacente. Hizo algunas recomendaciones, pero ninguna funcionó.

Ya eran las tres de la tarde y la operación llevaba seis horas. El ambiente del quirófano era muy tenso, en parte porque la hija del paciente estaba presente. Una de las enfermeras le sugirió a Liz que ese podría ser un buen momento para que se tomara un descanso. Se sintió aliviada al salir del quirófano.[35] Cuando Liz volvió a la sala de

35. Cuando pensamos en esto más tarde, supimos que los médicos estaban sorprendidos por lo que estaba ocurriendo. Si hubieran pensado que había una posibilidad de que el corazón de Papá no fuera lo suficientemente fuerte, nunca habrían permitido que Liz estuviera presente durante la cirugía.

espera donde estábamos el resto, estaba convencida de que algo iba mal. Pero sabía que mi hermana acababa de pasar por algo tremendamente estresante, así que no la molesté con preguntas. Volteando hacia José, le dije: «Papá no va a sobrevivir». Su respuesta fue: «¿Por qué dices eso? ¡No lo sabes!» «Sí, lo sé. Liz no habría salido del quirófano si todo estuviera bien. Además, papá ya lleva allí más tiempo del previsto».

Liz se apoyó en una pared del pasillo y llamó a su marido José Luis. Le dijo: «No va bien». Luego llamó a Bob, que estaba en su casa en Tegucigalpa con Pia, esperando noticias. Ella le explicó que el corazón de Paul no podía latir sin ayuda.

Bob llamó al banco y pidió que lo pusieran en contacto con la sala de la junta directiva, donde los ejecutivos se habían reunido y esperaban noticias. Luego de escuchar el informe de Bob, el Dr. Guillermo Bueso corrió a su oficina y llamó a Liz desde su línea privada. Insistió en que a Paul se le hiciera un trasplante de corazón. Por supuesto, no funciona así: los hospitales no tienen corazones almacenados esperando una ocasión como esta. Cuando Liz terminó las llamadas, se dio cuenta de que no había comido en todo el día. María, Rick y Verónica fueron con ella a la cafetería del sótano del hospital. José y yo nos quedamos en la sala de espera.

La batalla dentro de la sala de operaciones continuó. Cuando era claro que no había forma de que el corazón de papá pudiera latir por sí solo, lo trasladaron conectado a una bomba portátil a la zona de recuperación. Liz y el resto del grupo regresaban de la cafetería cuando vieron al cirujano caminando despacio hacia la sala de espera, con aspecto derrotado, exhausto. Nos pidió que fuéramos con él a un cuarto privado junto a la sala de espera. Lo seguí sin ganas; por las horas que había pasado en la sala de espera supe que ese cuarto era donde los médicos les daban las malas noticias a los familiares de los pacientes.

El cirujano explicó que el corazón de papá no era lo suficientemente fuerte para latir por sí solo. Dijo que papá seguía vivo, pero no consciente y no por mucho tiempo. Nos invitó a entrar a la zona contigua y sentarnos con papá durante sus últimos minutos de vida. Solo se permitía la entrada de dos personas a la vez. Liz y María entraron primero. Mientras estaban con él, su corazón se detuvo. Las enfermeras les pidieron que salieran mientras lo reanimaban. Lo hicieron para dar al resto de sus hijos la oportunidad de despedirse mientras él aún seguía técnicamente vivo. Rick y yo entramos después; papá parecía estar dormido. Puse mi mano sobre la suya mientras Rick lo miraba por encima de mi hombro.

Puede que no hubiéramos sabido el momento exacto en que murió, porque no hubo una alarma fuerte en el monitor como se ve en las películas. Pero a las 9:07 p.m. la enfermera que observaba su monitor nos miró y dijo: «Eso es todo».

21

EL FUNERAL

1997

Bob estaba sentado en su sala en Tegucigalpa con Pia, esperando noticias sobre el resultado de la cirugía. En su primera llamada, Liz le informó que el corazón de papá se había parado en plena cirugía, pero sus médicos habían conseguido que volviera a latir. Cuando Bob le contó a Pia lo que había pasado, ella se concentró intensamente en no perder las esperanzas. La tensión que sentía era insoportable. Con veintinueve años, era la más joven y la más emocional de los seis hijos vivos de mi padre. Una hora más tarde, el teléfono de Bob sonó de nuevo. Lo contestó, escuchó un minuto y dijo en voz baja: «¿Cuándo traerán el cuerpo?»

Pia perdió el control. Corrió al jardín gritando: «¡No, no, no mi padre, no!» Se golpeó la cabeza repetidamente contra el muro de piedra que rodeaba el jardín. Bob terminó rápidamente su llamada con Liz y siguió a Pia. La abrazó con fuerza, su cuerpo de casi dos metros dándole consuelo y a la misma vez conteniéndola.

Un vecino escuchó los gritos y pensó que alguien estaba siendo agredido. Disparó unos tiros con su arma para ahuyentar a quien le estuviera haciendo daño a la vecina, luego llamó a Mirna, la secretaria de Paul. Ella llamó a Bob para saber qué estaba pasando, y fue entonces cuando se enteró que su jefe había muerto.[ccix]

Al día siguiente, la muerte de mi padre fue titular de todos los periódicos y la noticia principal de todos los noticieros de televisión en Honduras.[36] Gente de todos los ámbitos sociales se conmovieron con la noticia. El Dr. Paul Vinelli, como la mayoría de los hondureños lo conocían, había tenido un gran impacto e influencia en muchísimas personas gracias a su generosidad, visión y liderazgo. Todo el país parecía esperar que el cuerpo del presidente del Banco Atlántida regresara a casa para que la gente pudiera rendirle homenaje.

Los periodistas lo describieron como un hombre de negocios que había ayudado a empresarios locales y extranjeros, gobiernos, artistas y ciudadanos comunes. Reconocieron el tremendo trabajo que realizó para que Honduras se desarrollara. Se le describió como un visionario, un líder siempre orientado a la modernización, el mayor contribuyente al desarrollo y crecimiento de la banca en Honduras.

Dr. Guillermo Bueso, que sería ahora el presidente del Banco Atlántida, habló en la televisión sobre las contribuciones de Paul Vinelli a la banca y la economía de Honduras. Les dijo a los hondureños que el Fondo Monetario Internacional había enviado a Paul a Honduras en 1949, donde guio al equipo que fundó el Banco Central en 1950, entidad que le otorgó al país la soberanía sobre su moneda por primera vez. Ese mismo año, Paul ayudó a crear el Banco Nacional de Fomento, que desarrolló el sistema de préstamos

36. Durante la semana siguiente, los periódicos se llenaron de cientos de avisos de condolencia, muchos de ellos de página completa. Estos fueron publicados por empresas que fueron clientes del banco, grupos empresariales del sector privado y organizaciones extranjeras con las que Paul había colaborado.

agrícolas en Honduras. En 1950 también ayudó a fundar la Facultad de Economía de la Universidad Nacional Autónoma de Honduras.

Bueso habló de la atención al detalle que el Dr. Vinelli le dedicó a la apertura de cada sucursal bancaria para que estas, además de ofrecer servicios bancarios esenciales a los ciudadanos, también fueran lugares hermosos. Era una lástima que Paul fuera a perderse la inauguración de la sucursal número cien del Banco Atlántida, programada para el mes siguiente.

Faustino Laínez, el ejecutivo bancario que había ayudado a Paul a organizar sus asuntos finales, llamó a María en Houston para decirle que pondría en orden los papeles necesarios. También le hizo recordar que el deseo de Paul era ser cremado. María le dijo: «Faustino, su cuerpo ahora es mío, me lo llevo a Honduras en un ataúd».[ccx]

Como mi marido José y yo vivíamos en Houston, nos tocaba hacer los arreglos para llevar el cuerpo de papá a Honduras. José acudió al consulado hondureño para tramitar la documentación necesaria. Yo llevé a María a George Lewis & Sons, una funeraria imponente en Houston. Al pasar por las pesadas puertas de la entrada, que las abrió un portero con guantes blancos, María se relajó inmediatamente. Había elegido el lugar adecuado: la elegancia calmaba a mi madrastra. María pidió ver los ataúdes. Le recordé que papá pidió que lo cremaran. Negó con la cabeza. En ese momento razoné: «Supongo que los funerales son para los sobrevivientes; la viuda debería poder decidir». María eligió el ataúd más grande y elegante que tenían, hecho de madera pulida de nogal y asas de bronce.

Por supuesto, papá no estaba en una posición de imponer sus últimos deseos. Sentí que la decisión que estaba tomando María era un error, y pronto supe que no sería el único que se cometería respecto a sus deseos finales. María le solicitó a la funeraria que contratara un avión privado para trasladar el cuerpo a Honduras al día siguiente. El resto de la familia viajaría en Continental Airlines y aterrizaría en Tegucigalpa poco después.

El pequeño jet blanco que transportaba el cuerpo de Paul aterrizó en Tegucigalpa a las 11:45 de la mañana del 20 de febrero, dos días después de su muerte. Bob esperaba en la pista de aterrizaje, al igual que su esposa María José, nuestra hermana Pia y su marido Alex, y el marido de Liz, José Luis. Los choferes y guardaespaldas de Paul, seis en total, esperaban con expresiones solemnes en sus rostros. También esperaban los representantes de la funeraria local y del banco.

Cuando los pilotos vieron cuántos observadores rodeaban al avión, el capitán asomó la cabeza por la puerta y le explicó en voz baja a Bob lo que estaba a punto de suceder. En aquellos días, la ley estadounidense exigía que los restos humanos transportados en un avión se contuvieran en un ataúd metálico sencillo. El cuerpo de Paul no iba a salir del avión en el hermoso ataúd de madera que María había elegido.

La prensa observaba y disparaba sus cámaras desde todo ángulo. La funeraria La Auxiliadora había enviado un carro fúnebre y Bob le pidió a su personal que usara ese vehículo para bloquear la entrada del avión de los observadores. Los guardaespaldas y amigos también lo ayudaron a mantener algo de privacidad.

Pia llevaba dos días llorando, así que alguien le había dado una pastilla para calmarla. Se acercó a Bob y miró a través de la puerta abierta del jet, donde vio una caja metálica. Varios hombres comenzaron el laborioso proceso de bajar la caja pesada por la angosta escalera del avión, y Pia le preguntó a Bob: «¿Podré verlo?» Bob respondió sencillamente: «No».

No se tomó el tiempo para explicar que ella no podía ver a su padre en ese momento porque tenían que apurarse para sacar a la multitud de la pista. En media hora, el vuelo de Continental Airlines con el resto de los que estábamos en Houston aterrizaría. Poco después, llegaría un vuelo de American Airlines desde Miami, que traía a nuestro hermano mayor John y su familia, así como a las dos hijas universitarias de Bob.

Pia pensaba que Bob le decía que nunca vería a su padre. Corrió hacia el Dr. Guillermo Bueso, que se había parado hacia un lado y le preguntó desesperadamente: «¿Qué podemos hacer para que abran la caja? Dicen que no puedo verlo». Bueso respondió: «Sería mejor que hablaras con Jaime Lacayo» (el dueño de la funeraria). Pia corrió frenéticamente hacia el edificio del aeropuerto donde Lacayo dirigía a su equipo. Le suplicó que la ayudara a ver a su padre. Él le aseguró que la caja se abriría, pero en el banco, donde se llevaría a cabo el velorio.

Detrás de la caja metálica en el avión estaba el ataúd de madera, en tres piezas: la base y las dos mitades de la tapa. Era demasiado grande para caber en una sola pieza en el jet. El personal de la funeraria lo armó sobre la pista y luego levantó la caja metálica que contenía a Paul para meterlo dentro del ataúd. Colocaron una gran bandera hondureña sobre el ataúd antes de subirla al carro fúnebre.

Familiares, amigos y prensa siguieron el carro fúnebre hasta el Banco Atlántida, que Paul había dirigido durante 40 años. El Salón Cultural, un espacio para eventos donde se celebraban grandes reuniones y exposiciones de arte, se había transformado para el velorio de Paul. Había cientos de sillas blancas de madera alineadas en filas, todas mirando hacia dentro, donde se había hecho un espacio para el carrito que llevaría el ataúd. Enormes arreglos de rosas blancas rodeaban el espacio central. Algunos habían sido enviados por la hermana de Paul, Elizabeth, que vivía en Portland, Maine y no estaba lo suficientemente bien de salud para viajar a Honduras para el funeral.[ccxi]

Hasta ese momento nadie había podido entrar al sitio para el velorio excepto Mirna, la secretaria de Paul, y Rita, la organizadora de eventos del banco, quien había preparado el salón para el velorio. Guardias del banco estaban de pie delante de las puertas de entrada de vidrio, mirando hacia abajo por las gradas hacia el estacionamiento frente al Salón Cultural.

El carro fúnebre entró lentamente al estacionamiento, que estaba flanqueado por decenas de empleados del banco vestidos de blanco y negro, parados con una actitud ceremoniosa. Detrás del carro fúnebre venía otro carro que traía a Bob, María José, Pia y Alex, y al marido de Liz, José Luis. Cuando la procesión se detuvo, Bob y José Luis se bajaron de su carro y caminaron hacia el carro fúnebre, mientras María José y Alex escoltaban a Pia por las gradas hasta la sala donde sería el velorio.

El equipo de la funeraria sacó el pesado ataúd del carro fúnebre. Bob, José Luis y los guardaespaldas de Paul ayudaron a los empleados de la funeraria a subir el ataúd por las gradas para entrar al Salón Cultural. Fotógrafos de varios periódicos los seguían de cerca, pero los guardias del banco les impidieron entrar. Mirna se quedó en la esquina más alejada del salón, luchando por controlar sus emociones. Alex sujetó a Pia mientras preparaban a Paul para el velorio.

Bob levantó las dos mitades de la pesada tapa de madera del ataúd. El equipo de la funeraria abrió la caja metálica. El cuerpo de

Paul yacía dentro; parecía una sardina en una lata. Bob había visto a su padre con vida solo unos días antes, así que se quedó paralizado por un momento, necesitando tiempo para procesar la escena. María José le dijo: «No podemos dejarlo en esa caja metálica. Este es el último recuerdo que la gente tendrá de él, y necesita tener dignidad; tenemos que sacarlo».

Ella fue a la puerta y le pidió a tres personas que entraran: su hermano Guillermo, el marido de su prima Wilson, y uno de los guardias del banco. Dirigió a los tres y a Bob que levantaran el cuerpo rígido de Paul y lo sacaran de la caja metálica. Mientras balanceaban el cuerpo en el aire, el personal de la funeraria sacó la caja metálica del ataúd y la colocó a un lado.[ccxii] Los cuatro hombres recostaron suavemente a Paul sobre el acolchado de satén crema del ataúd.

Los tapones que el embalsamador de Houston había puesto en la nariz de Paul se habían salido cuando levantaron el cuerpo. Un poco de líquido se le escapó de la nariz. María José llamó a Mirna, pidiéndole unos pañuelos faciales. Mirna los trajo, evitando ver el cuerpo. María José limpió la cara de Paul y le volvió a poner las tapas en la nariz. Cerraron la mitad inferior del ataúd.

Bob volteó hacia Mirna y dijo: «Ven a ver cómo está mi padre», a lo que Mirna replicó: «No, no, prefiero recordarlo con vida».[ccxiii]

Finalmente, a Pia se le permitió acercarse al ataúd. Las lágrimas brotaron –las suyas y las de todos los demás– mientras se inclinaba y besaba a su padre una y otra vez.

Era lo adecuado que el velorio de Paul fuera en ese salón. Años antes, él había ordenado que se construyera para exhibir las diferentes colecciones que había formado en nombre del Banco Atlántida: pinturas, artefactos mayas, estampillas, billetes y monedas. Durante décadas patrocinó numerosas exposiciones de arte para dar a conocer a los pintores hondureños. Algunos de los artistas de los que fue mentor esperaban afuera para rendir homenaje. Ellos sabían que a él le importó profundamente el trabajo que hacían. En un discurso dijo una vez: «Nuestro arte es el rostro más puro de nuestra nación».

Mientras esto ocurría, nuestro avión desde Houston aterrizaba. María, Liz, Rick, Verónica, José y yo fuimos recibidos por algunos guardias de papá al pie de las escaleras del avión. Mi primo Armando y su esposa habían venido desde San Francisco para el funeral y también estaban en el mismo vuelo. El avión de Miami, que transportaba al hijo mayor de Paul, John, su esposa y sus tres hijos, así como dos de las hijas de Bob, aterrizó justo después del nuestro.

Las cadenas de televisión habían anunciado la hora del velorio de Paul para las dos de la tarde, así que cuando llegamos frente al gran edificio blanco del banco, multitudes de personas esperaban para entrar al salón. Los guardias tuvieron que apartar a la gente para que subiéramos las gradas y entráramos al Salón Cultural donde se iba a llevar a cabo el velorio. María y yo caminamos hacia el ataúd abierto de papá, y ella comprobó que era el que había elegido en Houston.

Cuando miré a mi padre, me sentí triste y muy conmovida por su fallecimiento repentino, pero también sentí que mi despedida de papá había sido en el hospital durante sus últimos minutos de vida. Me había despedido por segunda vez en Houston la noche anterior, cuando la funeraria George Lewis & Sons llamó a la familia para que fuéramos a verlo cuando su cuerpo ya estaba preparado y en el ataúd. Allí pudimos sentarnos con él en la tranquila sala de observación y decirle en silencio todo lo que él significaba para nosotros. Aquí, pertenecía a todos. Se veía solo y expuesto, acostado en esa caja en el salón lleno de gente. Más de mil personas pasaron y miraron su rostro sin expresión.[ccxiv]

Era una auténtica muestra transversal de la sociedad hondureña. Los empresarios, diplomáticos y políticos más exitosos del país hicieron cola con artistas, empleadas y cocineros. Estaban los funcionarios del banco a quienes había guiado, los líderes de la industria que le habían pedido consejos, los clientes que dependían de su optimismo para conceder préstamos en un país siempre plagado de disturbios políticos y crisis económicas. Era revelador observar cuántas personas se habían visto profundamente afectadas por haberlo conocido. Mientras la fila de gente pasaba delante de nosotros, saludé a conductores, monjas, jardineros, banqueros, escultores, guardias de seguridad y algunos de sus antiguos estudiantes universitarios. Muchos tenían lágrimas en los ojos.

Carlos Roberto Reina, el presidente de Honduras, y Carlos Roberto Flores, el presidente del Congreso, se acercaron y le dijeron a María de manera solemne lo que el Dr. Paul Vinelli había significado para el país.

Un momento que llamó la atención en el salón fue cuando mi madre Fran, la cuarta esposa, se acercó y le dio a María, la quinta esposa, un rápido abrazo. Por ese segundo, las mujeres suspendieron años de animosidad. Compartían algo único: eran las únicas dos de sus cinco esposas que seguían vivas para presenciar su muerte. Mamá estuvo casada con él diecisiete años, María dieciocho. Mamá siempre decía que él era un acto imposible de superar. Podría ser por eso que ninguna de sus esposas volvió a casarse.

Bishara Kawas, un empresario de la ciudad norteña de La Ceiba y uno de los amigos más cercanos de papá, se acercó al ataúd. Con lágrimas en los ojos miró a su amigo de más de cuatro décadas, y volteó hacia mí preguntándome si podía poner su rosario en el ataúd. Bishara era un católico devoto, y yo sabía lo mucho que significaba para él despedirse de su rosario especial. También sabía cuánto significaba Bishara para papá. Aunque intuía que se estaba cometiendo otro error, acepté. Los funerales son para los sobrevivientes, ¿no?

Liz me contó más tarde que, después de Bishara, ella también deslizó su rosario en el ataúd.

Los guardaespaldas y choferes de papá, contratados para arriesgar su vida para protegerlo, permanecían estoicos afuera. Todos los conocían, porque habían formado parte de su equipo de seguridad durante años. Cuando la gente entró desde el estacionamiento del banco, muchos se detuvieron para darles el pésame a Neto, Rolando, José, Cristóbal, Edíl y Arambú. Llevaban anteojos de sol para ocultar sus lágrimas.

María era de Guatemala, y su familia voló desde ese país en un avión privado, llegando justo antes del velorio. Trajeron un enorme rosario hecho de rosas amarillas fragantes, del tamaño justo para cubrir lo largo del ataúd. Acabó siendo colgado en el salón del velorio porque los ejecutivos del banco decidieron que la bandera hondureña debía seguir cubriendo el ataúd. Cuando lo pienso, fueron fieles a lo que papá habría querido, a pesar de que María tenía la intención de tener un entierro religioso.

Tres rosarios. Para el hombre que no quería símbolos religiosos en su funeral. Error número dos.

Luego del velorio, que duró dos horas, sacaron el ataúd de papá del Salón Cultural y lo bajaron por las gradas hasta el carro fúnebre. Rick y Bob fueron los portadores del féretro al frente del ataúd, seguidos por John, su hijo, mi esposo José, el esposo de Liz, José Luis y nuestro primo Armando.

La procesión fúnebre no se dirigió al cementerio como yo anticipaba. Fuimos primero a la Iglesia Católica de San Juan Bosco. María había aprobado esto desde Houston, sin que lo supiéramos. No me pareció buena idea hacer una misa para el hombre que se había resistido a entrar en una iglesia por más de 50 años. Hizo una excepción para las bodas de sus tres hijas y a veces se le podía ver parado contra la pared trasera de una iglesia en la misa del funeral de un amigo cercano.

Aunque sabía que papá no lo hubiera aprobado, entendía lo que pensaba María. La mayoría de los hondureños son católicos, y papá era una figura pública. La gente lo habría considerado inapropiado si no se hubiera celebrado una misa. Mientras estaba sentada en el banco delantero con María, mis hermanos y el presidente Reina, yo miraba el ataúd de papá. Pensé en lo incómodo que debía de estar papá en esa caja y en ese lugar, y en lo impotente que se sentiría para poder salir por la parte trasera de la iglesia como hacía en los funerales de amigos. La misa fue el tercer error.

Cuando llegamos al cementerio Jardines de Paz Suyapa, extendido a la sombra de la hermosa Basílica, la multitud había aumentado a casi dos mil personas.[ccxv] La gente caminaba con cuidado sobre la grama, evitando las tumbas y las flores que los dolientes colocaban sobre ellas.

Papá no quería flores. Esto fue años antes de que fuera común solicitar donaciones caritativas en su lugar. Él había dejado instrucciones de que, en caso de su muerte, se hicieran donaciones a la Fundación Craig Vinelli. Esta era la fundación establecida por papá en nombre de mi hermano Craig, que había fallecido diez años antes, a los 37 años. Concede becas a estudiantes cualificados y de bajos ingresos que estudian en la Universidad Nacional Autónoma de Honduras.

Los camarógrafos de los periódicos y cadenas de televisión se habían posicionado en cada ángulo de la entrada a la estrecha zona donde quedaban los nichos fúnebres. Se había colocado un toldo delante de los nichos con el ataúd de papá debajo. El público se acercó más, esforzándose por escuchar el elogio del Dr. Guillermo Bueso.[ccxvi] Cuando terminó, eran las seis de la tarde y ya anochecía. Pia pidió que se abriera el ataúd por última vez y, tal como había hecho durante el velorio, se agachó para abrazar y besar a papá muchas veces.

Luego llegó el momento del entierro. Tradicionalmente, en un funeral en Honduras, se habría enterrado el ataúd. Papá había querido que se colocara una urna con sus cenizas en la pared de nichos funerarios construidos para urnas. Como lo que llegó desde Houston fue un ataúd, la funeraria cambió el plan. Resulta que papá también había comprado nichos más grandes en otra sección. Estos estaban dimensionados para albergar un ataúd, para familiares que preferían no ser cremados. Lo colocarían en uno de estos.

El nicho elegido quedaba justo debajo del lugar de descanso de su madre Dora. Estaba situado a tres metros de altura, así que el ataúd tuvo que levantarse en un elevador hidráulico. Todos quedaron hipnotizados al ver subir lentamente el ataúd. El ascensor se detuvo en la parte superior y los asistentes movieron el ataúd hacia el espacio abierto. No entraba.

Tras darle el último adiós al doctor Paul Vinelli, su féretro fue ingresado al nicho respectivo en Jardines de Paz Suyapa, en presencia de sus familiares, amigos y compañeros.

Bob, el hijo de Paul (con lentes), buscando una solución
Photo: Diario La Tribuna, 21 de febrero 1997
"Paul Vinelli cumplió la misión de su vida"

Una sonrisa renuente reemplazó mis lágrimas. Papá no quería ser enterrado en un ataúd, y se resistió hasta el final. Sentí que nos estaba demostrando, desde donde fuera que estuviera su espíritu, que sus instrucciones debieron haberse seguido. Bajaron el ataúd lentamente.

Tras largas deliberaciones, se eligió una solución poco ortodoxa, pero la única solución viable si lo íbamos a enterrar ese día. El equipo de la funeraria quitó las mitades superiores de la tapa y las volteó, de modo que las partes arqueadas presionaban contra el cuerpo de papá. Mientras el ascensor subía para hacer un segundo intento, los católicos rezaban y los que no, cruzaban los dedos. Esta vez el ataúd medio abierto entró justo en el nicho. El Dr. Paul Vinelli fue enterrado, pero no de la manera en que nadie –ni él, ni sus hijos, ni María– hubieran imaginado.

APÉNDICE
CONDECORACIONES Y PREMIOS

1951 - Reconocimiento por parte del presidente de Honduras Juan Manuel Gálvez por la contribución de Paul a la reforma bancaria y monetaria hondureña.

1967 - Pergamino de Honor del Departamento de Estado de los Estados Unidos, por la contribución de Paul a la relación entre Honduras y los Estados Unidos.

1968 - Orden al Mérito de la República Italiana, Comendador. Orden superior de caballería otorgada por el presidente de Italia, Aldo Moro, por las contribuciones de Paul en economía y actividades humanitarias.

1975 - Honor al Mérito por la Universidad Nacional Autónoma de Honduras por la fundación de la Facultad de Economía.

1978 – Hoja de Liquidámbar en Plata, Grado de Oficial, presentada por el Consejo Metropolitano del Distrito Central de Tegucigalpa.
1987 - Padrino de la ceremonia de graduación de la Universidad Nacional Autónoma de Honduras en reconocimiento al apoyo social y cultural de Paul a los hondureños.

1991 - Comandante de la Orden de Vasco Núñez de Balboa por el gobierno de Panamá por la contribución de Paul a las relaciones entre Panamá y Honduras.

1993 - Orden de José Cecilio del Valle, Gran Cruz, Placa de la Plata, entregada personalmente por el presidente de Honduras Rafael Leonardo Callejas, por los servicios diplomáticos de Paul al país.

1994 - Orden de Bernardo O'Higgins por el presidente de Chile Eduardo Frei Ruiz-Tagle. El máximo reconocimiento civil otorgado a no ciudadanos fue por la contribución de Paul a la cooperación humanitaria y social entre Honduras y Chile.

1996 - Brassavola de Oro, Museo del Hombre Hondureño.

1997 - Escuela Agrícola Panamericana Zamorano – Reconocimiento póstumo por las décadas de apoyo de Paul.

AGRADECIMIENTOS

Paul Vinelli, mi padre, se lleva el mérito de este libro. Vivió una vida tan inspiradora por 74 años que merecía contar su historia. Era un hombre sentimental, meticuloso documentando su vida. Cuando murió en 1997, dejó álbumes y archivos ordenados llenos de fotos, artículos de periódico, cartas y premios. Guardó todas las cartas que sus hijos y familiares le escribían, tarjetas que mostraban su pertenencia a organizaciones, e incluso sus cuadernos de secundaria y expedientes académicos universitarios. Todo esto me permitió conocer de cerca su vida, y a menudo en sus propias palabras, gracias a las cartas que le escribió a su primera esposa Linda.

Estoy extremadamente agradecida a mis cinco hermanos vivos: John Vinelli, Robert “Bob” Vinelli, Richard “Rick” Vinelli, Elizabeth “Liz” Vinelli y Pia Vinelli. Todos se sentaron conmigo para entrevistas y tuvieron paciencia con la cantidad de preguntas que les hice luego de esas entrevistas. John compartió una caja llena de los álbumes de recortes de papá y, hace años, trajo de Grand Rapids, Michigan, las cartas que papá y Linda se escribían. Estas cartas contaron su historia con sus propias palabras. Bob y su esposa María José eran los que más conocían la vida de mi padre en Honduras y tuvieron la amabilidad de compartir sus perspectivas conmigo. Bob dejó que Liz y yo pasáramos días investigando en el cuarto donde guarda los archivos de papá. María José y su yerno Gabriel Prats me consiguieron varias entrevistas importantes. Rick me trajo los cuadernos de secundaria de papá y fue el primero en contarme de la cantidad de cartas que le escribió Linda. Liz y su marido José Rivera me hospedaron en su casa en Tegucigalpa, donde hice entrevistas a personas que ellos sugirieron. Además Liz me ayudó a investigar, me acompañó a algunas entrevistas y realizó otras en mi ausencia. Pia aportó fotos y me hizo recordar detalles que había olvidado sobre nuestros días de infancia en Honduras, y de los últimos años de la vida de mi padre. Su memoria aguda no termina de asombrarme.

Varios nietos de Paul aceptaron ser entrevistados y sugirieron fuentes para leer y personas para entrevistar. Papá Paul les agradece sus contribuciones: Muriel Vinelli Medina, Linda Vinelli Prats, María José Vinelli Sánchez, José Luis Rivera Vinelli y Alessandra Mayr. A Fernando Medina, Gabriel Prats y Marcio Sánchez, gracias por las ideas y por animarme a continuar.

Mi madre, Frances Smith Vinelli, era la única de las cinco esposas de Paul que seguía viva cuando escribí el libro. Era una mujer energética de 95 años y, aunque ella y mi padre se habían divorciado muchos años antes, pudo darme una perspectiva íntima sobre papá que solo una esposa puede ofrecer. Gracias mamá, por abrirte conmigo y responder a mis preguntas.

Muchos primos de la familia Vinelli-Casavola me ayudaron a reconstruir la historia de nuestra familia que comenzó en Castellaneta, Italia, en el siglo XIX y continuó en Portland, Maine. Gracias por aceptar ser entrevistados, responder a preguntas de seguimiento, enviarme fotos familiares, cartas y diagramas genealógicos, y ayudarme a encontrar a otros que pudieran completar la historia.

Mi agradecimiento a Janet Giampetruzzi Blessing, Judy y Dave Cavalero, Anna Santoro Davis, Hilda Santoro Emerson, Diana Romano Flaherty, Antoinette Casavola Going, Nina Giampetruzzi Kamman, Anita Linnell, Terri Linnell, Dianne Davis Manning, Armando Romano y a mi muy especial prima Lisa Emerson Stoclet.

A las personas que entrevisté que conocían a Paul por amistad o negocio –normalmente eran ambas cosas– gracias por sentarse conmigo para compartir sus historias. Él claramente ha sobrevivido en sus recuerdos: Anny Bahr Lucker, Jorge Bueso Arias, Dr. Lino Califano y Elsa Faldo Califano, Marcial Cerrato, German Durón Lanza, Pasquale Faldo, el expresidente Carlos Roberto Flores, Alice Goldstein, Mirna Gómez, Luis Kafie, Schucry y Marlene Kafie, Juan Kawas, Faustino Laínez, Arturo Medrano, Ela Mejía, José Rubén Mendoza, Deborah Mills Agurcia, el excoronel Juan Ramón Molina, el exembajador John Negroponte, Jacqueline de Pierrefeu, Carlos H. Reyes, Janeth Romero, Sor María Rosa, Macky Salinas, Rita Sosa y Adriana Yu Shan.

A los que me ayudaron a conseguir permisos para el uso de fotografías y artículos de periódico, les agradezco la ayuda para navegar un proceso complejo: María José y Robert Vinelli, Alessandra Mayr, Gabriel Prats, Lisa Stoclet, Jacqueline de Pierrefeu, Diana Villeda, Carlos Villeda, Pia Vinelli, Axel Uclés, y el equipo excelente de Mayora IP.

Hubo quienes no conocieron a Paul pero aportaron información para el libro. Gracias por su tiempo y contribuciones, Sandra Bástidas, Manuel Dávila, Billy Joya, y María Fernanda Lacayo.

Mi hija Claire Valera me ayudó con la edición fotográfica y diseñó la cubierta del libro. También creó y maneja mi sitio web: gigivalera.

com. Mi hija Alina Valera Mitchell escribió el texto de la contraportada, creó contenido para redes sociales y me guio en cuanto al lanzamiento del libro. Gracias, hijas, por dejar que me apoye en ustedes. Sé que Papá Paul está contento de que hayamos trabajado juntas.

Los profesores de los talleres de escritura Inprint que realicé en Houston me ayudaron enormemente a poner este libro en marcha. Gracias a Will Burns, Leah Lax y Caroline Leech, así como a los amigos del taller, por guiarme y animarme. La coach de escritura Suzette Mullins también ayudó de forma muy importante a estructurar el libro.

A los pacientes lectores de las numerosas versiones del manuscrito, gracias por su lectura cuidadosa. Detectaron errores, hicieron que mi escritura fuera más clara, y mejoraron la estructura del libro: Consuelo Duroc-Danner, Robert y María José Vinelli, Liz Vinelli, Pia Vinelli y José Valera. Para la traducción al español, me ayudaron mucho Carmen Rivoldi, Liz Vinelli, María José Vinelli, y José Valera.

Un agradecimiento especial a Colin Graham de Graham Publishing Group por su experiencia en el diseño de libros. Este fue el último paso de un largo proceso y lo hiciste ver fácil.

Al hermano que perdimos demasiado pronto: Craig, siempre te recordamos y sabemos que papá y tú están disfrutando de una buena carcajada juntos.

Mi más sincero agradecimiento a José, Claire y Alina que vivieron la creación de este libro conmigo, y cuyo amor y apoyo me mantuvieron en pie.

NOTAS

La mayor parte de la información de este libro proviene de:

1. Entrevistas personales y comunicaciones telefónicas/de correo electrónico/mensajes de texto realizadas por la autora con miembros de la familia Vinelli-Casavola entre 2018 y 2020. Sus nombres aparecen en los Agradecimientos.
2. La grabación de una entrevista con Paul Vinelli realizada por la autora en julio de 1995, dos años antes de la muerte de Paul.
3. Documentos/cartas personales inéditas pertenecientes a Paul Vinelli (en posesión de Robert Vinelli).
4. Cartas personales e inéditas de Linda Laine Reisman Vinelli a su familia (copias en posesión de Richard Vinelli).
5. Artículos/cartas personales e inéditas pertenecientes a la autora.

No se cita la información anterior.

Todas las entrevistas fueron realizadas por la autora salvo que se especifique lo contrario.

NOTAS FINALES

i Jerre Mangione and Ben Morreale. *La Storia: Five Centuries of the Italian American Experience* (New York: Harper-Collins Publishers, 1992), xiii.

ii Barrie Lillie, "The Ritual of 'fare la scarpetta'", *Italy Magazine*, February 11 2014, https:///www.italymagazine.com/news/italian-ritual-fare-la-scarpetta.

iii Mangione and Morreale, *La Storia*, 77.

iv Marco Rovinello, "The Draft and Draftees in Italy". In *Fighting for a Living, A Comparative Study of Military Labour 1500-2000,* edited by Erik-Jan Zurcher, 488. Amsterdam University Press, 2013.

v "Battle of Adwa", *Encylopaedia Britannica*, accedido November 19, 2019, www.britannica.com/event/Battle-of-Adwa.

vi Mangione and Morreale, *La Storia*, 94.

vii Mangione and Morreale, *La Storia*, 93.

viii Mangione and Morreale, *La Storia*, 102.

ix Mangione and Morreale, *La Storia*, 111.

x Paul Vinelli, entrevista personal, julio 1995.

xi "Italy in WWI", *History*, accedido el 9 de enero 2020, https://www.history.co.uk/italy-in-wwi.

xii "Benito Mussolini Biography: Italian Dictator & Leader of the National Fascist Party", *Biographics*, accedido 9 de septiembre, 2020, https://https://biographics.org/benito-mussolini-biography-italian-dictator-and-journalist-who-was-the-leader-of-the-national-fascist-party/.

xiii Mangione and Morreale, *La Storia*, 36.

xiv "Historical Boys Uniforms", Histclo, accedido 10 de mayo de 2020, https://www.histclo.com/youth/youth/org/nat/ita/natit.htm.

xv Wendell Johnson and Lucille Duke, "Changes in Handedness Associated with Onset or Disappearance of Stuttering: Sixteen Cases", *The Journal of Experimental Education*, Volumen 4, No. 2 (diciembre 1935): 112-132. https://www.jstor.org/stable/20150391.

xvi "Historical Boys Uniforms", Histclo.

xvii P.W.L. Cox, "Opera Nazionale Balilla: An Aspect of Italian Education", *Junior-Senior High School Clearing House* 9, no. 5 (1935): 267-70. accedido 10 de junio de 2020. http://www.jstor.org/stable/30176386.

xviii "Paul Vinella Chosen Portland Swim Pilot", *Portland Press Herald*, 1939.

xix "World War II Enemy Alien Control Program Overview", *National Archives,* accedido 12 de julio de 2018, www.archives.gov/research/immigration/enemy-aliens-overview.

xx Marjory Collins, "Why America Targeted Italian-Americans During World War II", *History*, 14 de enero de 2019, https://www.history.com/news/italian-american-internment-persecution-wwii.

xxi "Italian War Prisoners Housed in Law Squad", *The Michigan Alumnus*, Volume 50, October 2, 1943 – September 23, 1944, 396.

xxii "IQ Percentile and Rarity Chart", *IQ Comparison Site*, accedido 15 de julio, 2020, https://www.iqcomparisonsite.com/IQtable.aspx.

xxiii "Camp Stoneman", Wikipedia, accedido 10 de Agosto de 2019, https://en.wikipedia.org/wiki/Camp_Stoneman.

xxiv "C-54 Skymaster Long Range Transport", *World War 2 Headquarters*, accedido May 20, 2020, http://worldwar2headquarters.com/HTML/aircraft/americanAircraft/skymaster.html#:~:text=The%20Douglas%20C%2D54%20Skymaster,the%20Pacific%20or%20European%20Theaters.

xxv "The IMF and The World Bank", International Monetary Fund, March 25, 2020, https://www.imf.org/en/About/Factsheets/Sheets/2016/07/27/15/31/IMF-World-Bank.

xxvi "Honduras", Wikipedia, accedido 23 de junio, 2019, https://en.wikipedia.org/wiki/Honduras.

xxvii "Contrata los servicios de dos técnicos", *La Época*, Honduras, 27 de enero, 1950.

xxviii César Indiano, *Los Oligarcas: De donde salieron los ricos?*, (Tegucigalpa, Honduras: Zafra Editores, 2014), 151-158.

xxix "Zamorano", Wikipedia, accedido 6 de julio, 2019, https://en.wikipedia.org/wiki/Zamorano.

xxx "Saboteada la fundación del banco nacional por la comisión de la ONU", *Prensa Libre*, Honduras, 15 de agosto, 1949.

xxxi Darío A. Euraque, *Reinterpreting the Banana Republic, Region and State in Honduras 1870-1972* (The University of North Carolina Press, 1996), 91.

xxxii "Miembros de la comisión organizadora", *La Época*, Honduras, March 19, 1950.

xxxiii "Miembros de la comisión organizadora", *La Época.*

xxxiv "Organización de la banca nacional", *El Día*, Honduras, 23 de marzo, 1950.

xxxv "Breve charla con los miembros de la comisión organizadora de la banca", *La Época*, Honduras, 15 de abril, 1950.

xxxvi "Dos economistas del país partirán hacia Honduras", *El Diario de Hoy*, El Salvador, 14 de abril, 1950.

xxxvii "Economista salvadoreño en Tegucigalpa", *La Época*, Honduras, 19 de abril, 1950.

xxxviii "Choluteca y San Marcos de Colón serán visitadas hoy por el Ministro de Hacienda y Crédito Público", *Diario Comercial*, Honduras, 13 de mayo, 1950.

xxxix "Expertos para la organización bancaria", *El Día*, Honduras, 28 de abril, 1950.

xl "Escogencia de los sitios para emprender el trabajo de crédito rural", *Diario Comercial*, Honduras, 3 de mayo, 1950.

xli Paul Vinelli, Javier Márquez, Alexander McLeod, and Julio Gonzalez del Solar, *Estudio sobre la economía de Honduras*, IMF for Banco Central de Honduras, 23 de junio, 1950.

xlii "Cordialísimo agasajo a las misiones bancarias", *Diario Comercial*, Honduras, 12 de mayo, 1950.

xliii Paul Vinelli, "The Currency and Exchange System of Honduras", *IMF Staff Papers*, 1951, Vol. 1, Issue 1, 420-431, 422.

xliv Guillermo Bueso, "Semblanza de Paul Vinelli", *El Heraldo*, Honduras 24 de febrero, 1997.

xlv Oscar Acosta and Vicente Machado Valle, *Doctor Paul Vinelli: Biografías Ilustradas* (Tegucigalpa, Honduras: Evensa, 1997), 32-33.

xlvi Expresidente Carlos Flores, entrevista personal, 30 de abril, 2018.

xlvii Macky Salinas, entrevista personal, 30 de abril, 2018.

xlviii Bueso, "Semblanza".

xlix Bueso, "Semblanza".

l "Roatán", Wikipedia, accedido 13 de junio, 2020, https://en.m.wikipedia.org/wiki/ Roat%C3%A1n.

li Jorge Bueso Arias, entrevista personal, 13 de septiembre, 2018.

lii "Centro Social", *El Día*, Honduras, 30 de agosto, 1981.

liii Salinas, entrevista.

liv Salinas, entrevista.

lv Salinas, entrevista.

lvi Salinas, entrevista.

lvii "Chronology", United Fruit Historical Society, accedido March 10, 2020, http://unitedfruit.org/chron.htm.

lviii Adam B. Siegel, "Use of Naval Forces in the Post-War Era", Naval History and Heritage Command, accedido 10 de octubre, 2020, https://www.history.navy.mil/research/library/online-reading-room/title-list-alphabetically/u/use-naval-forces-post-war-era.html.

lix Donald E. Schulz and Deborah Sundloff Schulz, *The United States, Honduras, and the Crisis in Central America* (Boulder: Westview Press, 1994), 25.

lx Lucker, Anny Bahr, entrevista personal, 2 de mayo, 2018.

lxi Lucker, entrevista.

lxii Thomas P. Anderson, *The War of the Dispossessed: Honduras and El Salvador* (Lincoln: University of Nebraska Press, 1969), 60.

lxiii Salinas, entrevista.

lxiv Salinas, entrevista.

lxv Salinas, entrevista.

lxvi César Indiano, *Luis "Chito" Kafie, Un Viaje Por La Vida*, (Tegucigalpa, Honduras: Lithopress, 2018), 198.

lxvii César Indiano, *Luis "Chito" Kafie*, 199.

lxviii Salinas, entrevista.

lxix Ela Mejía, entrevista por teléfono, 8 de septiembre, 2018.

lxx Thomas L. Karnes, *Tropical Enterprise: The Standard Fruit and Steamship Company in Latin America*, (Louisiana State University Press, 1978), 269.

lxxi José Rubén Mendoza, entrevista personal, 2 de mayo, 2018.

lxxii Mendoza, entrevista.

lxxiii Lucker, entrevista.

lxxiv Salinas, entrevista.

lxxv Lucker, entrevista.

lxxvi Salinas, entrevista.

lxxvii Lucker, entrevista.

lxxviii Lucker, entrevista.

lxxix Salinas, entrevista.

lxxx Lucker, entrevista.

lxxxi "History", *The MMA Bugler,* accessed May 4, 2020, themmabugler.wordpress.com/history.

lxxxii Lucker, entrevista.

lxxxiii Kirk Bowman, "The Public Battles Over Militarization and Democracy in Honduras, 1954-1963", *Journal of Latin American Studies,* Volume 33, Issue 3 (Cambridge University Press, 2001), 555.

lxxxiv Lucker, entrevista.

lxxxv "Palabras del Dr. Paul Vinelli en la colocación de la primera piedra de Escuela Americana", *El Pueblo*, Honduras, March 6, 1961.

lxxxvi Pasquale Faldo, entrevista personal, 2 de mayo, 2018.

lxxxvii Luis Kafie, entrevista personal, 11 de septiembre, 2018.

lxxxviii Kirk Bowman, *Militarization, Democracy, and Development: The Perils of Praetorianism in Latin America*, (Pennsylvania State University Press, 2002), 174.

lxxxix César Indiano, *Luis "Chito" Kafie, un viaje por la vida"*, 195.

xc Jacobo Goldstein, "Adios a Paul Vinelli", *Diario La Tribuna*, Honduras, February 20,1997, 87.

xci Mirna Gómez, entrevista personal, 1 de mayo, 2018.

xcii Sor María Rosa, entrevista personal, 12 de septiembre, 2018.

xciii "1974 - Hurricane Fifi", Hurricanes Science and Society, accedido 12 de febrero, 2020, www.hurricanescience.org/history/storms/1970s/fifi.

xciv Kafie, entrevista.

xcv Dan Koeppel, *Banana: The Fate of the Fruit that Changed the World* (New York: Hudson Street Press, Penguin Group (USA) Inc., 2008), 170.

xcvi David Rockefeller, *David Rockefeller: Memoirs (*New York: Random House, Inc., 2002), 133, 196, 201, 421.

xcvii Flores, entrevista.

xcviii "Central Bank of Belize Quarterly Financial Information for Commercial Banks", *Atlantic Bank Limited Bulletin*, Quarter ending September 30, 2010.

xcix Faustino Laínez, entrevista personal, 13 de setiembre, 2018.

c Juan Kawas, entrevista personal, 26 de abril, 2019.

ci Salinas, entrevista.

cii Adriana Yu Shan, entrevista por correo electrónico, 26 de junio, 2018.

ciii Laínez, entrevista.

civ Mendoza, entrevista.

cv Salinas, entrevista.

cvi Laínez, entrevista.

cvii "Foreign Bank Operations and Acquisitions in the United States", Hearings Before the Subcommittee on Financial Institutions Supervision, Regulation and Insurance of the United States Congress House Committee on Banking, Finance and Urban Affairs, 96th Congress-Second Session, (U.S. Government Printing Office, September 24 and 25, 1980. Serial No. 96-97.), 592.

cviii Laínez, entrevista.

cix Sabino Gámez, "Manuel Rodriguez, uno de los más grandes pintores", *La Prensa*, Honduras, 2 de enero, 2018.

cx German Durón Lanza, entrevista por teléfono, 10 de septiembre, 2018.

cxi Acosta y Machado, *Doctor Paul Vinelli, biografías ilustradas*, 71.

cxii Flores, entrevista.

cxiii "Exhiben colección de monedas hondureñas", *La Prensa*, Honduras, 8 de febrero, 1968.

cxiv Mariela Tejada, "Rosalila, el templo mejor preservado, cumple 30 años de su descubrimiento", *La Prensa*, Honduras, 26 de junio, 2019.

cxv Jacobo Goldstein, "Adios a Paul Vinelli", 87.

cxvi Acosta y Machado, *Doctor Paul Vinelli*, 77.

cxvii Mendoza, entrevista.

cxviii Billy Joya, entrevista personal, 11 de septiembre, 2018.

cxix Laínez, entrevista.

cxx Laínez, entrevista.

cxxi Laínez, entrevista.

cxxii Bueso, "Semblanza".

cxxiii Laínez, entrevista.

cxxiv Carlos H. Reyes, entrevista personal, 12 de septiembre, 2018.

cxxv Billy Joya, *El Informe BJ*, 21.

cxxvi Joya, *El Informe BJ*, 20.

cxxvii Joya, *El Informe BJ*, 21.

cxxviii Joya, *El Informe BJ*, 15.

cxxix Juan Ramón Molina, entrevista personal, 13 de septiembre, 2018.

cxxx Rita Sosa, entrevista personal, 26 de abril, 2019.

cxxxi Bueso, "Semblanza".

cxxxii Laínez, entrevista.

cxxxiii Clifford Krauss, *Inside Central America: Its People, Politics and History*, (New York: Summit Books, Simon & Schuster, 1991), 181.

cxxxiv Joya, *El Informe BJ*, 21-24.

cxxxv "Banquero Vinelli - Sangre fría y precisión demostraron secuestradores", *El Tiempo*, Honduras, 19 de diciembre, 1980.

cxxxvi "En libro secreto anotan secuestro de Paul Vinelli", *Diario La Tribuna*, Honduras, 7 de marzo, 1981.

cxxxvii Laínez, entrevista.

cxxxviii Laínez, entrevista.

cxxxix Laínez, entrevista.

cxl "Cuba", Wikipedia, modificado 27 de agosto 2020, https://en.wikipedia.org/wiki/Cuba.

cxli "Farabundo Martí National Liberation Front", *Encyclopaedia Britannica,* accedido 17 de abril, 2019, https://www.britannica.com/topic/Farabundo-Marti-National-Liberation-Front.

cxlii "Sindicalistas repudian el acto criminal", *El Tiempo*, Honduras, 20 de diciembre, 1980.

cxliii "Férreas medidas de seguridad pone en práctica la policía", *El Tiempo*, 20 de diciembre, 1980.

cxliv "Muere conductor de Paul Vinelli", *La Prensa*, Honduras, 20 de diciembre, 1980.

cxlv "Espectacular operativo en caso de Vinelli", *El Tiempo*, Honduras, 20 de diciembre, 1980.

cxlvi "Policía no sabe aún si han solicitado rescate", *Diario La Tribuna*, Honduras, 24 de diciembre, 1980.

cxlvii "Terroristas han destruido mi vida!" *El Heraldo*, Honduras, 23 de diciembre, 1982.

cxlviii "Comando guerrillero extranjero habría secuestrado a Vinelli", *La Prensa*, Honduras, 23 de diciembre, 1980.

cxlix "La policía intensifica la búsqueda del plagiado banquero Paul Vinelli", *El Heraldo*, Honduras, 24 de diciembre, 1980.

cl "Veinticinco millones estarían pidiendo plagiarios de Vinelli", *La Prensa*, Honduras, 24 de diciembre, 1980.

cli "Ningún rastro todavía del banquero Vinelli", *El Tiempo*, Honduras, 27 de diciembre, 1980.

clii "Gautama Fonseca: Mi vida estuvo en riesgo en el caso de Vinelli", *El Heraldo*, Honduras, 21 de marzo, 1981.

cliii "Primer aparición pública de Vinelli", *El Tiempo*, Honduras, 25 de abril, 1981.

cliv "Paul Vinelli está con vida", *La Prensa*, Honduras, 2 de enero, 1980.

clv "Piden rescate por P. Vinelli", *El Tiempo*, Honduras, 7 de enero, 1980.

clvi Laínez, entrevista.

clvii Alice Goldstein, entrevista por teléfono, 13 de septiembre, 2018.

clviii "Esposa de Vinelli reúne dinero del rescate", *La Prensa*, Honduras, 20 de enero, 1981.

clix "Banca privada debe invertir para rescatar la economía de la nación", *El Heraldo*, Honduras, 25 de abril, 1981.

clx "Liberado Paul Vinelli", *La Prensa*, Honduras, 4 de marzo, 1981.

clxi "Chase Bank won't pay ransom", *San Francisco Chronicle*, 26 de enero,1981.

clxii "Sindicalistas del banco se ofrecen como intermediarios en caso Vinelli", *La Prensa*, Honduras, 12 de febrero, 1981.

clxiii "En peligro familia Vinelli por infidencia atroz e irresponsable", *Diario La Tribuna*, Honduras, 21 de marzo, 1981.

clxiv Euraque, *Reinterpreting the Banana Republic*, 91.

clxv "Paul Vinelli ya no regresa a la presidencia de Bancatlan", *Diario La Tribuna*, Honduras, 13 de febrero, 1981.

clxvi "Se encargó de entregarles a los guerrilleros el dinero del rescate", *La Prensa*, Honduras, 20 de marzo, 1981.

clxvii "Gautama Fonseca: Mi vida".

clxviii "Gautama Fonseca: Mi vida".

clxix "Otra versión sobre la liberación de Vinelli", *El Tiempo*, Honduras, 5 de marzo, 1981.

clxx Alice Goldstein, entrevista.

clxxi "Cercana vio la muerte banquero Paul Vinelli", *Diario La Tribuna*, Honduras, 4 de marzo, 1981.

clxxii "En peligro familia Vinelli", *Diario La Tribuna*, 21 de marzo, 1981.

clxxiii Faldo, entrevista.

clxxiv Faldo, entrevista.

clxxv "Terroristas salvadoreños planificaron y ejecutaron secuestro del Dr. Vinelli", *La Prensa*, Honduras, 19 de marzo, 1981.

clxxvi "Vinelli y Gautama comparecerán a declarar sobre caso de secuestro", *El Heraldo*, Honduras, 4 de marzo, 1981.

clxxvii "En cuanto regrese del exterior Fonseca será llamado a declarar", *Diario La Tribuna*, Honduras, 25 de marzo, 1981.

clxxviii "En cuanto regrese", *Diario La Tribuna*.

clxxix "Esposa de Paul Vinelli declara ante juzgados", *El Tiempo*, Honduras, 21 de abril, 1981.

clxxx "Paul Vinelli declaró ante los tribunales", *La Prensa*, Honduras, 24 de abril, 1981.

clxxxi "Primera aparición pública de Vinelli", *El Tiempo*, Honduras, 25 de abril, 1981.

clxxxii "Primera aparición pública de Vinelli", *El Tiempo*.

clxxxiii Roy Gutman, *Banana Diplomacy: The Making of American Policy in Nicaragua 1981-1987*, (New York: Simon and Schuster, 1988), 16,18.

clxxxiv Reyes, entrevista.

clxxxv Alice Goldstein, entrevista.

clxxxvi Lucker, entrevista.

clxxxvii Exembajador John Negroponte, entrevista telefónica, 28 de junio, 2018.

clxxxviii Richard J. Meislin, "Honduran Guerrillas Release 14 of their Hostages", *New York Times*, 19 de septiembre, 1982.

clxxxix Jesús Ceberio, "Termina el secuestro de Honduras con la salida de los guerrilleros hacia la Habana por vía aérea", *El País*, México, 26 de septiembre, 1982.

cxc Yu Shan, entrevista, 26 de junio 2018.

cxci Flores, entrevista.

cxcii César Indiano, *Luis "Chito" Kafie*, 270.

cxciii Faldo, entrevista.

cxciv Marcial Cerrato, entrevista personal, 1 de mayo, 2018.

cxcv Rodolfo Pastor Fasquelle, "Chao Don Paolo", *El Tiempo*, Honduras, 22 de febrero, 1997.

cxcvi Mirna Gómez, entrevista personal, 1 de mayo, 2018.

cxcvii "Piam et Constantem", Santa Sede, Vaticano, 8 de mayo, 1963, accedido 15 de marzo2020, https://www.catholicculture.org/culture/library/view.cfm?recnum=11422.

cxcviii Gómez, entrevista.

cxcix "Tegucigalpa, Honduras, Metro Area Population 1950-2020", Macrotrends, accedido 2 de junio, 2020, https://www.macrotrends.net/cities/21136/tegucigalpa/.

cc Sosa, entrevista.

cci "Montecatini Terme (Italy)", European Historic Thermal Towns Association, 2017, https://ehtta.eu/portal/montecatini-terme/.

ccii Alice Goldstein, entrevista.

cciii Adriana Yu Shan, entrevista por correo electrónico, 7 de julio, 2018.

cciv Acosta y Machado, *Doctor Paul Vinelli*, 34.

ccv Arturo Medrano, entrevista personal, 2 de mayo, 2018.

ccvi Gómez, entrevista.

ccvii Sosa, entrevista.

ccviii Laínez, entrevista.

ccix Gómez, entrevista.

ccx Laínez, entrevista.

ccxi Sosa, entrevista.

ccxii Gómez, entrevista.

ccxiii Gómez, entrevista.

ccxiv Janeth Romero, entrevista por teléfono, 6 de junio, 2018.

ccxv Romero, entrevista.

ccxvi Bueso, "Semblanza".

BIBLIOGRAFÍA

LIBROS

Acosta, Oscar. *Paul Vinelli - Biografías Ilustradas.* Tegucigalpa, Honduras: Evensa, 1997.

Britannica, The Editors of Encyclopaedia, "Battle of Adwa." [Los editores de Encyclopaedia, "Batalla de Adwa."] *Encyclopaedia Britannica*, Chicago: Encyclopaedia Britannica, Inc. 22 feb. 2018, www.britannica.com/event/Battle-of-Adwa. Consultado el 15 de junio de 2018

Cohen, Rich. *The Fish that Ate the Whale* [*El pez que se comió a la ballena*]. Nueva York: Farrar, Straus and Giroux. 2012.

Euraque, Darío A. *Reinterpreting the Banana Republic, Region and State in Honduras,* [*Reinterpretando la República Bananera, Región y Estado en Honduras*], 1870-1972. The University of North Carolina Press, 1996.

Gutman, Roy. *Banana Diplomacy, The Making of American Policy in Nicaragua 1981-1987* [*Diplomacia del banano, la elaboración de la política estadounidense en Nicaragua 1981-1987*]. Nueva York: Simon and Schuster, 1988.

Indiano, César. *Los Oligarcas: ¿De dónde salieron los ricos?* Tegucigalpa, Honduras: Zafra Editores, 2014.

Joya, Billy F. *El Informe BJ: Un Rayo de Luz en el Camino.* Autopublicado, 1996.

Karnes, Thomas L. *Tropical Enterprise: The Standard Fruit and Steamship Company in Latin America.* [*Empresa tropical: La compañía Standard Fruit and Steamship Company en América Latina.*] Baton Rouge: Louisiana State University Press, 1978.

Koeppel, Dan. *Banana: The Fate of the Fruit That Changed the World.* [*Banano: El destino de la fruta que cambió el mundo.*] Nueva York: Hudson Street Press, Penguin Group (EE.UU.) Inc., 2008.

Krauss, Clifford. *Inside Central America* [*Dentro de Centroamérica*]. New York: Summit Books, 1991.

Mangione, Jerre y Ben Morreale. *La Storia: Five Centuries of the Italian-American Experience.* [*La Storia: Cinco siglos de la experiencia italoamericana*]. Nueva York: Harper-Collins Publishers, 1992.

Rockefeller, David. *David Rockefeller: Memoirs.* [*David Rockefeller: Memorias*]. New York: Random House. 2002.

Rovinello, Marco. "The draft and draftees in Italy, 1861-1914". ["El reclutamiento y los reclutados en Italia, 1861-1914"]. In Zürcher, Erik-Jan (ed.) *Fighting for a Living: A Comparative Study of Military Labour 1500-2000.* [*Luchando por vivir: un estudio comparativo del trabajo militar 1500-2000*]. Amsterdam University Press, 2013.

Sleeper, Frank H. *Images of America – Portland.* [*Imágenes de América – Portland*]. Charleston, South Carolina: Arcadia Publishing, 1996.

ARTÍCULOS DE PERIÓDICO

Lardizábal, Patricia D'Arcy, "Donde El Corcho Se Hunde y El Hierro Flota". *Diario La Tribuna* 23 de octubre de 2016.

ARTÍCULOS DE REVISTA

Ortez, Brenda "María Vinelli – He realizado todos mis sueños". *Estilo*, junio de 2002.

CRÉDITOS FOTOGRÁFICOS

Portada: Paul Vinelli foto del anuario de último año, 1944 (21 años), *The Michiganensian*, Volumen 48, página 85.

p. 3: Cortesía Familia Vinelli.

p. 6: Cortesía Familia Vinelli.

p. 11: Cortesía Familia Vinelli.

p. 15: Cortesía Familia Vinelli.

p. 20: Cortesía Familia Vinelli.

p. 21: Cortesía Familia Vinelli.

p. 32: "Portland High's Interscholastic League Swimming Champions", *Portland Press Herald*, invierno 1939.

p. 56: Cortesía Familia Vinelli.

p. 74: Cortesía Familia Vinelli.

p. 114: Cortesía Familia Vinelli.

p. 131: Foto Artística Tegucigalpa, abril 1954.

p. 140: Foto Artística Tegucigalpa, noviembre 1956.

p. 144: Cortesía Familia Vinelli.

p. 148: Cortesía Familia Vinelli.

p. 154: Cortesía Familia Vinelli

p. 159: Cortesía Familia Vinelli.

p. 163: Cortesía Familia Vinelli.

p. 168: Cortesía Familia Vinelli.

p. 176: Cortesía Familia Vinelli.

p. 184: Cortesía Familia Vinelli.

p. 187: Cortesía Familia Vinelli.

p. 191: Cortesía Familia Vinelli

p. 200: Cortesía Familia Vinelli.

p. 212: Cortesía Familia Vinelli.

p. 228: Cortesía Familia Vinelli.

p. 241: Cortesía Familia Vinelli.

p. 251: Cortesía Familia Vinelli.

p. 255: Cortesía Familia Vinelli.

p. 262: Cortesía de la autora.

p. 264: "¡Secuestrado Paul Vinelli!", *El Heraldo*, No. 331, Honduras, 19 de diciembre, 1980.

p. 299: Cortesía Familia Vinelli.

p. 321: Cortesía Familia Vinelli.

p. 327: Cortesía Familia Vinelli.

p. 328: Cortesía Familia Vinelli.

p. 329 Cortesía Familia Vinelli.

p. 334: Cortesía Familia Vinelli.

p. 336: René y Margarita Soto, Tegucigalpa, Honduras.

p. 338: Cortesía Familia Vinelli.

p. 369: "Paul Vinelli cumplió la misión de su vida, *Diario La Tribuna*, Honduras, 21 de febrero 1997, p.16.

Sobre la autora: Cortesía Familia Vinelli.

SOBRE LA AUTORA

Gigi Vinelli Valera es la hija y biógrafa de Paul.
Nació y creció en Tegucigalpa, Honduras.
Vive con su esposo en Houston, Texas.

Para más información y un árbol genealógico de la familia Vinelli:
gigivalera.com

Para conocer más sobre Paul: https://en.wikipedia.org/wiki/Paul_Vinelli

www.ingramcontent.com/pod-product-compliance
Lightning Source LLC
LaVergne TN
LVHW052024200926
848481LV00005B/1582
* 9 7 9 8 9 9 4 9 8 0 3 4 7 *